陳書

百衲本二十四史

上海涵芬樓景印北平圖書館及中華學藝社借照日本靜嘉堂文庫藏宋蜀大字本原書板匡高二十三公分寬十九公分

《百衲本二十四史》新版刊印序

《百衲本二十四史》是近百年來校考最精良、版本最珍貴、蒐羅最廣泛的二十四史，先父王雲五先生於一九七六年〈重印補校百衲本二十四史序〉中已有論證。

一八九七年商務印書館在上海創立，創館元老張元濟先生於一九〇二年正式主持商務印書館編譯所，將商務帶入「出版好書、匡輔教育」的出版之路。一九二一年(民國十年)王雲五先生經胡適先生推薦，接替主持商務印書館編譯所，並於一九三〇年兼任總經理，與張元濟先生共同為商務印書館的百年大業作出貢獻。

張元濟先生入館後，積極蒐購民間珍貴藏書，一方面用來印製、廣泛發行，另一方面也為成立「涵芬樓」藏書室(後來開放為「東方圖書館」)預作準備。當年他並積極向各公私立圖書館商借影印各種版本的二十四史，逐一比較補正缺漏，然後在一九三〇年開始付印，至一九三七年全部出齊。校印工程之艱鉅與可貴，從他所撰寫的《校史隨筆》可以了解。

商務涵芬樓所珍藏的二十四史及各種珍貴版本，可惜在一九三二年日本發動淞滬戰爭時，被日軍炸毀，化為灰燼。《百衲本二十四史》的傳印，就顯得格外有意義。

王雲五先生於一九六四年在臺重新主持臺灣商務印書館，與當時總編輯楊樹人教授，依據臺北故宮博物院和中央圖書館珍藏的宋元版本，修補校正《百衲本二十四史》，並於一九七六年重版印行。

《百衲本二十四史》初印至今，已經八十年，雖經在臺補正重版，舊書均已售完，而各界索購者絡繹不絕，不得已先以隨需印刷供應，但仍然供不應求。

為了適應讀者的需要，本公司由副董事長施嘉明先生、總編輯方鵬程先生和舊書重印小組一起規劃，決定放大字體，以十八開精裝本重印《百衲本二十四史》，每種均加印目錄頁次，讓讀者方便查考，也讓我們與《百衲本二十四史》共同邁向百年大慶。值此付印前夕，特為之序。

臺灣商務印書館董事長王學哲謹序

二〇一〇年三月二十五日

陳書三十六卷

唐姚思廉奉勅撰。

劉知幾《史通》謂，貞觀初，思廉奉詔撰成二史，彌歷九載，方始畢功。而曾鞏校上序謂：姚察錄梁陳之事，其書未就，屬子思廉，繼其業。武德五年，思廉受詔為陳書。貞觀三年，論撰於祕書內省，十年正月壬子始上之。是思廉編緝之功，固不止於九載矣。

知幾又謂：陳史初有顧野王、傅縡各為撰史學士。太建初，中書郎陸瓊續撰諸篇，姚察就加刪改。是察之修史，實兼採三家。

考隋書經籍志，有顧野王陳書三卷、傅縡陳書三卷、陸瓊陳書四十二卷，殆即察所據之本，而思廉為傅縡、陸瓊傳，詳述撰著，獨不言其修史篇第，殊為疏略。至顧野王傳，稱其撰國史紀傳二百卷，與隋志卷帙不符，則疑隋志舛訛，思廉所記得其真也。

察傳見二十七卷，載其撰梁陳二史事甚詳，是書為奉詔所修，不同私撰，故不用序傳之例，無庸以變古為嫌。惟察陳亡入隋為祕書丞，北絳郡開國公，與同時江總、袁憲諸人，並稽首新朝，歷踐華秩，而仍列傳於陳書。揆以史例，失限斷矣。且江總何人，乃取與其父合傳，尤屬自污。

觀李商隱贈杜牧詩有「前身應是梁江總」句，乃借以相譽，豈總之為人，唐時尚未論定耶？

書中惟二卷三卷題陳吏部尚書姚察，他卷則俱稱史臣。蓋察先纂梁書，此書僅成二卷，其餘皆思廉所補撰。今讀其列傳，體例秩然，出於一手，不似梁書之參差，亦以此也。惟其中記傳年月，間有牴牾，不能不謂之疵累。然諸史皆然，亦不能獨責此書矣。（摘自《文淵閣四庫全書總目》史部卷四十五，2-23 頁）

重印補校百衲本二十四史序

百衲本者何？彙集諸種善本，有闕卷闕頁，復多方蒐求，以事配補，有如僧衣之補綴多處者也。

我國正史彙刻之存於今者，有汲古閣之十七史，有南北監之二十一史。清高宗初立，成明史，命武英殿開雕，至四年竣工；繼之者二十一史。其後又詔增劉昫唐書，與歐宋新唐書並行，越七年遂成武英殿二十三史。及四庫開館，諸臣復據永樂大典及太平御覽，冊府元龜等書，裒輯薛居正舊五代史，得旨刊布，以四十九年奏進；於是二十四史之名以立。

武英殿本以監本為依據。清高宗製序，雖有監本殘闕，併勅校讎之言，始意未嘗不思成一善本也。惟在事諸臣，既未能廣蒐善本，復不知慎加校勘，佚者未補，譌者未正，甚或彌縫缺乏，以譌亂真，誠可惜也。

本館前輩張菊生先生，以多年之時力，廣集佳槧，審慎校讎，自民十九年開始景印，迄二十六年甫竟全功。雖中經一二八之劫，抱書而走，亂定掇拾需時，然景印之初，海宇清寧，亦緣校讎精審，多費時日。嘗聞菊老葺印初稿，悉經手勘，朱墨爛然，盈闌溢幅，點畫纖細，鉤勒不遺，與同人共成校勘記，多至百數十冊，文字繁冗，尚待董理。爰取原稿若干條，集為校史隨筆，而付梓焉。

就隨筆所記，殿本訛闕殊多。分史言之，則史記正義多遺漏，漢書正文注文均有錯簡，三國志卷第淆亂，宋書誤註為正文，南齊書地名脫誤，北齊書增補字句均據北史，而仍與北史有異同。魏書考證有誤，舊唐書有闕文，訂正錯簡亦有小誤，唐書有衍文，舊五代史遜於嘉業堂劉氏刊本，元史有衍文及闕文，且多錯簡，重出之傳，亦未刪盡。綜此諸失，殿本二十四史不如衲史遠矣，況善本精美，古香古色，尤非殿本所能望其項背。

茲將百衲本二十四史據以景印之版本列述於後：

史記　宋慶元黃善夫刊本。

漢書　北宋景祐刊本，瞿氏鐵琴銅劍樓藏。

後漢書　宋紹興刊本，原闕五卷半，以北平國立圖書館元覆宋本配補。

三國志　宋紹熙刊本，日本帝室圖書寮藏，原闕魏志三卷，以涵芬樓藏宋紹興刊本配補。

晉書　宋本，海寧蔣氏衍芬草堂藏，原闕載記三十卷，以江蘇省立圖書館藏宋本配補。

宋　書　宋蜀大字本，北平國立圖書館吳興劉氏嘉業堂藏，闕卷以涵芬樓藏元明遞修本配補。
南齊書　宋蜀大字本，江安傅氏雙鑑樓藏。
梁　書　宋蜀大字本，北平國立圖書館及日本靜嘉堂文庫藏，闕卷以涵芬樓藏元明遞修本配補。
陳　書　宋蜀大字本，北平國立圖書館及日本靜嘉堂文庫藏。
魏　書　宋蜀大字本，北平國立圖書館江安傅氏雙鑑樓吳興劉氏嘉業堂及涵芬樓藏。
北齊書　宋蜀大字本，北平國立圖書館藏，闕卷以涵芬樓藏元明遞修本配補。
周　書　宋蜀大字本，吳縣潘氏范硯樓及自藏，闕卷以涵芬樓藏元明遞修本配補。
隋　書　元大德刊本，闕卷以北平國立圖書館江蘇省立圖書館藏本配補。
南　史　元大德刊本，北平國立圖書館及自藏。
北　史　元大德刊本，北平國立圖書館及自藏。
舊唐書　宋紹興刊本，常熟鐵琴銅劍樓藏，闕卷以明聞人銓覆宋本配補。
新唐書　北宋嘉祐刊本，日本岩崎氏靜嘉堂文庫藏，闕卷以北平國立圖書館江安傅氏雙鑑樓藏宋本配補。
舊五代史　原輯永樂大典有注本，吳興劉氏嘉業堂刻。
五代史記　宋慶元刊本，江安傅氏雙鑑樓藏。
宋　史　元至正刊本，北平國立圖書館藏，闕卷以明成化刊本配補。
遼　史　元至正刊本。
金　史　元至正刊本，北平國立圖書館藏，闕卷以涵芬樓藏元覆本配補。
元　史　明洪武刊本，北平國立圖書館及自藏。
明　史　清乾隆武英殿原刊本，附王頌蔚編集考證攟逸。

上開版本之搜求補綴，在彼時實已盡最大之能事。惟今者善本時有發見，前此認為業已失傳者，漸集於一隅，尤以中央圖書館及故宮博物院在抗戰期內，故家遺族，前此秘藏不宣，因播遷而割愛者不在少數；盡量收購，寄存盟邦，以策安全。近年悉數運回，使臺灣成為善本之總匯。百衲本後漢書原據本館前涵芬樓所藏宋紹興本影印，益以北平圖書館及日本靜嘉堂文庫殘本之配備，當時堪稱人間瑰寶；且志在存真，對其中未盡完善之處一仍其舊。然故宮博物院近藏宋福唐郡庠覆景祐監刊元代修補本及中央圖書館所藏錢大昕手跋北宋刊本與宋慶元間建安劉元起刊本，各有其長處。本館總編輯楊樹人教授特據以覆校百衲本原刊，計修正原影本因配補殘本而致首尾不貫者五處，其中重複者四處，共圈刪衍文三十六字，補足脫漏一處，缺文二字，原板存留墨丁四十六處，補正五十二字。另有顯屬雕刻錯誤者若干字，亦酌為改正。於是宋刊原面目，大致可復舊觀矣。又前漢書原景本闕漏目錄全份，亦據故宮博物院珍藏宋福唐郡庠覆景祐監刊元代修補本補印十有四頁，以成全璧。校書如掃落葉，愈掃愈落，礙難悉數掃清，然多費一番心力，對於鑽研史籍者，定可多一番裨益。區區之意，當為讀者所樂聞，亦可稍慰本館前輩張菊老在天之靈，喜其繼起有人也。

本館衲史原以三十二開本連史紙印製，訂為八百二十冊，流行雖廣，以中經多難，存者無多，臺省尤感缺乏，各國亦多訪購，爰應各方之需求，改訂為十六開大本，縮印二頁為一面，字體較縮本四部叢刊初編為大，用上等印書紙精印精裝，訂為四十一鉅冊，以便檢閱，經重版數次。茲為謀普及，再縮印為二十四開本五十八冊，字體仍甚清晰，而售價不及原印十六開本之半，莘莘學子，多有購置之力，誠不負普及之名矣。付印有日，謹述概要。

中華民國六十五年雙十節王雲五識

股東會全體股東獻禮

本公司董事長王岫廬（雲五）先生，學界巨擘，社會棟樑，歷任艱巨，功在國家。一生繫中國文化出版之命脈，惠澤士林。本公司三度罹國難而得復興。咸賴　先生之大力。每次復興，莫不聲光煥發，蔚為奇蹟。民國五十二年冬，　先生退出政壇。次年秋重主本公司，謀慮擘劃，晨夕辛勞，不取分文之酬，而甘之如飴；蓋純出於愛護本公司與宏揚文化之心願。無　先生之犧牲精神與卓越領導，不能有今日之商務書館，已為識者之定評。今歲欣逢　先生八秩華誕，社會同慶。股東會同人本崇功報德之念，群思有以祝賀。　先生謙辭至再至三，當以恭敬不如從命，爰於五十六年股東會議席上全體決議，利用重印之百衲本二十四史，作為　華誕獻禮。要不過體認　先生造福文化界之功績，聊表嵩祝悃誠於萬一耳。

臺灣商務印書館股份有限公司
股東會全體股東　謹啟

中華民國五十六年四月十五日

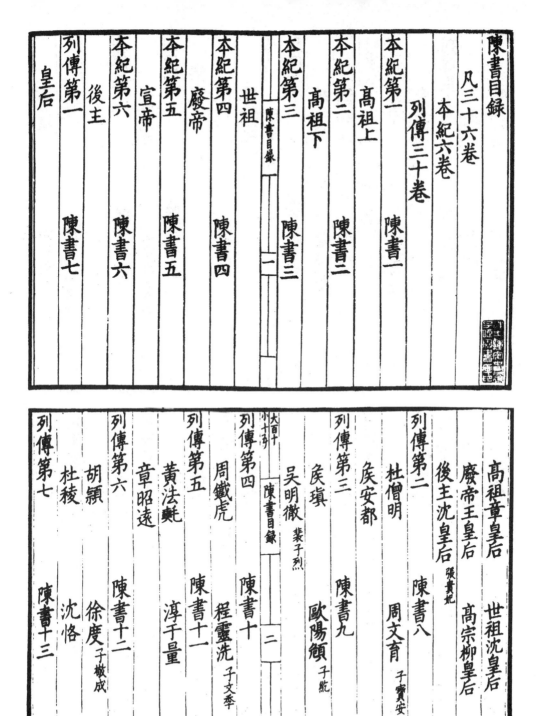

陳書目錄

凡三十六卷

本紀六卷

列傳三十卷

徐世譜　魯悉達
周敷　荀朗 子法尚
周炅
列傳第八　陳書十四
衡陽獻王昌　南康愍王曇朗 方泰 方慶
列傳第九　陳書十五
宗室
陳擬　陳詳
陳慧紀

列傳第十　陳書十六
趙知禮　蔡景歷
劉師知　謝岐
列傳第十一　陳書十七
王冲　王通 弟勱
袁敬 兄子樞
列傳第十二　陳書十八
沈衆　袁泌
劉仲威　陸山才

王質　韋載 族弟翽
列傳第十三　陳書十九
沈炯　虞荔 弟寄
馬樞
列傳第十四　陳書二十
到仲舉　韓子高
華皎
列傳第十五　陳書二十一
謝哲　蕭乾

謝嘏　張種
王固　孔奐
蕭允 弟引
列傳第十六　陳書二十二
陸子隆　錢道戢
駱牙
列傳第十七　陳書二十三
沈君理　王瑒
陸繕

陳書六本紀三十列傳凡三十六篇唐散騎常侍姚思廉譔始思廉父察梁陳之史官也錄二代之事未就而陳亡隋文帝見察甚重之每就察訪梁陳故事察因以所論載每一篇成輙奏之而文帝亦遣虞世基就察求其書又未就而察死察之將死屬思廉以繼其業唐興武德五年高祖以自魏以來二百餘世統統數更史事放逸乃詔譔次而思廉遂受詔爲陳書久之猶不就貞觀三年遂詔論譔於祕書內省十年正月

壬子始上之觀察等之爲此書歷三世傳父子更數十歲而後乃成蓋其難如此然及其既成與宋魏梁齊等書世亦傳之者少故學者於其行事之迹亦罕得而詳也而其書亦以罕傳則自祕府所藏往往脫誤嘉祐六年八月始

詔校讎使可鏤板行之天下而臣等言梁陳等書缺獨館閣所藏恐不足以定著願詔京師及州縣藏書之家使悉上之

先皇帝爲下其事至七年冬稍稍始集臣等以相校至八年七月陳書三十六篇者始校定可傳之學者其疑者亦不敢損益特各疏于篇末其書舊無目列傳名氏多闕謬因別爲目錄一篇使覽者得詳焉夫陳之爲陳蓋偷爲一切之計非有先王經紀禮義風化之美制治之法可章示後世然而兼權尚計明於任使恭儉愛人則其始之所以興惑於邪臣溺於嬖妾忘患縱欲則其終之所以亡興亡之端莫非自己致者至於有所因造以爲號令威刑職官州郡之制

雖其事已淺然亦各施於一時皆學者之所不可不考也而當時之士自爭奪詐僞苟得偷合之徒尚不得不列以爲世戒而況於壞亂之中蒼皇之際士之安貧樂義取舍去就不爲患禍勢利動其心者亦不絕於其間若此人者可謂篤於善矣蓋古人之所思見而不可得風雨之詩所爲作者也安可使之泯泯不少概見於天下哉則陳之史其可廢乎蓋此書成之既難其後又久不顯及

宋興已百年古文遺事靡不畢講而始得盛行
於天下列於學者其傳之之難又如此豈非遭
遇固自有時也哉臣恂臣穆臣藻臣覺臣彥若
臣洙臣鞏謹叙目録昧死上

紀第一　陳書一

散騎常侍姚　思廉　撰

高祖上

高祖武皇帝諱霸先字興國小字法生吳興長城下若里人漢太丘長陳寔之後也世居潁川寔玄孫準晉太尉準生匡匡生達永嘉南遷爲丞相掾歷太子洗馬出爲長城令悅其山水遂家焉嘗謂所親曰此地山川秀麗當有王者興二百年後我子孫必鍾斯運達生康復爲丞相掾咸和中土斷故爲長城人康生盱眙太守英英生尚書郎公弼公弼生步兵校尉鼎鼎生散騎侍郎高高生懷安令詠詠生安成太守猛猛生太常卿道巨道巨生皇考文讚高祖以梁天監二年癸未歲生少俶儻有大志不治生產既長讀兵書多武藝明達果斷爲當時所推服身長七尺五寸日角龍顏垂手過膝嘗遊義興館於許氏夜夢天開數丈有四人朱衣捧日而至令高祖開口納焉及覺腹中猶熱高祖心獨負

之大同初新喻侯蕭暎爲吳興太守甚重高祖嘗目高祖謂僚佐曰此人方將遠大及暎爲廣州刺史高祖爲中直兵參軍隨府之鎮暎令高祖招集士馬衆至千人仍命高祖監宋隆郡所部安化二縣元不賓高祖討平之尋監西江督護高要郡守先是武林侯蕭諮爲交州刺史以裒刻失衆心土人李賁連結數州豪傑同時反臺遣高州刺史孫冏新州刺史盧子雄將兵擊之冏等不時進皆於廣州伏誅子雄弟子略與冏子姪及其主帥杜天合杜僧明共舉兵執南江督護沈顗進寇廣州晝夜苦攻州中震恐高祖率精兵三千卷甲兼行以救之頻戰屢捷天合中流矢死賊衆大潰僧明遂降梁武帝深歎異焉授直閤將軍封新安子邑三百戶仍遣畫工圖高祖容貌而觀之其年冬蕭暎卒明年高祖送喪還都至大庾嶺會有詔高祖爲交州司馬領武平太守與刺史楊瞟南討高祖益招勇敢器械精利瞟喜曰能剋賊者必陳司武也委

以經略高祖與衆軍發自番禺是時蕭勃爲定
州刺史於西江相會勃知軍士憚遠役陰購誘
之因詭說暎暎集諸將問計高祖對曰交阯叛
換罪由宗室遂使僭亂數州彌歷年稔定州復
欲昧利目前不顧大計節下奉辭伐罪故當生
死以之豈可畏憚宗室輕於國憲今若奪人沮
衆何必交州討賊問罪之師即回有所指矣於
是勒兵鼓行而進十一年六月軍至交州賁衆
數萬於蘇歷江口立城柵以拒官軍暎推高祖

爲前鋒所向摧陷賁走典徹湖於屈獠界立砦
大造船艦充塞湖中衆軍憚之頓湖口不敢進
高祖謂諸將曰我師已老將士疲勞歷歲相持
恐非良計且孤軍無援入人心腹若一戰不捷
豈望生全今藉其屢奔人情未固夷獠烏合易
爲摧殄正當共出百死決力取之無故停留時
事去矣諸將皆默然莫有應者是夜江水暴起
七丈注湖中奔流迅激高祖勒所部兵乘流先
進衆軍鼓譟俱前賊衆大潰賁竄入屈獠洞中

屈獠斬賁傳首京師是歲太清元年也賁兄天
寶遁入九眞與劫帥李紹隆收餘兵二萬殺德
州刺史陳文戒進圍愛州高祖仍率衆討平之
除振遠將軍西江督護高要太守督七郡諸軍
事二年冬侯景寇京師高祖將率兵赴援廣州
刺史元景仲陰有異志將圖高祖高祖知其計
與成州刺史王懷明行臺選郎殷外臣等密議
戒嚴三年七月集義兵於南海馳檄以討景仲
景仲窮蹙縊于閤下高祖迎蕭勃鎭廣州是時

臨賀內史歐陽頠監衡州蘭裕蘭京禮扇誘始
興等十郡共舉兵攻頠頠請援於勃勃令高祖
率衆救之悉擒裕等仍監始興郡十一月高祖
遣杜僧明胡穎將二千人頓于嶺上并厚結始
興豪傑同謀義舉侯安都張偲等率千餘人來
附蕭勃聞之遣鍾休悅說高祖曰侯景驍雄天
下無敵前者援軍十萬士馬精彊然而莫敢當
鋒遂令羯賊得志君以區區之衆將何所之如
聞嶺北王侯又皆鼎沸河東桂陽相次屠戮邵

陵開建親尋干戈李遷仕託身當陽便奪馬仗
以君跡外拒可暗投未若且住始興遙張聲勢
保此太山自求多福高祖泣謂休悅曰僕本庸
虛蒙國成造往聞侯景渡江即欲赴援遭值元
蘭梗我中道今京都覆沒主上蒙塵君辱臣死
誰敢愛命君侯體則皇枝任重方岳不能摧鋒
萬里雪此寃痛見遣一軍猶賢乎已乃降後旨
使人慨然僕行計決矣憑為披述乃遣使間道
往江陵稟承軍期節度時蔡路養起兵據南康

勃遣腹心譚世遠為曲江令與路養相結同遏
義軍大寶元年正月高祖發自始興次大庾嶺
路養出軍頓南野依山水立四城以拒高祖高
祖與戰大破之路養脫身竄走高祖進頓南康
湘東王承制授高祖員外散騎常侍持節明威
將軍交州刺史改封南野縣伯六月高祖脩崎
頭古城徙居焉高州刺史李遷仕據大皐遣主
帥杜平虜率千人入灨石魚梁高祖命周文育
將兵擊走之遷仕奔寧都承制授高祖通直散

騎常侍使持節信威將軍豫州刺史領豫章內
史改封長城縣侯尋授散騎常侍使持節都督
六郡諸軍事軍師將軍南江州刺史餘如故時
寧都人劉藹等資遷仕舟艦兵仗將襲南康高
祖遣杜僧明等率二萬人據白口築城以禦之
遷仕亦立城以相對二年三月僧明等攻拔其
城生擒遷仕送南康高祖斬之承制命高祖進
兵定江州仍授江州刺史餘如故六月高祖發
自南康南康灨石舊有二十四灘灘多巨石行

旅者以為難高祖之發也水暴起數丈三百里
間巨石皆沒進軍頓西昌有龍見于水濱高五
丈許五采鮮耀軍民觀者數萬人是時承制遣
征東將軍王僧辯督眾軍討侯景八月僧辯軍
次湓城高祖率杜僧明等眾軍及南川豪帥合
三萬人將會焉時西軍乏食高祖先貯軍糧五
十萬石至是分三十萬以資之仍頓巴丘會侯
景廢簡文帝立豫章嗣王棟高祖遣兼長史沈
袞奉表于江陵勸進十一月承制授高祖使持

節都督會稽東陽新安臨海永嘉五郡諸軍事
平東將軍東揚州刺史領會稽太守豫章內史
餘並如故三年正月高祖率甲士三萬人彊弩
五千張舟艦二千乘發自豫章二月次桑落洲
遣中記室參軍江元禮以事表江陵承制加高
祖鼓吹一部是時僧辯已發湓城會高祖于白
茅灣乃登岸結壇刑牲盟約進軍次蕪湖侯景
城主張黑棄城走三月高祖與諸軍進剋姑熟
仍次蔡洲侯景登石頭城觀望形勢意甚不悅

謂左右曰此軍上有紫氣不易可當乃以舡艑
貯石沈塞淮口緣淮作城自石頭迄青溪十餘
里中樓雉相接諸將未有所決僧辯遣杜崱問
計於高祖高祖曰前柳仲禮數十萬兵隔水而
坐韋粲之在青溪竟不渡岸賊乃登高望之表
裏俱盡肆其凶虐覆我王師今圍石頭須渡北
岸諸將若不能當鋒請先往立柵高祖即於石
頭城西横隴築柵衆軍次連八城直出東北賊
恐西州路斷亦於東北果林作五城以遏大路

景率衆萬餘人鐵騎八百餘匹結陣而進高祖
曰軍志有之善用兵者如常山之蛇首尾相應
今我師既衆賊徒甚寡應分賊兵勢以弱制彊
何故聚其鋒銳令必死於我乃命諸將分處置
兵賊直衝王僧志僧志小縮高祖遣徐度領弩
手二千横截其後賊乃却高祖與王琳杜龕等
以鐵騎悉力乘之賊退據其柵景儀同盧暉略
開石頭北門來降湓主戴晃曹宣等攻拔果林
一城衆軍又剋其四城賊復還殊死戰又盡奪

所得城柵高祖大怒親率攻之士卒騰柵而入
賊復散走景與百餘騎棄矟執刀左右衝陣陣
不動景衆大潰逐北至西明門景至闕下不敢
入臺遣腹心取其二子而遁高祖率衆出廣
陵應接會景將郭元建奔齊高祖納其部曲
三千人而還僧辯啓高祖鎮京口五月齊遣辛
術圍嚴超達於秦郡高祖命徐度領兵助其固
守齊衆七萬塡塹起土山穿地道攻之甚急高
祖乃自率萬人解其圍縱兵四面擊齊軍弓弩

亂發齊平秦王中流矢死斬首數百級齊人收
兵而退高祖振旅南歸遣記室參軍劉本仁獻
捷于江陵七月廣陵僑民朱盛張象潛結兵襲
齊刺史溫仲邕遣使來告高祖率衆濟江以應
之會齊人來聘求割廣陵之地王僧辯許焉仍
報高祖高祖於是引軍還南徐州江北人隨軍
而南者萬餘口承制授高祖使持節散騎常侍
都督南徐州諸軍事征北大將軍開府儀同三
司南徐州刺史餘竝如故及王僧辯率衆征陸

納於湘州承制命高祖代鎮揚州十一月湘東
王即位于江陵改大寶三年為承聖元年湘州
平高祖旋鎮京口三年三月進高祖位司空餘
如故十一月西魏攻陷江陵高祖與王僧辯等
進啓江州請晉安王以太宰承制又遣長史謝
哲奉牋勸進十二月晉安王至自尋陽入居朝
堂給高祖班劒二十人四年五月齊送貞陽侯
深明還主社稷王僧辯納之即位改元曰天成
以晉安王為皇太子初齊之請納貞陽也高祖

以為不可遣使詣僧辯苦爭之往返數四僧辯
竟不從高祖居常憤歎密謂所親曰武皇雖磐
石之宗遠布四海至於剋雪讎恥寧濟艱難唯
孝元而已功業茂盛前代未聞我與王公俱受
重寄語未絕音聲猶在耳豈期一旦便有異圖
嗣主高祖之孫元皇之子海內屬目天下宅心
竟有何辜坐致廢黜遠求夷狄假立非次觀其
此情亦可知矣乃密具袍數千領及錦綵金銀
以為賞賜之具九月壬寅高祖召徐度侯安都

周文育等謀之仍部列將士分賞金帛水陸俱
進是夜發南徐州討王僧辯甲辰高祖步軍至
石頭前遣勇士自城北踰入時僧辯方視事外
白有兵俄而兵自內出僧辯遽走與其第三子
頠相遇俱出閤左右尚數十人苦戰高祖大兵
尋至僧辯衆寡不敵走登城南門樓高祖因風
縱火僧辯窮迫乃就擒是夜縊僧辯及頠景午
貞陽侯遜位百僚奉晉安王上表勸進十月己
酉晉安王即位改承聖四年為紹泰元年壬子

詔授高祖侍中大都督中外諸軍事車騎將軍
揚南徐二州刺史持節司空班劒鼓吹竝如故
仍詔高祖甲仗百人出入殿省震州刺史杜龕
據吳興與義興太守韋載同舉兵反高祖命周
文育率衆攻載于義興龕遣其從弟北叟將兵
拒戰北叟敗歸義興辛未高祖表自東討留高
州刺史侯安都石州刺史杜稜宿衞臺省甲戌
軍至義興景子拔其水栅秦州刺史徐嗣徽據
其城以入齊又要南豫州刺史任約共舉兵應

龕載齊人資其兵食嗣徽等以京師空虛率精
兵五千奄至闕下侯安都領驍勇五百人出戰
嗣徽等退據石頭丁丑載反北叟來降高祖撫
而釋之以嗣徽寇逼卷甲還都命周文育進討
杜龕十一月己卯齊遣兵五千濟渡據姑熟高
祖命合州刺史徐度於冶城寺立栅南抵淮渚
齊又遣安州刺史翟子崇楚州刺史劉仕榮淮
州刺史柳達摩領兵萬人於胡墅渡米粟三萬
石馬千匹入于石頭癸未高祖遣侯安都領水

軍夜襲胡墅燒齊船千餘艘周鐵武率舟師斷
齊運輸擒其北徐州刺史張領州獲運舫米數
千石仍遣韋載於大航築城使杜稜據守齊人
又於倉門水南立二栅以拒官軍甲辰嗣徽等
攻冶城栅高祖領鐵騎精甲出自西明門襲擊
之賊衆大潰嗣徽留柳達摩等守城自率親屬
腹心往南州採石以迎齊援十二月癸丑高祖
遣侯安都領舟師襲嗣徽家口于秦州俘獲數
百人官軍連艦塞淮口斷賊水路先是太白自

十一月景戌不見乙卯出于東方景辰高祖盡
命衆軍分部甲卒對冶城立航渡兵攻其水南
二栅柳達摩等渡淮置陣高祖督兵疾戰縱火
燒栅煙塵張天賊潰爭舟相排擠溺死者以千
數時百姓夾淮觀戰呼聲震天地軍士乘勝無
不一當百盡收其船艦賊軍懾氣是日嗣徽約
等領齊兵水步萬餘人還據石頭高祖遣兵往
江寧據要險以斷賊路賊水步不敢進頓江寧
浦口高祖遣侯安都領水軍襲破之嗣徽等乘

單舸脫走盡收其軍資器械巳未官軍四面攻城自辰訖酉得其東北小城及夜兵不解庚申達摩遣使侯子欽劉仕榮等請和高祖許之乃於城門外刑牲盟約其將士部曲一無所問恣其南北辛酉高祖出石頭南門陳兵數萬送齊人歸北者壬戌齊和州長史烏丸遠自南州奔還歷陽江寧令陳嗣黃門侍郎曹朗據姑孰反高祖命侯安都徐度等討平之斬首數千級聚爲京觀石頭採石南州悉平收獲馬仗

船米不可勝計是月杜龕以城降二年正月癸未誅杜龕于吳興龕從弟北叟司馬沈孝敦並賜死二月庚申高祖遣侯安都周鐵武率舸艦備江州仍頓梁山起柵甲子敕司空有軍旅之事可騎馬出入城內戊辰前寧遠石城公外兵參軍王位於石頭沙際獲玉璽四紐高祖表以送臺三月戊戌齊遣水軍儀同蕭軌庫狄伏連堯難宗東方老侍中裴英起東廣州刺史獨孤辟惡洛州刺史李希光并任約徐嗣徽等率衆

十萬出柵口向梁山帳內盪主黃叢逆擊敗之燒其前軍船艦齊頓軍保蕪湖高祖遣定州刺史沈泰吳郡太守裴忌就侯安都共據梁山以禦之自去冬至是甘露頻降于鍾山梅崗南澗及京口江寧縣境或至三數升大如弈棊子高祖表以獻臺四月丁巳高祖詣梁山巡撫五月甲申齊兵發自蕪湖景申至秣陵故治高祖遣周文育屯方山徐度頓馬牧杜稜頓大航南巳亥高祖率宗室王侯及朝臣將帥於大司馬

門外白獸闕下刑牲告天以齊人背約發言慷慨涕泗交流同盟皆莫能仰視士卒觀者益奮辛丑齊軍於秣陵故縣跨淮立橋柵引渡兵馬其夜至方山侯安都周文育徐度等各引還京師癸卯齊兵自方山進及兒塘游騎至臺周文育侯安都頓白土崗旗鼓相望都邑震駭高祖潛撤精卒三千配沈泰渡江襲齊行臺趙彥琛於瓜步獲舟艦百餘艘陳粟萬斛爾日天子總羽林禁兵頓于長樂寺六月甲辰齊兵潛至鍾

山龍尾丁未進至莫府山高祖遣錢明領水軍出江乘要擊齊人糧運盡獲其船米齊軍於是大餒殺馬驢而食之庚戌齊軍踰鍾山高祖衆軍分頓樂遊苑東及覆舟山北斷其衝要壬子齊軍至玄武湖西北莫府山南將據北郊壇衆軍自覆舟東移頓郊壇北與齊人相對其夜大雨震電暴風拔木平地水丈餘齊軍晝夜坐立泥中懸鬲以爨而臺中及潮溝北水退路燥官軍每得番易甲寅少霽高祖命衆軍秣馬蓐食

遲明攻之乙卯旦自率帳內麾下出莫府山南吳明徹沈泰等衆軍首尾齊舉縱兵大戰侯安都自白下引兵橫出其後齊師大潰斬獲數千人相蹂藉而死者不可勝計生執徐嗣徽及其弟嗣宗斬之以徇追奔至于臨沂其江乘攝山鍾山等諸軍相次克捷虜蕭軌東方老王敬寶李希光裴英起等將帥凡四十六人其軍士得竄至江者縛荻筏以濟中江而溺流屍至京口翳水彌岸丁巳衆軍出南州燒賊舟艦己未斬

劉歸義徐嗣彥傅野豬于建康市是日解嚴庚申蕭軌東方老王敬寶李希光裴英起皆伏誅高祖表解南徐州以授侯安都七月景子詔授高祖中書監司徒揚州刺史進爵爲公增邑并前五千戶侍中使持節都督中外諸軍事將軍尚書令班劍鼓吹甲仗並如故并給油幢皁輪車是月侯瑱以江州入附遣侯安都鎮上流定南中諸郡八月癸卯太府卿何敬新州刺史華志各上玉璽一高祖表以送臺詔歸之高祖是

日詔高祖食安吉武康二縣合五千戶九月壬寅改年曰太平元年進高祖位丞相錄尚書事鎮衛大將軍改刺史爲牧進封義興郡公侍中司徒都督班劍鼓吹甲仗皁輪車並如故丁未中散大夫王彭牋稱今月五日平旦於御路見龍跡自大社至象闕亘三四里庚申詔追贈高祖考侍中光祿大夫加金章紫綬封義興郡公諡曰恭十月甲戌敕丞相自今入問訊可施別榻以近扆坐二年正月壬寅天子朝萬國於太

極東堂加高祖班劍十人并前三十人餘如故
丁未詔贈高祖兄道談散騎常侍使持節平北
將軍南兖州刺史長城縣公謚曰昭烈弟休先
侍中使持節驃騎將軍南徐州刺史武康縣侯
謚曰忠壯食邑各二千戶甲寅遣兼侍中謁者
僕射陸繕策拜長城縣夫人章氏爲義興國夫
人丁卯詔贈高祖祖侍中太常卿謚曰孝追封
高祖祖母許氏吴郡嘉興縣君謚曰敬妣張氏
義興國太夫人謚曰宣二月庚午蕭勃舉兵自

廣州渡嶺頓南康遣其將歐陽頠傅泰及其子
孜爲前軍至于豫章分屯要險南江州刺史余
孝頃起兵應勃高祖命周文育侯安都率衆討
平之八月甲午進高祖位太傅加黄鉞劍履上
殿入朝不趨贊拜不名并給羽葆鼓吹一部其
侍中都督録尚書鎮衛大將軍揚州牧義興郡
公班劍甲仗油幢皁輪車並如故景申加高祖
前後部羽葆鼓吹是時湘州刺史王琳擁兵不
應命高祖遣周文育侯安都率衆討之九月辛

丑詔曰肇昔元胎剖判太素氤氳崇建人皇必
憑洪宰故賢哲之后牧伯征于四方神武之君
大監治乎萬國又有一臣九合渠門之賜以隆
戮帶圍溫行宮之寵斯茂時危所以貞固運泰
所以光熙斯乃千載同風百王不刊之道也太
傅義興公允文允武迺聖迺神固天生德康濟
黔首昔在休期早隆朝寄遠踰滄海大極交越
皇運不造書契未聞中國其亡兵凶總至㝡哀
噍類譬彼窮牢悠悠上天莫云斯極否終則泰

元輔應期救此將崩援茲已溺乗舟履蕃栔險
浮深經略中途畢殲羣醜洎乎石頭姑孰流髓
履腸一朝指撝六合清晏是用光昭下武翼亮
中都雪三后之勍讎夷三靈之巨慝堯台禹佐
未始能階殷相周師固非云擬重之以屯剥餘
象荆楚大崩天地無心秉輿委御五胡荐食競
謀諸夏八方基跱莫有匡救彊臣放命黜我冲
人顧影於荼薾之塊甘心於奪卿之辱却按下
髻求哀之路莫從竄鈇逃責容身之地無所公

神兵奄至不日清澄惟是屠蒙冉膺天錄斯又
巍巍蕩蕩無德而稱焉加以伏茲忠義屠彼祆
逆震衰部夷氛稽山罷祲番禺彖蠡澤北鄙西郊殲
厥凶徒罄無遺種斯則兆民之命脩短所縣率
土之基興亡是賴於是刑禮兼訓沿革有章中
外成平遐邇寧一用能使陽光合魄曜象呈暉
樓閣遊庭抱仁含信宏勳該於厚地大道格于
玄天羲農炎昊以來卷領垂衣之世聖人濟物
未有如斯者也夫備物典策桓文是膺助理陰

陽蕭曹不讓未有功高於寓縣而賞薄於伊周
凡厥人祇固懷延佇寔由公謙撝自牧降損爲
懷嘉數遲回求言增歎豈可申茲雅尚久廢朝
猷宜戒司勳敬升鴻典且重華大聖嬀滿惟賢
盛德之祀無忘公侯之門必復是以殷嘉豐甫
繼后稷之官堯命羲和纂重黎之位況其本枝
攸建宜誓山河者乎其進公位相國總百揆封
十郡爲陳公備九錫之禮加璽紱遠遊冠綠綟
綬位在諸侯王上其鎭衞大將軍揚州牧如故

策曰大哉乾元資日月以貞觀至哉坤元憑山
川以載物故惟天爲大陟配者欽明惟王建國
翼輔者齊聖是以文武之佐磻磎蘊其王璜堯
舜之臣榮河鏤其金版況乎體得一之鴻姿寧
陽九之危厄拯橫流於碣石撲燎火於崑岑驅
馭於韋彭跨躡於齊晉神功行而靡用聖道運
而無名者乎今將授公典策其敬聽朕命日者
昊天不弔鍾亂于我國家網漏吞舟彊胡內鼎
茫茫宇宙慄慄黎元方足圓顱萬不遺一太清

否亢橋山之痛已深大寶屯如平陽之禍相繼
上宰膺運康救兆民鞠旅於湞池之南揚旌於
桂嶺之北懸三光於已墜謐四海於羣飛居猰
窺於中原斮鯨鯢於濛汜蕩寧上國光啓中興
此則公之大造於皇家者也既而天未悔禍夷
醜荐臻南夏崩騰西京蕩覆羣胡孔熾藉亂乘
間推納藩枝盜假神器豪司昏橈旁引寇讎既
見貶於桐宮方謀危於漢閣皇運已殆何殊贅
旒中國搖然非徒如綫公赫然投袂匡救本朝

復昔齊都平戎王室朕所以還膺寶歷重履宸
居抱建武之風猷謂宣王之雅頌此又公之再
造於皇家者也公應務之初登庸惟始三川五
嶺莫不窺臨銀洞珠宮所在寧謐孫盧肇亂越
貊爲災番部阽危勢將淪殄公赤旗所指袄壘
洞開白羽纔撝兇徒粉潰非其神武久畏南藩
竊我交愛敢稱大號驕恣甚於尉他據有連州
此又公之功也大同之末邊政不脩李賁狂迷
雄豪熾於梁碩公英謩雄筭電掃風行馳御樓

船直跨滄海新昌典澈備履艱難蘇曆嘉寧盡
爲京觀三山獠洞八角蠻陬逖矣水寓之鄉悠
哉火山之國馬援之所不屆陶璜之所未聞莫
不懼我王靈爭朝邊候歸賝天府獻狀鴻臚此
又公之功也自寇虜陵江宮闈幽辱公枕戈嘗
膽提劒拊心氣涌青霄神飛紫闥而番禺連率
本自諸夷言得其朋是懷同惡公仗此忠誠乘
機勦定執沛今而釁鼓平新野而據鞍此又公
之功也世道初艱方隅多難勳門桀黠作亂衡

嶷兵切洫隍衆兼夷獠公以國盜邊警言知無不
爲卹是同盟誅其醜類莫不魚鱗鳥散面縛頭
懸南土黔黎重甦蘇息此又公之功也長驅嶺
嶠夢想京畿緣道酋豪遞爲榛梗路養渠率全
據大都蓄聚逋逃方謀阻亂百樓不戰雲梯之
所未窺萬弩齊張高鞹之所非敵公龍驤虎步
嘯吒風雲山靡堅城野無彊陣清袄氛於灨石
滅沴氣於雩都此又公之功也遷仕凶慝屯據
大皐乞活類馬騰之軍流民多杜弢之衆推鋒

轉鬬自北徂南頻歲稽誅寔惟勍虜公坐揮三
略遥制六奇義勇同心貔貅騁力雷奔電擊谷
靜山空列郡無犬吠之驚叢祠罷狐鳴之盜此
又公之功也王師討虜次屆淪波兵多兼儲士
有飢色公回麾蠡澤積穀巴丘億庾之詠斯豐
壺漿之迎是衆軍民轉漕曾無砥柱之難艫舳
相望如運敖倉之府犀渠貝胄顧蔑雷霆高艦
層樓仰捫霄漢故使三軍勇銳百戰無前承此
兵粮遂殄兇逆此又公之功也若夫英圖邁俗

義旅如雲溢壘猜攜用淹戎略公志唯同奬師
克在和鵲塞非虞鴻門是會若晉侯之誓白水
如蕭王之推赤心屈禮交盟人祇感咽故能使
舟師竝路遠邇朋心此又公之功也姑熟襟要
崤函阻憑寇虜據其關梁大盜負其扃鐍公一
校裁搗三雄竝奮左賢右角沙潰土崩木甲殪
於中原氊裘赴於江水他他藉藉萬計千羣郢
坂之隘斯開夷庚之道無塞此又公之功也義
軍大衆俱集帝京逆豎兇徒猶屯皇邑若夫表

裹山河金湯嶮固踈龍首以抗殿揃華岳以為
城雜虜憑焉彊兵自若公回茲地軸抗此天羅
曾不崇朝俾無遺噍軍容甚穆國政方脩物重
覩於衣冠民還瞻於禮樂楚人滿道爭覩於葉
公漢老銜悲俱歡於司隷此又公之功也內難
初靜諸侯出關外郡傳烽鮮卑犯塞莫非且渠
當戶中貴名王冀馬遡於淮南胡笳動於徐北
公舟師步甲亘野橫江殲厥羣羝遂殫封豨莫
不絓木而止戎車靡遺遇濘而旋歸驂盡殪此

又公之功也公克黜禍難劬勞皇室而孫寗之
黨翻啓秋心伊洛之間咸為虜戍雖金陵佳氣
石壘天嚴朝聞戎塵夜喧胡鼓公三籌既晝八
陣斯張裁舉靈錊亦抽金僕咸俘醜類悉反高
墉異季齊之皆誅同龐元之盡赦此又公之功
也任約叛換梟聲不悛戎羯貪婪狼心無改穹
廬氈幕抵此關而為營烏孫天馬指東都而成
陣公左甄右落箕張翼舒掃是攙搶驅其獫狁
長狄之種埋於國門椎髻之酋聳於軍市投秦

坑而盡沸噎灌水而不流此又公之功也一相
居中自折彝鼎五湖小守妄懷同惡公風驚兼
道衣製杖戈王斧將揮金鉦且戒祆酋震懾遽
請灰釘藝櫬以表其含弘焚書以安其反側此
又公之功也賊龕兇橫陵虐具區阻兵安忍憑
災怙亂自古蠱言鳥跡渾沌洪荒凡或虔劉未
此殘酷公雖宗居汝潁世寓東南育聖誕賢之
鄉含章挺生之地眷言桑梓公私憤切卓爾英
狀丞規奉筭翦此大憝如烹小鮮此又公之功

也亂離永久羣盜孔多浙左兇渠連兵構逆豈止千兵五校白雀黃龍而已哉公以中軍無率選是親賢薪寇途窮渙然冰泮刑潭（又作唐）之所文命動其大威雷門之閒句踐行其嚴戮英規聖跡異代同風此又公之功也同姓有扈頑兇不賓憑藉宗盟圖危社稷觀兵匯澤勢震宸京師驅率南蠻已爲東帝公論兵於廟堂之上決勝於罇俎之閒寇賈樊滕浮江下瀨一朝揃撲無待旬師萬里澄清非勞新息此又公之功也

豫章祆寇依憑山澤繕甲完聚各歷歲時結從連橫爰洎交廣呂嘉既獲吳濞已擒命我還師征其不恪連營盡拔僞黨斯擒曜聖武於匡山回神旌於蠡派此又公之功也自八紘九野瓜剖豆分竊帝偷王連州比縣公武靈已暢文德又宣折簡馳書風猷斯遠至於蒼蒼浴日杳杳無雷北洎丈夫之鄉南踰女子之國莫不屈膝膜拜求吏款關此又公之功也京師禍亂亟積寒暄雙闕低昂九門寥豁寧秦宮之可顧豈魯

殿之猶存五都贊并百僚卿士胡服縵纓咸爲戎俗高冠厚履希復華風宋微子麥穟之歌周大夫黍離之歎方之於斯未足爲悲矣公求衣昧旦昃食高春興構宮闈具瞻遐邇郊庠宗稷之典六符十等之章還聞太始之風流重覩永平之遺事此又公之功也公有濟天下之勳重之以明德凝神體道合德符天用百姓以爲心隨萬機而成務恥一物非唐虞之民歸含靈於仁壽之域上德不德無爲以爲夏長春生顯仁

藏用忠信爲寶風雨弗憊仁惠爲基牛羊勿踐功成治定樂奏咸雲安上治民禮兼文質物色丘園衣裾里巷朝多君子野無遺賢菽粟同水火之饒工商富猗頓之旅是以天無蘊寶地有呈祥湛露卿雲朝團曉映山車澤馬服馭登閑既景煥於圖書方葳蕤於史諜高勳踰於象緯積德冠於嵩華固無德而稱者矣朕又聞之前王宰世茂賞尊賢式樹藩長揔征羣伯二南崇絕四履遐曠泱泱表海祚土維齊巖巖泰山俾

侯于魯抑又勤王反鄭夾輔遷周召伯之命斯
隆河陽之禮咸備況復經營宇宙寧唯斷鼇足
之功弘濟蒼生非直鑿龍門之嶮而疇庸報德
寂爾無聞朕所以垂拱當宁載懷慙悸者也今
授公相國以南豫州之陳留南丹陽宣城揚州
之吳興東陽新安新寧南徐州之義興江州之
鄱陽臨川十郡封公爲陳公錫茲青土苴以白
茅爰定爾邦用建冢社昔旦奭分陝俱爲保師
晉鄭諸侯咸作卿士兼其內外禮實攸宜今命

使持節兼太尉王通授相國印綬陳公璽紱使
持節兼司空王瑒授陳公茅土金獸符第一至
第五左竹使符第一至第十相國秩踰三鉉任
揔百司位絕朝班禮由事革其以相國揔百揆
除録尚書之號上所假節侍中貂蟬中書監印
章中外都督太傅印綬義興公印策其鎮衞大
將軍揚州牧如故又加公九錫其敬聽後命以
公禮爲楨榦律等銜策四維皆舉八柄有章是
用錫公大輅戎輅各一玄牡二駟以公賤寶崇

穀踈爵待農室富京坻民知榮辱是用錫公袞
冕之服赤舄副焉以公調理陰陽爕諧風雅三
靈允降萬國同和是用錫公軒縣之樂六佾之
舞以公宣導王猷弘闡風教光景所照鞮象必
通是用錫公朱戶以居以公抑揚清濁褒德進
賢髦士盈朝幽人虛谷是用錫公納陛以登以
公嶷然廊廟爲世鎔範折衝四表臨御八荒是
用錫公武賁之士三百人以公執茲明罰期在
刑措象恭無赦干紀必誅是用錫公斧鉞各一

以公英猷遠量跨厲嵩溟包一車書括囊寓宇
是用錫公彤弓一彤矢百玈弓十玈矢千以公天
經地義貫徹幽明春露秋霜允恭粢盛是用錫
公秬鬯一卣圭瓚副焉陳國置丞相已下一遵
舊式往欽哉其恭循朕命克相皇天弘建邦家
允興洪業以光我高祖之休命十月戊辰進高
祖爵爲王以揚州之會稽臨海永嘉建安南徐
州之晉陵信義江州之尋陽豫章安成廬陵并
前爲二十郡益封陳國其相國揚州牧鎮衞大

將軍並如故又命陳王冕十有二旒建天子旌
旗出警入蹕乘金根車駕六馬備五時副車置
旄頭雲罕樂舞八佾設鍾虡宮縣王妃王子王
女爵命之號陳臺百官一依舊典辛未梁帝禪
位于陳詔曰五運更始三正迭代司牧黎庶是
屬聖賢用能經緯乾理彌綸區宇大庇黔首闡
揚鴻烈革晦以明積代同軌百王踵武咸由此
則梁德湮微禍亂荐發太清云始見困長蛇承
聖之季又罹封豕爰至天成重竊神器三光亟

沈七廟之祀含生已泯鼎命斯墜我武元之祚
有如綴旒靜惟屯剥夕惕載懷相國陳王有命
自天降神惟嶽天地合德晷曜齊明拯社稷之
橫流提億兆之塗炭東誅逆叛北殲獯醜威加
四海仁漸萬國復張崩樂重興絕禮儒館聿脩
戎亭虛候大功在舜盛績惟禹巍巍蕩蕩無得
而稱來獻白環豈直皇虞之世入貢素雉非止
隆周之日固以效珍川陸表瑞煙雲甘露醴泉
旦夕凝涌嘉禾朱草孳植郊甸道昭於悠代勳

格於皇穹明明上天光華日月革故著於玄象
代德彰於圖讖獄訟有歸謳謌爰適天之歷數
寔有攸在朕雖庸藐闇於古昔永稽崇替為日
已久敢忘列代之遺典人祇之至願乎今便遜
位別宮敬禪于陳一依唐虞宋齊故事策曰咨
爾陳王惟昔上古厥初生民驪連栗陸之前容
成大庭之代並結繩寫鳥杳冥慌忽故靡得而
詳焉自羲農軒昊之君陶唐有虞之主或垂衣
而御四海或無為而子萬姓居之如馭朽索去

之如脫敝屣裁遇許由便能捨帝暫逢善卷即
以讓王故知玄扈琁璣非關尊貴金根玉輅示
表君臨及南觀河渚東沈刻璧精華既竭耄勤
已倦則抗首而笑唯賢是與謗然作歌簡能斯
授遺風餘烈昭晰圖書漢魏因循是為故實宋
齊授受又弘斯義我高祖應期撫運握樞御宇
三后重光祖宗齊聖及時屬陽九封豕荐食西
都失馭夷狄交侵乃臬天成輕弄龜鼎惵惵黔
首若崩厥角微微皇極將甚綴旒惟王乃聖乃

神欽明文思二儀並運四時合序天錫智勇人
挺雄傑珠庭日角龍行武步爰初投袂日逝勤
王電掃番禺雲撤彭蠡揃其元惡定我京畿及
王賀帝弘賀茲冠履既行伊霍用保沖人震澤
稽陰並懷叛逆獯羯醜虜三亂皇都裁命偏師
二邦自殄薄伐獫狁六戎盡殪嶺南叛渙湘郢
結連賊帥既擒兇集傳首用能百揆時序四門
充穆無思不服無遠不屆上達穹昊下漏深泉
蛟魚並見謳歌攸屬況乎長彗橫天已徵布新

之兆壁日斯既寔表更姓之符是以始創義師
紫雲曜彩肇惟尊主黃龍負舟梏矣素暈梯山
以至白環玉玦慕德而臻若夫安國字萌本因
萬物之志時乘御辯良會樂推之心七百無常
期皇王非一族昔木德既季而傳祚于我有梁
天之歷數允集明哲式遵前典廣詢羣議王公
卿尹莫不攸屬敬從人祇之願授帝位于爾躬
四海困窮天祿永終王其允執厥中軌儀前式
以副溥天之望禋祀上帝時膺大禮永固洪業

豈不盛歟又璽書曰君子者自昭明德達人者
先天弗違故能進退咸亨動靜元吉朕雖蒙寡
庶乎景行何則三才剖判九有區分情性相乖
亂離去起是以建彼司牧推乎聖賢授受者任
其時來皇王者本非一族人謀是與屈已從萬
物之心天意斯歸鞠躬奉百靈之命謳謌所往
則攘袂以膺之菁華已竭乃褰裳而去之昔在
唐虞鑒于天道舉其黎獻授彼明哲雖復質文
殊軌沿革不同歷代因循斯風靡替我大梁所

以考庸太室接禮貳宮月正元日受終文祖但
運不常夷道無恒泰山岳傾偃河海沸騰黿目
雷聲之禽鉤爪鋸牙之獸咀嚼含生不知紀極
二后英聖相仍在天六夷貪狡爭侵中國縣五
都帝人懷干紀一民尺土皆非梁地朕以不造
幼罹閔凶仰憑衡佐亟移年序周成漢惠邈矣
無階惟是童蒙必貽顛蹷若使時無聖哲世
靡艱難猶當高蹈於滄洲自求於泰伯者矣惟
王應期誕秀開籙握圖性道故其難聞嘉庸已

其被物乾行同其壽覆日御比其貞明登承聖
於傾禹之功樹鞠子於興周之業滅陸渾於伊
洛殲驪戎於鎬京大小二震之驍徒東南兩越
之勍寇遠遁行天討無遺神策於是祖述堯舜憲
章文武大樂與天地同和大禮與天地同節鼓
之以雷霆潤之以風雨仁霑葭葦信及豚魚穀
牖斯空夏臺虛設民惟大畜野有同人升平頌
平無偏無黨固以雲飛紫蓋水躍黃龍東伐西
征晻映川陸榮光曖曖已冒郊廛甘露瀼瀼亟

流庭苑車轍馬跡誰不率從蟠水流沙誰不懷
德祥圖遠至非唯赤伏之符靈命昭然何止黃
星之氣海曰河目賢聖之表旣彰握旄執鉞君
人之狀斯偉且自攝提無紀孟陬殄滅枉矢宵
飛天弧曉映久矣夷羊之在牧時哉蛟龍之出
泉革運之兆咸徵惟新之符並集朕所以欽若
勛華屢回星琯昔者木運斯盡予高祖受焉今
歷去火精神歸樞紐敬以火德傳于爾陳遠鑒
前王近謀羣辟明靈有悅率土同心今遣使持

節兼太保侍中尚書左僕射平樂亭侯王通兼
太尉司徒左長史王瑒奉皇帝璽綬受終之禮
一依唐虞故事王其時陟元后寧育兆民光闡
洪猷以承昊天之休命是日梁帝遜于別宮高
祖謙讓再三羣臣固請乃許

紀第一　陳書一

典瀓或本作曲瀓前有典瀓湖亦同皆疑

散騎常侍姚　思廉　撰

高祖下

永定元年冬十月乙亥高祖即皇帝位于南郊柴燎告天曰皇帝臣諱敢用玄牡昭告于皇皇后帝梁氏以圮剥荐臻歷運有極欽若天應以命于諱夫肇有烝民乃樹司牧選賢與能未常厥姓放勛重華之世咸無意於受終當塗典午之君雖有心於揖讓皆以英才處萬乘高勳御四海故能大庇黔首光宅區縣有梁末運仍葉遘屯獯醜憑陵久移神器承聖在外非能祀夏天未悔禍復罹寇逆嫡嗣廢黜宗枝僭詐天地蕩覆紀綱泯絕諱爰初投袂大拯橫流重舉義兵實戡多難廢王立帝寔有厥功安國定社用盡其力是謂小康方期大道既而煙雲表色日月呈瑞緯聚東井龍見譙邦除舊布新既彰玄象遷虞事夏且協謳訟九域八荒同布衷款百神羣祀皆有誠願梁帝高謝萬邦授以大寶諱自

惟菲薄讓德不嗣至于再三辭弗獲許僉以百姓須主萬機難曠皇靈眷命非可謙拒畏天之威用膺嘉祚永言夙志能無慙德敬簡元辰升壇受禪告類上帝用荅民心永保于我有陳惟明靈是饗先是氛霧晝夜晦冥至于是日景氣清晏識者知有天道焉禮畢輿駕還宮臨太極前殿詔曰五德更運帝王所以御天三正相因夏殷所以宰世雖色分辭翰時異文質揖讓征伐迭用參差而育德振民義歸一揆朕以寡昧時屬艱危國步屢屯天維三絕肆勤先后拯厥橫流藉將帥之功兼猛士之力一匡天下再造黔黎梁氏以天祿永終曆數攸在遵與能之典集大命于朕躬顧惟菲德辭不獲亮式從天睠俯協民心受終文祖升禋上帝繼迹百王君臨萬宇若涉川水罔知攸濟寶業初建皇祚惟新思俾惠澤覃被億兆可大赦天下改梁太平二年爲永定元年賜民爵二級文武二等鰥寡孤獨不能自存者人穀五斛逋租宿債皆勿復收

其有犯鄉里清議贓汙淫盜者皆洗除先注與
之更始長徒敕繫特皆原之亡官失爵禁錮奪
勞一依舊典又詔曰禮陳杞宋詩詠二客弗臣
之重歷代斯敦梁氏欽若人祇憲章在昔濟河
沇壁高謝萬邦茅賦所加宜遵舊典其以江陰
郡奉梁主為江陰王行梁正朔車旗服色一依
前準宮館資待務盡優隆又詔梁皇太后為江
陰國太妃皇后為江陰國妃又詔百司依位攝
職景子輿駕幸鍾山祠蔣帝廟戊寅輿駕幸華

林園親覽詞訟臨赦囚徒己卯分遣大使宣勞
四方下璽書敕州郡曰夫四王革代商周所以
應天五勝相推軒羲所以當運梁德不造喪亂
積年東夏崩騰西都蕩覆蕭勃干紀非唯趙倫
侯景滔天踰於劉載貞陽反篡賊約連兵江左
累屬於鮮卑金陵久非於梁國有自氛氳混沌
之世龍圖鳳紀之前東漢興平之初西朝永嘉
之亂天下分崩未有若於梁朝者也朕以虛薄
屬當興運自昔登庸首清諸越徐門浪泊靡不

征行浮海乘山所在戡定冒犯風塵驅馳師旅
六延梁祀十翦彊寇豈曰人謀皆由天啓梁氏
以天祿斯改期運永終欽若唐虞推其鼎玉朕
東西退讓拜手陳辭避舜子於箕山之陽求支
伯於滄洲之野而公卿敦逼率土翹惶天命難
稽遂享嘉祚今月乙亥升禮太壇言念遷坰但
有慙德自梁氏將末頻月亢陽火運斯終秋霖
奄降晷日成禮圓丘宿設埃雲晚霽星象夜張
朝景重輪泫三危之膏露晨光合璧帶五色之

卿雲顧惟寡薄彌慙休祉昧旦丕顯方思至治
卿等擁旄方岳相任股肱剖符名守方寄恤隱
王曆惟新念有欣慶想深求民瘼務在廉平愛
惠以撫孤貧威刑以禦彊猾若有萑蒲之盜或
犯戎商岩谷之酋擅彊出險皆從肆赦咸使知
聞如或迷途俾在無貸今遣使人具宣往旨念
思善政副此虛懷庚辰詔出佛牙於杜姥宅集
四部設無遮大會高祖親出闕前禮拜初齊故
僧統法獻於烏纏國得之常在定林上寺梁天

監末爲攝山慶雲寺沙門慧興保藏慧興將終
以屬弟慧志承聖末慧志密送于高祖至是乃
出辛巳追尊皇考曰景皇帝廟號太祖皇妣董
太夫人曰安皇后追謚前夫人錢氏號爲昭皇
后世子克爲孝懷太子立夫人章氏爲皇后癸
未尊景帝陵曰瑞陵昭皇后陵曰嘉陵依梁初
園陵故事立刪定郎治定律令戊子遷景皇帝
神主祔于太廟辛卯以中權將軍開府儀同三
司丹陽尹王沖爲左光祿大夫癸巳追贈皇兄

梁故散騎常侍平北將軍兗州刺史長城縣公
道譚驃騎大將軍太尉封始興郡王弟梁故侍
中驃騎將軍南徐州刺史武康縣侯休先車騎
大將軍司徒封南康郡王是月西討都督周文
育侯安都於郢州敗績囚于王琳十一月景申詔
曰東都齊國義乃親賢西漢城陽事兼功烈散
騎常侍使持節都督會稽等十郡諸軍事宣毅
將軍會稽太守長城縣侯蒨學尚清優神寓凝
正文參禮樂武定妖氛心力謀猷爲家治國擁

旄作守朞月有成壁彼關河功踰蕭寇萑蒲之
盜自反耕農篁竹之豪用稟聲朔朕以虛寡屬
當興運提彼三尺賓于四門王業艱難賴乎此
子宜隆上爵稱是元功可封臨川郡王邑二千
戶兄子梁中書侍郎頊襲封始興王弟子梁中
書侍郎曇朗襲封南康王禮秩一同正王己亥
甘露降于鍾山松林彌滿巖谷庚子開善寺沙
門採之以獻勅頒賜羣臣景辰以鎮西將軍南
豫州刺史徐度爲鎮右將軍領軍將軍庚申京

師大火十二月庚辰皇后謁太廟
二年春正月乙未詔曰夫設官分職因事重輕
羽儀車馬隨時隆替晉之五校鳴笳啓途漢之
九卿傳呼竝列虞官夏禮豈曰同科殷朴周文
固無恒格朕膺茲寶歷代是天工留念官方庶
允時東梁天監中左右驍騎領朱衣直閤竝給
儀從北徐州刺史唱義之初首爲此職亂離歲
久朝典不存後生年少希聞舊則今去左右驍
騎宜通文武文官則用腹心武官則用功臣所

給儀從同太子二衛率此外衆官尚書詳爲條
制車騎將軍開府儀同三司侯瑱進位司空中
權將軍開府儀同三司新除左光祿大夫王沖
爲太子少傅左衛將軍徐世譜爲護軍將軍南
兗州刺史吳明徹進號安南將軍衡州刺史歐
陽頠進號鎮南將軍辛丑輿駕親祠南郊詔曰
朕受命君臨初移星琯孟陬嘉月備禮泰壇景
候昭華人祇允慶思令億兆咸與惟新且往代
祆氛于今猶梗軍機未息徵賦咸繁事不獲已
久知下弊言念黔黎無忘寢食夫罪無輕重已
發覺未發覺在今昧爽以前皆赦除之西寇自
王琳以下並許返迷一無所問近所募義軍
本擬西寇並宜解遣留家附業晚訂軍資未送
者並停元年軍糧逋餘者原其半州郡縣軍戍
並不得輒遣使民間務存優養若有侵擾嚴爲
法制乙巳輿駕親祠北郊甲辰振遠將軍梁州
刺史張立表稱去乙亥歲八月丹徒蘭陵二縣
界遺山側一旦因濤水涌生沙漲周旋千餘頃

並膏腴堪墾植戊午輿駕親祠明堂二月壬申
南豫州刺史沈泰奔于齊辛卯詔車騎將軍司
空侯瑱總督水步衆軍以遏齊寇三月甲午詔
曰罰不及嗣自古通典罪疑惟輕布在方策沈
泰反覆無行遐邇所知昔有微功仍荷朝寄剖
符名郡推轂累藩漢口班師還居方岳良田有
逾於四百食客不止於三千富貴顯榮政當如
此鬼害其盈天奪之魄無故猖狂自投獯醜雖
復知人則哲惟帝其難光武有蔽於龐萌魏武
不知於于禁但令朝廷無我負人其部曲妻兒
各令復業所在及軍人若有恐脅侵掠者皆以
劫論若有男女口爲人所藏並許詣臺申訴若
樂隨臨川王及節將立効者悉皆聽許乙卯高
祖幸後堂聽訟還於橋上觀山水賦詩示羣臣
是月王琳立梁永嘉王蕭莊于郢州夏四月甲
子輿駕親祠太廟乙丑江陰王薨詔遣太宰弔
祭司空監護喪事凶禮所須隨由備辦以梁武
林侯蕭諮息季卿嗣爲江陰王景寅輿駕幸石

頭餞司空侯瑱戊辰重雲殿東鴟尾有紫煙屬
天五月乙未京師地震癸丑齊廣陵南城主張
顯和長史張僧那各率其所部入附辛酉輿駕
幸大莊嚴寺捨身壬戌羣臣表請還宮六月己
巳詔司空侯瑱領軍將軍徐度率舟師爲前軍
以討王琳秋七月戊戌輿駕幸石頭親送瑱等
己亥江州刺史周迪擒王琳將李孝欽樊猛余
孝頃于工塘甲辰遣吏部尚書謝哲諭王琳甲
寅嘉禾一穗六岐生五城初侯景之平也火焚

太極殿承聖中議欲營之獨闕一柱至是有樟
木大十八圍長四丈五尺流泊陶家後渚監軍
鄒子度以聞詔中書令沈衆兼起部尚書少府
卿蔡儔兼將作大匠起太極殿八月景寅以廣
梁郡爲陳留郡辛未詔臨川王諱西討以舟師
五萬發自京師輿駕幸冶城寺親送焉前開府
儀同三司南豫州刺史周文育前鎮北將軍南
徐州刺史新除開府儀同三司侯安都等於王
琳所逃歸自劾廷尉即日引見並宥之戊寅詔

復文育等本官壬午追封皇子立爲豫章王諡
曰獻權爲長沙王諡曰思長女爲永世公主諡
曰懿謝哲反命 王琳請還鎮湘川詔追衆軍綏
其伐癸未西討衆軍至自大雷丁亥以信威將
軍江州刺史周迪爲開府儀同三司進號平南
將軍改南徐州所領南蘭陵郡復爲東海郡冬
十月庚午遣鎮南將軍開府儀同三司周文育
都督衆軍出豫章討余孝勱乙亥輿駕幸莊嚴
寺發金光明經題丁酉以仁威將軍高州刺史

黃法氍爲開府儀同三司進號鎮南將軍甲寅
太極殿成匠各給復十二月庚申侍中安東將
軍臨川王諱率百僚朝前殿拜上牛酒甲子輿
駕幸大莊嚴寺設無㝵大會捨乘輿法物羣臣
備法駕奉迎即日輿駕還宮景寅高祖於太極
殿東堂宴羣臣設金石之樂以路寢告成也壬
申割吳郡鹽官海鹽前京三縣置海寧郡屬揚
州以安成所部廣興六洞置安樂郡景戌以寧
遠將軍北江州刺史熊曇朗爲開府儀同三司

進號平西將軍丁亥詔曰梁時舊仕亂離播越始還朝廷多未銓序又起兵已來軍勳甚衆選曹即條文武簿及節將應九流者量其所擬於是隨材擢用者五十餘人

三年春正月己丑青龍見于東方丁酉以鎮南將軍廣州刺史歐陽頠即本號開府儀同三司是夜大雪及旦太極殿前有龍跡見甲午廣州刺史歐陽頠表稱白龍見于州江南岸長數十丈大可八九圍歷州城西道入天井崗仙人見

于羅浮山寺小石樓長三丈所通身潔白衣服楚麗辛丑詔曰南康始興王諸妹已有封爵依禮止是藩主此二王者有殊恒情宜隆禮數諸主儀秩及尚主可並同皇女戊申詔臨川王諱省揚徐二州辭訟二月辛酉以平西將軍桂州刺史淳于量爲開府儀同三司進號鎮西大將軍壬午司空侯瑱督衆軍自江入合州焚齊舟艦三月景申侯瑱至自合肥衆軍獻捷夏閏四月庚寅詔曰開廩賑絶育民之大惠巡方恤患前王之令典朕當斯季俗膺此樂推君德未孚民瘼猶甚重兹多壘彌疚納隍良由四聰弗遠千里功應博施之仁何其或爽殘弊之軌致此未康吳州縉州去歲蝗旱郢田雖晛鄭渠終涸室靡盈積之望家有填壑之嗟百姓不足兆民何賴近已遣中書舍人江德藻銜命東陽與令長二千石問民疾苦仍以入臺倉見米分恤雖德非旣飽庶微慰阻飢甲午詔依前代置西省學士兼以伎術者預焉丁酉遣鎮北將軍徐度

率衆城南皖口是時久不雨景午輿駕幸鍾山祠蔣帝廟是日降雨迄于月晦五月景辰朔日有食之有司奏舊儀御前殿服朱紗袍通天冠詔曰此乃前代承用意有未同合朔仰助太陽宜備衮冕之服自今已去永可爲准景寅扶南國遣使獻方物乙酉北江州刺史熊曇朗殺都督周文育于軍舉兵反王琳遣其將常衆愛曹慶率兵援余孝勱六月戊子儀同侯安都敗衆愛等於左里獲琳從弟襲主帥羊暕等三十餘

人衆愛遁走庚寅盧山民斬之傳首京師甲午
衆師凱歸詔曰曇朗噬逆罪不容誅分命衆軍
仍事掩討方加梟磔以明刑憲徵臨川王諱往
晥口置城柵以錢道戢守焉丁酉高祖不豫
遣兼太宰尚書左僕射王通以疾告太廟兼
太宰中書令謝哲告大社南北郊辛丑高祖
疾小瘳故司空周文育之柩至自建昌壬寅高
祖素服哭于東堂哀甚癸卯高祖臨訊獄省訟
是夜熒惑在天尊高祖疾又甚景午崩于璿璣

殿時年五十七遺詔追臨川王諱入纂甲寅大
行皇帝遷殯于太極殿西階秋八月甲午羣臣
上諡曰武皇帝廟號高祖景申葬萬安陵高祖
智以綏物武以寧亂英謀獨運人皆莫及故能
征伐四克靜難夷凶至升大麓之日居阿衡之
任恒崇寬政愛育爲本有須發調軍儲皆出於
事不可息加以儉素自率常膳不過數品私饗
曲宴皆瓦器蚌盤肴核庶羞裁令充足而已不
爲虛費初平侯景及立紹泰子女玉帛皆班將

士其充闈房者衣不重綵飾無金翠哥鍾女樂
不列於前及乎踐祚彌厲恭儉故隆功茂德光
有天下焉
陳吏部尚書姚察曰高祖英略大度應變無方
蓋漢高魏武之亞矣及西都蕩覆誠貫天人王
僧辯闕伊尹之才空結桐宫之憤貞陽假秦兵
之送不思穆嬴之泣高祖乃蹈玄機而撫末運
乘勢隙而拯橫流王迹所基始自於此何至戡
黎升陑之捷而已焉故於愼徽時序之世變聲

改物之辰兆庶歸以謳謌炎靈去如釋負方之
前代何其美乎

紀第二　陳書二

紀第三　　陳書三

散騎常侍姚　思廉　撰

世祖

世祖文皇帝諱蒨字子華始興昭烈王長子也少沈敏有識量美容儀留意經史舉動方雅造次必遵禮法高祖甚愛之常稱此兒吾宗之英秀也梁太清初夢兩日鬬一大一小大者光滅墜地色正黃其大如斗世祖因三分取一而懷之侯景之亂鄉人多依山湖寇抄世祖獨保家

無所犯時亂日甚乃避地臨安及高祖舉義兵侯景遣使收世祖及衡陽獻王世祖乃密袖小刀冀因入見而害景至便屬吏故其事不行高祖大軍圍石頭景欲加害者數矣會景敗世祖乃得出赴高祖營起家爲吳興太守時宣城劫帥紀機郝仲等各聚衆千餘人侵暴郡境世祖討平之承聖二年授信武將軍監南徐州三年高祖北征廣陵使世祖爲前軍每戰克捷高祖之將討王僧辯也先召世祖與謀時僧辯女婿杜龕據吳興兵衆甚盛高祖密令世祖還長城立柵以備龕世祖收兵纔數百人戰備又少龕遣其將杜泰領精兵五千乘虛奄至將士相視失色而世祖言笑自若部分益明於是衆心乃定泰知柵內人少日夜苦攻世祖激厲將士身當矢石相持數旬泰乃退走及高祖遣周文育率兵討龕世祖與并軍往吳興時龕兵尚衆斷據衝要水步連陣相結世祖命將軍劉澄蔣元舉率衆攻龕龕軍大敗窘急因請降東揚州刺

史張彪起兵圍臨海太守王懷振懷振遣使求救世祖與周文育輕兵往會稽以掩彪後彪將沈泰開門納世祖世祖盡收其部曲家累彪至又破走若邪村民斬彪傳其首以功授持節都督會稽等十郡諸軍事宣毅將軍會稽太守山越深險皆不賓附世祖分命討擊悉平之威惠大振高祖受禪立爲臨川郡王邑二千戶拜侍中安東將軍及周文育侯安都敗於沌口高祖詔世祖入衞軍儲戎備皆以委焉尋命率兵城

南皖永定三年六月景午高祖崩遺詔徵世祖
大纂甲寅至自南皖入居中書省皇后令曰昊
天不弔上玄降禍大行皇帝奄捐萬國率土哀
號普天如喪窮酷煩冤無所迨及諸孤藐爾反
國無期須立長主以寧寓縣侍中安東將軍臨
川王諱體自景皇屬惟猶子建殊功於牧野敷
盛業於戡黎納麓時敘之辰負扆乘機之日竝
佐時雍是同草創祧祏所繫遐邇宅心宜奉大
宗嗣膺寶錄使七廟有奉兆民寧晏未亡人假

延餘息嬰此百罹尋繹纏綿興言感絕世祖固
讓至于再三羣公卿士固請其日即皇帝位於
太極前殿詔曰上天降禍奄集邦家大行皇帝
背離萬國率土崩心若喪考妣龍圖寶曆眇屬
朕躬運鍾擾攘事切機務南面須主西讓禮輕
今便式膺景命光宅四海可大赦天下罪無輕
重悉皆蕩滌逋租宿債吏民愆負可勿復收文
武內外量加爵敘孝悌力田爲父後者賜爵一
級庶祗畏在心公卿畢力勝殘去殺無待百年

興言號哽深增慟絕又詔州郡悉停奔赴秋七
月景辰尊皇后爲皇太后己未以鎮南將軍開
府儀同三司廣州刺史歐陽頠進號征南將軍
平南將軍開府儀同三司周迪進號鎮南將軍
平南將軍開府儀同三司高州刺史黃法𣰰進
號安南將軍庚申以鎮南大將軍開府儀同三
司桂州刺史淳于量進號征南大將軍辛酉以
侍中車騎將軍司空矦瑱爲太尉鎮西將軍開
府儀同三司南豫州刺史矦安都爲司空侍中

中權將軍開府儀同三司王沖爲特進左光祿
大夫鎮北將軍南徐州刺史徐度爲侍中中撫軍
將軍開府儀同三司壬戌以侍中護軍將軍徐
世譜爲特進安右將軍侍中忠武將軍杜稜爲
領軍將軍乙丑重雲殿災八月癸巳以平北將
軍南徐州刺史留異爲安南將軍縉州刺史平
南將軍北江州刺史魯悉達進號安左將軍庚
戌封皇子伯茂爲始興王奉昭烈王後徙封始
興嗣王諱爲安成王九月辛酉立皇子伯宗爲

皇太子王公以下賜帛各有差乙亥立妃沈氏爲皇后冬十一月乙卯王琳寇大雷詔遣太尉侯瑱司空侯安都儀同徐度率衆以禦之
天嘉元年春正月癸丑詔曰朕以寡昧嗣纂洪業哀惸在疚治道弗昭仰惟前德幽顯遐暢恭已不言庶幾無改雖宏圖懋軌日月方弘而清廟廓然聖靈浸遠感尋永往瞻言罔極今四象運周王元告獻華夷胥洎玉帛駿奔思覃遺澤播之億兆其大赦天下改永定四年爲天嘉元

年鰥寡孤獨不能自存立者賜穀人五斛孝悌力田殊行異等加爵一級甲寅分遣使者宣勞四方辛酉輿駕親祠南郊詔曰朕式饗上玄虔奉牲玉高禋禮畢誠敬兼弘且陰霾浹辰褰霽在日雲物韶朗風景清和慶動人祇抃流庶俗思俾黎元同此多祐可賜民爵一級辛未輿駕親祠北郊日有冠二月辛卯老人星見乙未高州刺史紀機自軍叛還宣城據郡以應王琳涇令賀當遷討平之景申太尉侯瑱敗王琳于梁山敗齊兵于博望生擒齊將劉伯球盡收其資儲船艦俘馘以萬計王琳及其主蕭莊奔于齊戊戌詔曰夫五運遞來三靈眷命皇王因之改創殷周所以樂推朕統曆承基丕隆鼎運期理攸屬數祚斯在豈僥倖所至寧卜祝可求故知神器之重必在符命是以逐鹿貽譏斷蛇定業亂臣賊子異世同尤王琳識暗挈瓶智慚衞足干紀亂常自貽顛沛而縉紳君子多被縶維雖涇渭合流蘭鮑同肆求之厥理或有脅從今九

域既設八紘斯掩天網恢恢吞舟是漏至如伏波游說永作漢蕃延壽脫歸終爲魏守器改秦虞材通晉楚行藏用捨亦豈有恆宜加寬仁以彰雷作其衣冠士族預在凶黨悉皆原宥將帥戰兵亦同肆眚並隨才銓引庶收力用又詔師旅以來將士死王事者並加贈謚己亥詔曰日者凶渠肆虐衆軍進討舟艦輸積權倩民丁師出經時役勞日久今氣祲廓清宜有甄被可蠲復丁身夫妻三年於役不幸者復其妻子庚子

分遣使者賚璽書宣勞四方乙巳遣太尉侯瑱鎮湓城庚戌以高祖第六子昌爲驃騎將軍湘州牧立爲衡陽王三月景辰詔曰自喪亂以來十有餘載編戶凋亡萬不遺一中原氓庶蓋云無幾頃者寇難仍接筭斂繁多且興師已來千金日費府藏虛竭杼軸歲空近所置軍資本充戎備今元惡克殄八表已康兵戈靜戢息肩方在思俾餘黎陶此寬賦今歲軍糧通減三分之一尚書申下四方稱朕哀矜之意守宰明加勸

課務急農桑庶鼓腹含哺復在茲日蕭莊所署郢州刺史孫瑒舉州內附丁巳江州刺史周迪平南中斬賊率熊曇朗傳首京師先是齊軍守魯山城戊午齊軍棄城走詔南豫州刺史程靈洗守之甲子分荊州之天門義陽南平郢州之武陵四郡置武州其刺史督沅州領武陵太守治武陵郡其都尉所部六縣爲沅州別置通寧郡以刺史領太守治都尉城省舊都尉以安南將軍南兗州刺史新除右衞將軍吳明徹爲安

西將軍武州刺史僞郢州刺史孫瑒爲安南將軍湘州刺史景子衡陽王昌薨丁丑詔曰蕭莊僞署文武官屬還朝者量加錄序夏四月丁亥立皇子伯信爲衡陽王奉獻王後乙未以安南將軍荀朗爲安北將軍合州刺史五月乙卯改桂陽之汝城縣爲盧陽郡分衡州之始興安遠二郡置東衡州六月辛巳改謚皇祖妣景安皇后曰景文皇后壬辰詔曰梁孝元遭離多難靈櫬播越朕昔經北面有異常倫遣使迎接以次

近路江寧既是舊塋宜即安卜車旗禮章悉用梁典依魏葬漢獻帝故事甲午追策故始興昭烈王妃曰孝妃丁酉以開府儀同三司徐度爲侍中中軍將軍辛丑國哀周忌上臨于太極前殿百僚陪哭赦京師殊死已下是月葬梁元帝於江寧秋七月甲寅詔曰朕以眇身屬當大寶負荷至重憂責實深而庶績未康是胥怨猶結佇咨賢良發於夢想每有一言入聽片善可求何嘗不褒獎抽揚緘書紳帶而傅巖虛往穹谷尚淹

蒲弊空陳旌弓不至豈當有乘則哲使草澤遺才將時運澆流今不逮古側食長懷寢興增歎新安太守陸山才有啓薦梁前征西從事中郎蕭策梁前尚書中兵郎王暹並世胄清華羽儀著族或文史足用或孝德可稱並宜登之朝序擢以不次王公已下其各進舉賢良申薦淪屈庶衆才必萃大廈可成使棫樸載歌由庚在詠乙卯詔曰自頃喪亂編戶播遷言念餘黎良可哀傷其亡鄉失土逐食流移者今年內隨其適

樂來歲不問僑舊悉令著籍同土斷之例景辰立皇子伯山爲鄱陽王八月庚辰老人星見壬午詔曰菽粟之貴重於珠玉自頃寇戎游手者衆民失分地之業士有佩犢之譏朕哀矜黔庶念康弊俗思俾阻饑方存富教麥之爲用要切斯甚今九秋在節萬實可收其班宣遠近並令播種守宰親臨勸課務使及時其有尤貧量給種子癸未世祖臨景陽殿聽訟戊子詔曰汙鐏土鼓誠則難追畫卵彫薪或可易革梁氏末運奢麗已甚芻豢厭於胥史哥鍾列於管庫土木被朱丹之采車馬飾金玉之珍逐欲澆流遷訛遂遠朕自諸生頗爲內足而家敦朴素室靡浮華觀覽時俗常所扼腕今妄假時乘臨馭區極屬當淪季思聞治道菲食卑宮自安儉陋俾茲薄俗獲反淳風維雕鏤淫飾非兵器及國容所須金銀珠玉衣服雜玩悉皆禁斷甲午周將賀若敦率馬步一萬奄至武陵武州刺史吳明徹不能拒引軍還巴陵丁酉上幸正陽堂閱武九

月癸丑彗星見乙卯周將獨孤盛領水軍將趣巴湘與賀若敦水陸俱進太尉侯瑱自尋陽往禦之辛酉遣儀同徐度率衆會瑱于巴丘景子太白晝見丁丑詔侯瑱衆軍進討巴湘十月癸巳侯瑱襲破獨孤盛於楊葉洲盡獲其船艦盛收兵登岸築城以保之丁酉詔司空侯安都率衆會侯瑱南討十二月乙未詔曰古者春夏二氣不決重罪蓋以陽和布澤天秩是弘寬網省刑義符含育前王所以則天象地立法垂訓者

也朕屬當澆季思求民瘼哀矜惻隱念甚納隍
常欲式遵舊軌用長風化自今孟春訖于夏首
罪人大辟事已款者宜且申停己亥周巴陵城
主尉遲憲降遣巴州刺史侯安鼎守之庚子獨
孤盛將餘衆自楊葉洲潛遁
二年春正月庚戌大赦天下以雲麾將軍晉陵
太守杜稜爲侍中領軍將軍辛亥以始興王伯
茂爲宣惠將軍揚州刺史乙卯合州刺史裴景
徽奔于齊辛未周湘州城主殷亮降湘州平二

月景戌以太尉侯瑱爲車騎將軍湘州刺史庚
寅曲赦湘州諸郡二月乙卯太尉車騎將軍湘
州刺史侯瑱薨丁丑以鎮東將軍會稽太守徐
度爲鎮南將軍湘州刺史夏四月分荊州之南
平宜都羅河東四郡置南荊州鎮河東郡以安
西將軍武州刺史吳明徹爲南荊州刺史庚寅
以安左將軍魯悉達爲安南將軍吳州刺史辛
卯老人星見秋七月景午周將賀若敦自拔遁
歸人畜死者十七八武陵天門南平義陽河東

宜都郡悉平九月甲寅詔曰姬業方闡望載渭
濵漢曆既融道通圯上若乃摛精辰宿降靈惟
岳風雲有感夢寐是求斯固舟楫鹽梅遞相表
裏長世建國罔或不然至於銘德太常從祀清
廟以貽厥後來垂諸不朽者也前皇經濟區宇
裁成品物靈貺式甄光膺寶命雖睿明濬發
幽顯協從亦文武賢能翼宣王業故大司馬驃
騎大將軍瑱故司空文育故平北將軍開府儀同
三司僧明故中護軍頴故領軍將軍擬或締構

艱難經綸夷險或摧鋒冒刃殉義遺生或宣哲
協規綢繆帷幄或披荊汗馬終始勤劬莫不罄
誠悉力屯泰以之朕以寡昧嗣膺丕緒永言勳
烈思弘典訓便可式遵故實載揚盛軌可竝配
食高祖廟庭俾茲大猷永傳宗祏景辰以侍中
中權將軍特進左光禄大夫開府儀同三司王
沖爲丹陽尹丹陽尹沈君理爲左民尚書領步
兵校尉冬十月乙巳霍州西山蠻率部落內屬
十一月乙卯高驪國遣使獻方物甲子以武昌

國川爲竟陵郡以安流民十二月辛巳以安東將軍吳郡太守孫瑒爲中護軍甲申立始興國廟於京師用王者之禮太子中庶子虞荔御史中丞孔奐以國用不足奏立煮海鹽賦及榷酤之科詔並施行先是縉州刺史留異應于王琳等反景戌詔司空侯安都率衆討之

三年春正月庚戌設帷宮於南郊幣告胡公以配天辛亥輿駕親祠南郊詔曰朕負荷寶圖亟回星琯兢兢業業庶幾治定而德化不孚俗弊

滋甚永言念之無忘日夜陽和布氣昭事上玄躬奉牲玉誠兼饗敬思與黎元被斯寬惠可普賜民爵一級其孝悌力田別加一等辛酉輿駕親祠北郊閏二月己酉以百濟王餘明爲撫東大將軍高句驪王高湯爲寧東將軍江州刺史周迪舉兵應留異襲湓城攻豫章郡並不剋辛亥以南荊州刺史吳明徹爲安右將軍甲子改鑄五銖錢三月景子安成王諱至自周詔授侍中中書監中衛將軍置佐史丁丑以安右將軍

吳明徹爲安南將軍江州刺史督衆軍南討甲申大赦天下庚寅司空侯安都破留異於桃支嶺異脫身奔晉安東陽郡平夏四月癸卯曲赦東陽郡乙巳齊遣使來聘六月景辰以侍中中衛將軍安成王諱爲驃騎將軍揚州刺史以會稽東陽臨海永嘉新安新寧晉安建安八郡置東揚州以揚州刺史始興王伯茂爲鎮東將軍東揚州刺史征北將軍司空南徐州刺史侯安都爲侍中征北大將軍秋七月己丑皇太子納

妃王氏在位文武賜帛各有差孝悌力田爲父後者賜爵二級九月戊辰朔日有食之以侍中都官尚書到仲舉爲尚書右僕射丹陽尹丁亥周迪請降詔安成王諱督衆軍以招納之是歲周所立梁王蕭詧死子巋代立

四年春正月景子千陁利國遣使獻方物甲申周迪弃城走閩州刺史陳寶應納之臨川郡平壬辰以平西將軍郢州刺史章昭達爲護軍將軍仁武將軍新州刺史華皎進號平南將軍鎮

南將軍開府儀同三司高州刺史黃法氍爲鎮北大將軍南徐州刺史安西將軍領臨川太守周敷爲南豫州刺史中護軍孫瑒爲鎮右將軍罷高州隸入江州二月戊戌征南將軍開府儀同三司廣州刺史歐陽頠進號征南大將軍庚戌以侍中司空征北大將軍侯安都爲征南大將軍江州刺史庚申以平南將軍華皎爲南湘州刺史三月辛未以鎮南將軍開府儀同三司徐度爲侍中中軍大將軍辛巳詔贈討周迪將

士死王事者夏四月辛丑設無㝵大會於太極前殿乙卯以侍中中書監中衛將軍驃騎將軍揚州刺史安成王諱爲開府儀同三司五月丁卯安前將軍右光祿大夫徐世譜卒六月癸巳太白晝見司空侯安都賜死七月丁丑以鎮北大將軍開府儀同三司南徐州刺史黃法氍爲鎮南大將軍江州刺史九月壬戌開府儀同三司廣州刺史歐陽頠薨癸亥曲赦京師辛未周迪復寇臨川詔護軍章昭達率衆討之十一月

辛酉章昭達大破周迪悉擒其黨與迪脫身潛竄十二月景申大赦天下詔護軍將軍章昭達進軍建安以討陳寶應信威將軍益州刺史余孝頃督會稽東陽臨海永嘉諸軍自東道會之癸丑以前安南將軍江州刺史吳明徹爲鎮前將軍

五年春正月庚辰以吏部尚書領右軍將軍袁樞爲丹陽尹辛巳輿駕親祠北郊乙酉江州溢城火燒死者二百餘人三月丁丑以征南大將

軍開府儀同三司桂州刺史淳于量爲中撫軍大將軍壬午詔以故護軍將軍周鐵虎配食高祖廟庭夏四月庚子周遣使來聘五月庚午罷南丹陽郡是月周齊並遣使來聘六月丁未夜有白氣兩道出于北斗東南屬地秋七月丁丑詔曰朕以寡昧屬當負重星籥亟改晷琁弗曠不能仰協璿衡用調玉燭傍慰蒼生以安黔首兵無寧歲民乏有年移風之道未弘習俗之患猶在致令氓多觸網吏繁筆削獄犴滋章雖由

物犯囹圄淹滯亦或有冤念俾納隍載勞負扆
加以膚湊不適攝衛有虧比獲微痊思覃寬惠
可曲赦京師九月城西城冬十一月丁亥以左
衛將軍程靈洗爲中護軍巳丑章昭達破陳寶
應于建安擒寶應留異送京師晉安郡平甲辰
以護軍將軍章昭達爲鎮前將軍開府儀同三
司十二月甲子曲赦建安晉安二郡討陳寶應
將士死王事者並給棺槥送還本鄉并復其家
瘡痍未瘳者給其醫藥癸未齊遣使來聘

六年春正月甲午皇太子加元服王公以下賜
帛各有差孝悌力田爲父後者賜爵一級鰥寡
孤獨不能自存者穀人五斛庚戌以領軍將軍
杜稜爲翊左將軍丹陽尹丹陽尹袁樞爲吏部
尚書衛尉卿沈欽爲中領軍三月乙未詔侯景
以來遭亂移在建安晉安義安郡者並許還本
土其被略爲奴婢者釋爲良民夏四月甲寅以
侍中中書監中衛將軍驃騎將軍開府儀同三
司揚州刺史安成王諱爲司空辛酉有彗星見

周遣使來聘秋七月癸未大風至自西南廣百
餘步激壞靈臺候樓甲申儀賢堂無故自壞景
戌臨川太守駱文牙斬周迪傳首京師梟於朱
雀航丁酉太白晝見八月丁丑詔曰梁室多故
禍亂相尋兵甲紛紜十年不解不逞之徒虐流
生氣無賴之屬暴及徂魂江左肇基王者攸宅
金行水位之主木運火德之君時更四代歲逾
二百若其經綸三業縉紳民望忠臣孝子何世
無才而零落山丘變移陵谷或皆剪伐莫不侵

殘玉杯得於民間漆簡傳於世載無復五株之
樹罕見千年之表自大祚光啓恭惟揖讓爰暨
朕躬聿脩祖武雖復旂旗服色猶行杞宋之計
每車駕巡遊眇瞻河雒之路故喬山之祀蘋藻
弗虧驪山之墳松柏恒守唯戚藩舊壟士子故
塋掩殣未周樵牧猶衆或親屬流隸負土無期
子孫冥滅手植何寄漢高留連於無忌宋祖惆
悵於子房丘墓生哀性靈共測者也朕所以興
言永日思慰幽泉維前代王侯自古忠烈墳冢

被發絕無後者可檢行脩治墓中樹木勿得樵
採庶幽顯咸暢稱朕意焉己卯立皇子伯固爲
新安郡王伯恭爲晉安王伯仁爲廬陵王伯義
爲江夏王九月癸未罷豫章郡是月新作大航
冬十月辛亥齊遣使來聘十二月乙卯立皇子伯
禮爲武陵王丁巳以鎮前將軍開府儀同三司
章昭達爲鎮南將軍江州刺史鎮南大將軍江
州刺史黃法𣰰爲中衛大將軍中護軍程靈洗
爲宣毅將軍郢州刺史軍師將軍郢州刺史沈

恪爲中護軍鎮東將軍吳興太守吳明徹爲中
領軍戊午以東中郎將吳郡太守鄱陽王伯山
爲平北將軍南徐州刺史癸亥詔曰朕自居民
牧之重託在王公之上顧其寡昧鬱于治道加
以屢虧聽覽事多壅積寃滯靡申幽枉弗鑒
念茲罪隸有甚納隍而惠澤未流愆陽累月今
歲序云暮元正向肇欲使幽圄之内同被時和
可曲赦京師
天康元年春二月景子詔曰朕以寡德纂承洪

緒日昃劬勞思弘景業而政道多昧黎庶未康
兼疹患淹時亢陽累月百姓何咎寔由朕躬念
茲在茲痛如疾首可大赦天下改天嘉七年爲
天康元年三月己卯以驃騎將軍開府儀同三
司揚州刺史司空安成王諱爲尚書令夏四月
乙卯皇孫至澤生在位文武賜絹帛各有差爲
父後者賜爵一級癸酉世祖疾甚是日崩于有
覺殿遺詔曰朕疾苦彌留遂至不救脩短有命
夫復何言但王業艱難頻歲軍旅生民多弊無

忘愧惕今方隅乃定俗教未弘便及大漸以爲
遺恨社稷任重太子可即君臨王侯將相善相
輔翊内外協和勿違朕意山陵務存儉速大斂
竟羣臣三日一臨公除之制率依舊典六月甲
子羣臣上謚曰文皇帝廟號世祖景寅葬永寧
陵世祖起自艱難知百姓疾苦國家資用務從
儉約常所調斂事不獲已者必咨嗟改色若在
諸身主者奏決妙識眞僞下不容姦人知自勵
矣一夜内刺閨取外事分判者前後相續每雞

人伺漏傳更籤於殿中乃勑送者必投籤於階石之上令鎗然有聲云吾雖眠亦令驚覺也始終梗槩若此者多焉

陳吏部尚書姚察曰世稱繼體守文宗枝承統得失之間蓋亦詳矣大氐以奉而勿墜爲賢能撓而易之爲不肖其有光揚前軌克荷曾構固以少焉世祖自初發跡功庸顯著寧亂靜寇首佐大業及國禍奄臻入承寶祚兢兢業業其若馭朽加以崇尚儒術愛悅文義見善如弗及用人如由己恭儉以御身勤勞以濟物自昔允文允武之君東征西怨之后寔賓之迹可爲聯類至於杖聰明用鑒識斯則永平之政前史其論諸

紀第三　陳書三

天嘉三年高句驪王高湯或本作高陽

陳書四

紀第四

散騎常侍姚　思廉　撰

廢帝

廢帝諱伯宗字奉業小字藥王世祖嫡長子也
梁承聖三年五月庚寅生永定二年二月戊辰
拜臨川王世子三年世祖嗣位八月庚戌立爲
皇太子自梁室亂離東宮焚燼太子居于永福
省天康元年四月癸酉世祖崩其日太子即皇
帝位于太極前殿詔曰上天降禍大行皇帝奄

弃萬國攀號靡及五內崩殞朕以寡德嗣膺寶
命煢煢在疚懼甚綴旒方賴宰輔匡其不逮可
大赦天下又詔內外文武各復其職遠方悉停
奔赴五月乙卯尊皇太后曰太皇太后皇后曰
皇太后庚寅以驃騎將軍司空揚州刺史新除
尚書令安成王諱爲驃騎大將軍進位司徒錄
尚書都督中外諸軍事丁酉中軍大將軍開府
儀同三司徐度進位司空鎮南將軍開府儀同
三司江州刺史章昭達爲侍中進號征南將軍

鎮東將軍東揚州刺史始興王伯茂進號征東
將軍開府儀同三司平北將軍南徐州刺史鄱
陽王伯山進號鎮北將軍吏部尚書袁樞爲尚
書左僕射雲麾將軍吳興太守沈欽爲尚書右
僕射新除中領軍吳明徹爲領軍將軍新除中
護軍沈恪爲護軍將軍平南將軍湘州刺史華
皎進號安南將軍散騎常侍御史中丞徐陵爲
吏部尚書六月辛亥翊右將軍右光祿大夫王
通進號安右將軍秋七月丁酉立妃王氏爲皇

后冬十月庚申輿駕奉祠太廟十一月乙亥周
遣使來弔十二月甲子高麗國遣使獻方物
光大元年春正月癸酉尚書左僕射袁樞卒乙
亥詔曰昔昊天成命降集寶圖二后重光九區
咸乂閔余沖薄王道未昭荷茲神器如涉靈海
庶親賢並建牧伯惟良天下雍熙緬同刑措今
三元改曆萬國充庭清廟無追具僚斯在言瞻
宁位觸感崩心思播遺恩俾覃黎獻可大赦天
下改天康二年爲光大元年孝悌力田賜爵一

級己卯以領軍將軍吳明徹爲丹陽尹辛卯輿
駕親祠南郊二月辛亥宣毅將軍南豫州刺史
余孝頃謀反伏誅癸丑以征東將軍開府儀同
三司東揚州刺史始興王伯茂爲中衞大將軍
開府儀同三司黃法𣰋爲鎮北將軍南徐州刺
史鎮北將軍南徐州刺史鄱陽王伯山爲鎮東
將軍東揚州刺史三月甲午以尚書右僕射沈
欽爲侍中尚書左僕射夏四月乙卯太白晝見
五月癸巳以領軍將軍丹陽尹吳明徹爲安南

將軍湘州刺史乙未以鎮右將軍杜稜爲領軍
將軍安南將軍湘州刺史華皎誅反景申以中
撫大將軍淳于量爲使持節征南大將軍揔率
舟師以討之六月壬寅以中軍大將軍司空徐
度進號車騎將軍揔督京邑衆軍步道襲湘州
閏月癸巳以雲麾將軍新安王伯固爲丹陽尹
秋七月戊申立皇子至澤爲皇太子賜天下爲
父後者爵一級王公卿士已下賚帛各有差九
月乙巳詔曰逆賊華皎極惡窮凶遂樹立蕭歸

謀危社稷弃親即讎人神憤惋王師電邁水陸
爭前梟翦之期匪朝伊暮其家口在北里尚方
宜從誅戮用明國憲景辰百濟國遣使獻方物
是月周將長胡公拓跋定率步騎二萬入郢州
與華皎水陸俱進都督淳于量吳明徹等與戰
大破之皎單舸奔江陵擒拓跋定俘獲萬餘人
馬四千餘匹送京師冬十月辛巳赦湘巴二郡
爲皎所註誤者甲申輿駕親祠太廟十一月己
未以護軍將軍沈恪爲平西將軍荆州刺史甲

子侍中中權將軍開府儀同三司特進左光祿
大夫王沖薨十二月庚寅以兼從事中郎孔英
哲爲奉聖亭侯奉孔子祀
二年春正月己亥侍中都督中外諸軍事驃騎
大將軍司徒録尚書揚州刺史安成王諱進位
太傅領司徒加殊禮劒履上殿侍中征南將軍
開府儀同三司江州刺史章昭達進號征南大
將軍中撫大將軍新除征南大將軍淳于量爲
侍中中軍大將軍開府儀同三司安南將軍湘

州刺史吳明徹即本號開府儀同三司進號鎮
南將軍雲麾將軍郢州刺史程靈洗進號安西
將軍庚子詔討華皎軍人死王事者並給棺櫘
送還本鄉仍復其家甲子罷吳州以鄱陽郡還
屬江州侍中司空車騎將軍徐度薨夏四月辛
巳太白晝見丁亥割東揚州晉安郡爲豐州五
月景辰太傅安成王諱獻王璽一六月丁卯彗
星見秋七月景午輿駕親祠太廟戊申新羅國
遣使獻方物壬戌立皇弟伯智爲永陽王伯謀

爲桂陽王九月甲辰林邑國遣使獻方物景午
狼牙脩國遣使獻方物以侍中征南大將軍開
府儀同三司江州刺史章昭達爲中撫大將軍
戊午太白晝見冬十月庚午輿駕親祠太廟十
一月景午以前平西將軍荆州刺史沈恪爲護
軍將軍壬子以鎮北將軍開府儀同三司南徐
州刺史黃法𣰰爲鎮西將軍郢州刺史新除中
軍大將軍開府儀同三司淳于量爲鎮北將軍
南徐州刺史甲寅慈訓太后集羣臣於朝堂令

曰中軍儀同鎮北儀同鎮右將軍護軍將軍八
座卿士昔梁道季末海內沸騰天下蒼生殆無
遺噍高祖武皇帝撥亂反正膺圖御籙重懸三
象還補二儀世祖文皇帝克嗣洪基光宣寶業
惠養中國綏寧外荒並戰戰兢兢劬勞締構庶
幾鼎運方隆殷夏伯宗昔在儲宮本無令問及
居崇極遂騁凶淫居處諒闇固不哀感嬪嬙弗
隔就館相仍豈但衣車所納是譏宗正衰絰生
子得誚右師七百之祚何憑三千之罪爲大且

費引金帛令充椒閫內府中藏軍備國儲未盈
朞稔皆已空竭太傅親承顧託鎮守宮闈遺詔
綢繆義深垣屏而欑塗未御翌日無淹仍遣劉
師知殷不佞等顯言排斥韓子高小豎輕佻推
心委仗陰謀禍亂決起蕭牆元相雖持但除君
側又以余孝頃密邇京師便相徵召殃慝之咎
凶徒自擒宗社之靈祆氛是滅於是密詔華皎
稱兵上流國祚憂惶幾移醜類乃至要招遠近
叶力巴湘支黨縱橫寇擾黟歙又別勑歐陽紇

等攻逼衡州嶺表紛紜殊淹弦望豈止罪浮於
昌邑非唯聲醜於太和但賊豎皆亡祆徒已散
日望懲改猶加掩抑而悖禮忘德情性不悛樂
禍思亂昏慝無已張安國蕞爾凶狡窮爲小盜
仍遣使人蔣裕鉤出上京即置行臺分選凶黨
賊皎妻呂春徒爲戮納自奚官藏諸永巷使其
結引親舊規圖戕禍盪主侯法喜等太傅麾下
恒遊府朝陷以深利謀與肘腋適又盪主孫泰
等潛相連結大有交通兵力殊彊指期挻亂皇

家有慶歷數遐長天誘其衷同然開發此諸文
迹今以相示是而可忍誰則不容祖宗基業將
懼傾霣豈可復肅恭禋祀臨御兆民式稽故實
宜在流放今可特降爲臨海郡王送還藩邸太
傅安成王固天生德齊聖廣深二后鍾心三靈
佇眷自前朝不愈任摠邦家威惠相宣刑禮兼
設指揮嘯咤湘郢廓清闢地開疆荆益風靡若
太戊之承亳歷中都之奉漢家校以功名曾何
髣髴且地彰靈璽天表長彗布新除舊禎祥咸

顯文皇知子之鑒事甚帝堯傳弟之懷又符太
伯今可還申曩志崇立賢君方固宗祧載貞辰
象中外宜依舊典奉迎輿駕未亡人不幸屬此
殷憂不有崇替容危社稷何以拜祠高寢歸祔
武園攬筆潸然兼懷悲慶是日出居別第太建
二年四月薨時年十九帝仁弱無人君之器世
祖每慮不堪繼業既居冢嫡廢立事重是以依
違積載及疾將大漸召高宗謂曰吾欲遵太伯
之事高宗初未達旨後寤乃拜伏涕泣固辭其

後宣太后依詔廢帝焉
史臣曰臨海雖繼體之重仁厚懦弱混一是非
不驚得喪蓋帝摯漢惠之流也世祖知神器之
重諒難負荷深鑒堯旨弗傳寶祚焉

紀第四　陳書四

紀第五

散騎常侍姚　思廉　撰

宣帝

高宗孝宣皇帝諱頊字紹世小字師利始興昭烈王第二子也梁大通二年七月辛酉生有赤光滿堂室少寬大多智略及長美容儀身長八尺三寸手垂過膝有勇力善騎射高祖平侯景鎮京口梁元帝徵高祖子姪入侍高祖遣高宗赴江陵累官爲直閤將軍中書侍郎時有馬軍

主李總與高宗有舊每同遊處高宗嘗夜被酒張燈而寐總適出尋返乃見高宗身是大龍總便驚駭走避佗室及江陵陷高宗遷于關右永定元年遥襲封始興郡王邑二千戸三年世祖嗣位改封安成王天嘉三年自周還授侍中中書監中衛將軍置佐史尋授使持節都督揚南徐東揚南豫北江五州諸軍事揚州刺史進號驃騎將軍餘如故四年加開府儀同三司六年遷司空天康元年授尚書令餘並如故廢帝即

位拜司徒進號驃騎大將軍録尚書都督中外諸軍事給班劒三十人光大二年正月進位太傅領司徒加殊禮劒履上殿增邑并前三千戸餘並如故十一月甲寅慈訓太后令廢帝爲臨海王以高宗入纂

太建元年春正月甲午即皇帝位于太極前殿詔曰夫聖人受命王者中興並由懿德方作元后高祖武皇帝揖拜堯圖經綸禹跡配天之業光辰象而利貞格地之功侔川岳而長遠世祖

文皇帝體上聖之姿當下武之運築宮儉所務唯德定鼎初基厥謀斯在朕以寡薄才非聖賢夙荷前規方傳景祚雖復親承訓誨志守藩維詠季子之高風思城陽之遠託自元儲紹國正位君臨無道非幾佇聞刑措豈圖王室不造頻謀亂階天步艱難將傾寶曆仰惟嘉命爰集朕躬我心貞確空誓蒼旻而羣辟啓請相誼渭橋文母尊嚴懸心長樂對揚璽紱非止殷湯之三辭履涉春冬何但代王之五讓今便肅奉天

策欽承介圭若據滄溟踰增兢業思所以雲行雨施品物咸亨當與黔黎普同斯慶可改光大三年爲太建元年大赦天下在位文武賜位一階孝悌力田及爲父後者賜爵一級異等殊才並加策序鰥寡孤獨不能自存者人賜穀五斛復太皇太后尊號曰皇太后立妃柳氏爲皇后世子叔寶爲皇太子皇子南中郎將江州刺史康樂侯叔陵爲始興王奉昭烈王祀乙未輿駕謁太廟丁酉分命大使巡行四方觀省風俗征

南大將軍開府儀同三司新除中撫大將軍章昭達進號車騎大將軍新除中軍大將軍開府儀同三司南徐州刺史淳于量爲征北大將軍鎮北將軍開府儀同三司南徐州刺史新除鎮西將軍郢州刺史黃法𣰰進號征西大將軍新除安南將軍開府儀同三司湘州刺史吳明徹進號鎮南將軍鎮東將軍揚州刺史鄱陽王伯山進號中衛將軍尚書僕射沈欽爲尚書左僕射度支尚書王勱爲尚書右僕射護軍將軍沈恪爲鎮南將軍廣州刺史辛丑輿駕親祠南郊壬寅以皇子建安侯叔英爲宣惠將軍東揚州刺史改封豫章王豐城侯叔堅改封長沙王癸卯以明威將軍周弘正爲特進戊午輿駕親祠太廟二月庚午皇后謁太廟辛未皇太子謁太廟乙亥輿駕親耕藉田夏五月甲午齊遣使來聘丁巳以吏部尚書領大著作徐陵爲尚書右僕射太子詹事駙馬都尉沈君理爲吏部尚書秋七月辛卯皇太子納妃沈氏王公已下賜帛

各有差丁酉以平東將軍吳郡太守晉安王伯恭爲中護軍進號安南將軍九月甲辰以新除中護軍晉安王伯恭爲中領軍冬十月新除左衛將軍歐陽紇據廣州舉兵反辛未遣車騎將軍開府儀同三司章昭達率衆討之壬午輿駕親祠太廟

二年春正月乙酉以征西大將軍開府儀同三司郢州刺史黃法𣰰爲中權大將軍景午輿駕親祠太廟二月癸未儀同章昭達擒歐陽紇送都

斬于建康市廣州平三月景申皇太后崩景午
曲赦廣衡二州丁未大赦天下又詔自討周迪
華皎已來兵交之所有死亡者並令收斂并給
棺槥送還本鄉瘡痍未瘳者各給醫藥夏四月
乙卯臨海王伯宗薨戊寅皇太后祔葬萬安陵
閏月戊申輿駕謁太廟己酉太白晝見五月乙
卯儀同黃法氍獻瑞璧一壬午齊遣使來弔六
月戊子新羅國遣使獻方物辛卯大雨雹乙巳
分遣大使巡行州郡省理冤屈戊申車騎將軍

開府儀同三司章昭達進號車騎大將軍安南
將軍廣州刺史沈恪進號鎮南將軍秋八月甲
申詔曰懷遠以德抑惟恒典去戎即華民之本
志頃年江介纔負相隨崎嶇歸化亭候不絕宜
加卹養答其誠心維是荒境自拔有在都邑及
諸州鎮不問遠近並蠲課役若克平舊土反我
侵地皆許還鄉一無拘限州郡縣長明加甄別
良田廢村隨便安處若輒有課訂即以擾民論
又詔曰民惟邦本著在典謨治國愛民抑又通

訓朕聽朝晏罷日仄劬勞方流惠澤覃被億兆
有梁之季政刑廢缺條綱弛紊僭盜荐興役賦
征徭尤爲煩刻大陳御寓拯茲餘弊滅扈戡黎
弗遑創改年代彌流將及成俗如弗解張物無
與厝夕惕疚懷有同首疾思從卑菲約己濟民雖
府帑未充君孰與足便可刪革去其甚泰與永
爲定准令簡而易從自今維作田值水旱失收
即列在所言上折除軍士年登六十悉許放還
巧手於役死亡及與老疾不勞訂補其籍有巧

隱并王公百司輒受民爲程蔭解還本屬開恩
聽首在職治事之身須遞相檢示有失不推當
局任罪令長代換具條解舍戶數付度後人戶
有增進即加擢賞若致減散依事准結有能墾
起荒田不問頃畝少多依舊蠲稅戊子太白晝
見九月乙丑以散騎常侍鎮東將軍吳興太守
杜稜爲特進護軍將軍冬十月乙酉輿駕親祠
太廟十一月辛酉高麗國遣使獻方物十二月
癸巳夜西北有雷聲

三年春正月癸丑以尚書右僕射領大著作徐
陵爲尚書僕射辛酉輿駕親祠南郊辛未親祠
北郊二月辛巳輿駕親祠明堂丁酉親耕藉田
三月丁丑大赦天下自天康元年訖太建元年
逋餘軍糧祿秩夏調未入者悉原之又詔犯逆
子弟支屬逃亡異境者悉聽歸首見繫者量
可散釋其有居宅竝追還夏四月壬辰齊遣使
來聘五月戊申太白晝見辛亥遼東新羅丹丹
天竺盤盤等國並遣使獻方物六月丁亥江陰

王蕭季卿以罪免甲辰封東中郎將長沙王府
諮議參軍蕭叔卿爲江陰王秋八月辛丑皇太子親
釋奠于太學二傅祭酒以下可賚帛各有差九
月癸酉太白晝見冬十月甲申輿駕親祠太廟
乙酉周遣使來聘己亥丹丹國遣使獻方物十
二月壬辰車騎大將軍司空章昭達薨
四年春正月景午以雲麾將軍江州刺史始興
王叔陵爲湘州刺史進號平南將軍東中郎將
吳郡太守長沙王叔堅爲宣毅將軍江州刺史

尚書僕射領大著作徐陵爲尚書左僕射中書
監王勱爲尚書右僕射庚申以丹陽尹衡陽
王伯信爲信威將軍中護軍庚午輿駕親祠太
廟二月乙酉立皇子叔卿爲建安王授東中郎
將東揚州刺史三月壬子以散騎常侍孫瑒爲
安西將軍荊州刺史乙丑扶南林邑國竝遣使
來獻方物夏四月戊子以中權大將軍開府儀
同三司黃法𣰰爲征南大將軍南豫州刺史五
月癸卯尚書右僕射王勱卒六月辛巳侍中鎮

右將軍右光祿大夫杜稜卒秋八月辛未周遣
使來聘丁丑景雲見戊寅詔曰國之大事受脤
興戎師出以律稟策於廟所以乂安九有克成
七德自頃掃滌羣穢廓清諸夏乃貔貅之戮力
亦帷幄之運籌雖左衽已戡干戈載戢呼韓來
謁亭鄣無警但不教民戰是謂棄之仁必有勇
無忘武備磻溪之傳韜決穀城之授神符文叔
懸制戎規孟德頗言兵略朕旣慙暗合良皆披
覽兼昔經督戎備嘗行陣齊以七步肅之三鼓

得自胷襟指掌可述今竝條制凡十三科宜即
班宣以爲永准乙未詔停督湘江二州逋租無
錫等十五縣流民竝蠲其繇賦秋九月庚子朔
日有蝕之辛亥大赦天下又詔曰舉善從諫在
上之明規進賢謁言爲臣之令範朕以寡德嗣
守寶圖雖世襲隆平治非寧一辨方分職旰食
早衣傍闕爭臣下無貢士何其闕爾鮮能抗直
豈余獨運匪薦讜言置鼓公車罕論得失施石
象魏莫陳可否朱雲攉檻良所不逢禽息觸楹

又爲難值至如衣褐以見擔簦以遊或耆艾絕
倫或妙年異等千時而不偶左右莫之譽黑貂
改弊黃金且殫終其滯淹可爲太息又貴爲百
辟賤有十品工拙竝騖勸沮莫分銜謠徒擁廷
議斯闕寔朕之弗明而時無獻替永言至治何
遐爽歟外可通示文武凡厥在位風化乖殊朝
政紕蠹正色直辭有犯無隱兼各舉所知隨才
明試其莅政廉穢在職能否分別矢言俟茲黜
陟景寅以故太尉徐度儀同杜稜儀同程靈洗

配食高祖廟庭故車騎將軍章昭達配食世祖
廟庭冬十月乙酉輿駕親祠太廟戊戌以鎮南
將軍廣州刺史沈恪爲領軍將軍十月己亥
夜地震閏月辛未詔曰姑孰饒曠荆河斯擬博
望闕畿天限巖峻龍山南指牛渚北臨對熊繹
之餘城邇全琮之故壘良疇美柘畦畎相望連
宇高甍阡陌如繡自梁末兵災凋殘略盡比雖
務優寬猶未克復咫尺封畿宜須殷阜且衆將
部下多寄上下軍民雜俗極爲蠹耗自今有罷

任之徒許分留部下其已在江外亦令迎還悉
住南州津裏安置有無交貨不責市估萊荒墾
闢亦停租稅臺遣鎮監一人共刺史津主分明
檢押給地賦田各立頓舍十二月壬寅甘露降
樂遊苑甲辰輿駕幸樂遊苑採甘露宴羣臣丁卯
詔曰梁氏之季兵火荐臻承華焚蕩頓無遺構
寶命惟新迄將二紀頻事戎旅未遑脩繕今工
役差閑椽楹有擬來歲開肇創築東宮可權置
起部尚書將作大匠用主監作

五年春正月癸酉以征北大將軍開府儀同三司南徐州刺史淳于量爲中權大將軍宣惠將軍豫章王叔英爲南徐州刺史進號平北將軍吏部尚書駙馬都尉沈君理爲尚書右僕射領吏部辛巳輿駕親祠南郊甲午輿駕親祠太廟二月辛丑輿駕親祠明堂乙卯夜有白氣如虹自北方貫北斗紫宮三月壬午分命衆軍北伐以鎮前將軍開府儀同三司吳明徹都督征討諸軍事景戌西衡州獻馬生角己丑皇孫胤生

内外文武賜帛各有差爲父後者賜爵一級北討大都督吳明徹統衆十萬發自白下夏四月癸卯前巴州刺史魯廣達克齊大峴城辛亥吳明徹克秦州水柵庚申齊遣兵十萬援歷陽儀同黃法𣰰破之辛酉齊軍救秦州吳明徹又破之癸亥詔北伐衆軍所殺齊兵竝令埋掩甲子南譙太守徐槾克石梁城五月己巳瓦梁城降癸酉陽平郡城降甲戌徐槾克廬江郡城景子黃法𣰰克歷陽城己卯北高唐郡城降辛巳詔征

南大將軍開府儀同三司南豫州刺史黃法𣰰徙鎮歷陽齊改縣爲郡者竝復之乙酉南齊昌太守黃詠克齊昌外城景戌廬陵内史任忠軍次東關克其東西二城進克蘄城戊子又克譙郡城秦州城降癸巳瓜步胡墅二城降六月庚子郢州刺史李綜克灄口城己巳任忠克合州外城庚戌淮陽沭陽郡竝棄城走癸丑景雲見豫章内史程文季克涇州城乙卯宣毅司馬湛陁克新蔡城癸卯周遣使來聘黃法𣰰克合州

城吳明徹師次仁州甲子克其州城是月治明堂秋七月乙丑鎮前將軍開府儀同三司吳明徹進號征北大將軍戊辰齊遣衆二萬援齊昌西陽太守周炅破之己巳吳明徹軍次峽口克其北岸城南岸守者棄城走周炅克巴州城淮北絳城及穀陽士民竝誅其渠帥以城降景戌吳明徹克壽陽外城八月乙未山陽城降壬寅盱眙城降戊申罷南齊昌郡壬子戎昭將軍徐敬辯克海安城青州東海城降戊午平固侯陳

敬泰等克晉州城九月甲子陽平城降壬申高
唐太守沈善慶克馬頭城甲戌齊安城降景子
左衛將軍樊毅克廣陵楚子城癸未尚書右僕
射領吏部騎馬都尉沈君理卒丁亥前鄱陽內
史魯天念克黃城小城齊軍退保大城戊子割
南兗州之盱眙郡屬譙州壬辰晦夜明黃城大
城降冬十月甲午郭默城降戊戌以中書令王
瑒爲吏部尚書己亥以特進領國子祭酒周弘
正爲尚書右僕射乙巳吳明徹克壽陽城斬王

琳傳首京師梟于朱雀航丁未齊兵萬人至潁
口樊毅擊走之辛亥齊遣兵援蒼陵又破之景
辰詔曰梁末得懸瓠以壽陽爲南豫州今者克
復可還爲豫州以黃城爲司州治下爲安昌郡
漣湍爲漢陽郡三城依梁爲義陽郡並屬司州
以征北大將軍開府儀同三司吳明徹爲豫州
刺史進號車騎大將軍征南大將軍開府儀同
三司南豫州刺史黃法𣰰爲征西大將軍合州
刺史戊午湛陁克齊昌城十一月甲戌淮陰城

降庚辰威虜將軍劉桃根克朐山城辛巳樊毅
克濟陰城己丑魯廣達等克北徐州十二月壬
辰朔詔曰古者反噬叛逆盡族誅夷所以藏其
首級誡之後世比者所戮止在一身子胤或存
梟懸自足不容久歸武庫長比月支惻隱之懷
有仁不忍維熊曇朗留異陳寶應周迪鄧緒等
及今者王琳首並還親屬以弘廣宥乙未譙城降
乙巳立皇子叔明爲宜都王叔獻爲河東王壬
午任忠克霍州城

六年春正月壬戌朔詔曰王者以四海爲家萬姓
爲子一物乖方夕惕猶厲六合未混旰食彌憂
朕嗣纂鴻基思弘經略上符景宿下叶人謀命
將興師大拯淪溺灰琯未周凱捷相繼拓地數
千連城將百蠢彼餘黎毒茲異境江淮年少猶
有剽掠鄉閭無賴摘出陰私將帥軍人罔顧刑
典今使苛法蠲除仁聲載路且肇元告慶邊服
來荒始覩皇風宜覃曲澤可赦江右淮北南司
定霍光建朔合豫北徐仁北兗青冀南譙南兗

十五州郢州之齊安西陽江州之齊昌新蔡高
唐南豫州之歷陽臨江郡士民罪無輕重悉皆
原宥將帥職司軍人犯法自依常科以翊前將
軍新安王伯固爲中領軍進號安前將軍安前
將軍中領軍晉安王伯恭爲安南將軍南豫州
刺史壬午輿駕親祠太廟甲申廣陵金城降周
遣使來聘高麗國遣使獻方物二月壬辰朔日
有蝕之辛亥輿駕親耕藉田景辰以中權大將
軍開府儀同三司淳于量爲征西大將軍郢州

刺史三月癸亥詔曰去歲南川頗言失稔所督
田租于今未卽豫章等六郡太建五年田租可
申半至秋豫章又逋太建四年檢首田稅亦申
至秋南康一郡嶺下應接民間尤弊太建四年
田租未入者可特原除庶脩墾無廢歲取方實
夏四月庚子彗星見辛丑詔曰戢情懷善有國
之令圖拯弊救危聖範之通訓近命師薄伐義
在濟民青齊舊隸膠光部落久患凶戎爭歸有
道棄彼農桑忘其衣食而大軍未接中途止憩

朐山黃郭車營布滿扶老攜幼蓬流草跋旣喪
其本業咸事游手饑饉疾疫不免流離可遣大
使精加慰撫仍出陽平倉穀拯其懸磬并充糧
種勸課士女隨近耕種石鼈等屯適意脩墾六
月壬辰尚書右僕射領國子祭酒周弘正卒乙
巳以中衛將軍揚州刺史鄱陽王伯山爲征北
將軍南徐州刺史中護軍衡陽王伯信爲宣毅
將軍揚州刺史冬十一月乙亥詔北討行軍之
所並給復十年十二月癸巳平南將軍湘州刺

史始興王叔陵進號鎮南將軍戊戌以吏部尚
書王瑒爲尚書右僕射度支尚書孔奐爲吏部
尚書景午安右將軍左光祿大夫王通加特進
七年春正月辛未輿駕親祠南郊乙亥左衛將
軍樊毅克潼州城辛巳輿駕親祠北郊二月戊
申樊毅克下邳高柵等六城三月辛未詔豫二
兖譙徐合霍南司定九州及南豫江郢所部在
江北諸郡置雲旗義士往大軍及諸鎮備防戍
寅以新除征西大將軍合州刺史開府儀同三

司黃法氍爲豫州刺史改梁東徐州爲安州武州爲沅州移譙州鎭於新昌郡以秦郡屬之盱眙神農二郡還隸南兗州夏四月景戌有星孛于大角庚寅監豫州陳桃根於所部得青牛獻之詔遣還民甲午輿駕親祠太廟乙未陳桃根又表上織成羅又錦被各二百首詔於雲龍門外焚之壬子郢州獻瑞鍾六五月乙卯割譙州之秦郡還隸南兗州分北譙縣置北譙郡領陽平所屬北譙西譙二縣合州之南梁郡隸入譙

州六月景戌爲北討將士死王事者克日舉哀壬辰以尚書右僕射王瑒爲尚書僕射己酉改作雲龍神獸門秋八月壬寅移西陽郡治保城癸卯周遣使來聘閏九月壬辰都督吳明徹大破齊軍於呂梁是月甘露頻降樂遊苑丁未輿駕幸樂遊苑採甘露宴羣臣詔於苑龍舟山立甘露亭冬十月戊午以征北將軍南徐州刺史鄱陽王伯山爲征南將軍江州刺史安前將軍中領軍新安王伯固爲南徐州刺史進號鎭北將軍信威將軍江州刺史長沙王叔堅爲雲麾將軍中領軍己巳立皇子叔齊爲新蔡王叔文爲晉熙王十一月庚戌以征西大將軍開府儀同三司郢州刺史淳于量爲中軍大將軍十二月景辰以新除雲麾將軍郢州刺史長沙王叔堅爲平越中郎將廣州刺史東中郎將東揚州刺史建安王叔卿爲雲麾將軍郢州刺史宣惠將軍宜都王叔明爲東揚州刺史壬戌以尚書僕射王瑒爲尚書左僕射太子詹事揚州大中

正陸繕爲尚書右僕射國子祭酒徐陵爲領軍將軍甲子南康郡獻瑞鍾

八年春正月庚辰西南有紫雲見二月壬申車騎大將軍開府儀同三司吳明徹進位司空丁丑詔江東道太建五年以前租稅夏調逋在民間者皆原之夏四月甲寅詔曰元戎凱旋羣帥振旅旌功策賞宜有饗宴今月十七日可幸樂遊苑設絲竹之樂大會文武己未輿駕親祠太廟庚寅尚書左僕射王瑒卒六月癸丑以雲麾

將軍廣州刺史長沙王叔堅爲合州刺史進號平北將軍甲寅以尚書右僕射陸繕爲尚書左僕射新除晉陵太守王克爲尚書右僕射秋八月丁卯以車騎大將軍司空吳明徹爲南兗州刺史九月戊戌以皇子叔彪爲淮南王冬十一月乙酉以平南將軍湘州刺史長沙王叔堅爲平西將軍郢州刺史丁酉分江州晉熙高唐新蔡三郡爲晉州辛丑以冠軍將軍廬陵王伯仁爲中領軍十二月丁卯以新除太子詹事徐陵

爲右光祿大夫

九年春正月辛卯輿駕親祠北郊壬寅以湘州刺史新除中衛將軍始興王叔陵爲揚州刺史雲麾將軍建安王叔卿爲湘州刺史進號平南將軍二月壬午輿駕親耕籍田夏五月景子詔曰朕昧旦求衣日旰方食思弘億兆用臻俾乂而牧守莅民廉平未洽年常租賦多致逋餘即此務農宜弘寬省可起太建已來訖八年流移叛戶所帶租調七年八年叛義丁五年訖八年叛軍丁六年七年逋租田米粟夏調綿絹絲布麥等五年訖七年逋貲絹皆悉原之秋七月乙亥以軺車將軍丹陽尹江夏王伯義爲合州刺史己卯百濟國遣使獻方物庚辰大雨震萬安陵華表己丑震慧日寺刹及瓦官寺重門一女子於門下震死冬十月戊午司空吳明徹破周將梁士彥衆數萬于呂梁十二月戊申東宮成皇太子移于新宮

十年春正月己巳朔以中領軍廬陵王伯仁爲

平北將軍南徐州刺史翊左將軍右光祿大夫領太子詹事徐陵爲領軍將軍二月甲子北討衆軍敗績於呂梁司空吳明徹及將卒已下並爲周軍所獲三月辛未震武庫景子分命衆軍以備周中軍大將軍開府儀同三司淳于量爲大都督摠水陸諸軍事明威將軍孫瑒都督荊郢水陸諸軍事進號鎮西將軍左衛將軍樊毅爲大都督督朱沛清口上至荊山緣淮衆軍進號平北將軍武毅將軍任忠都督壽陽新蔡霍

州等衆軍進號寧遠將軍乙酉大赦天下丁酉
以中軍大將軍開府儀同三司護軍將軍淳于
量爲南兗州刺史進號車騎將軍夏四月庚戌
詔曰懋賞之言明於訓誥挾纊之美著在撫巡
近歲薄伐廓清淮泗摧鋒致果文武畢力櫛風
沐雨寒暑亟離念功在茲無忘終食宜班榮賞
用酬厥勞應在軍者可並賜爵二級并加賚卹
付選即便量處又詔曰惟堯葛衣鹿裘則天爲
大伯禹弊衣菲食夫子曰無間然故儉德之恭

約失者鮮朕君臨宇宙十變年籥旰日勿休乙
夜忘寢跂予思治若濟巨川念茲在茲懍同馭
朽非貪四海之富非念黃屋之尊導仁壽以寘
羣生寧勞役以奉諸己但承梁季亂離斯穫宮
室禾黍有名亡處雖輪奐未覩頗事經營去泰
去甚猶爲勞費加以戎車屢出千金日損府帑
未充民疲征賦百姓不足君孰與足興言靜念
夕惕懷抱垂訓立法良所多慙斲雕爲朴庶幾
可慕雞頭之服既焚弋綈之衣方襲損撤之制

前自朕躬草偃風行冀以變俗應御府堂署所
營造禮樂儀服軍器之外其餘悉皆停息掖庭
常供王侯妃主諸有俸卹並各量減丁巳以新
除鎮右將軍新安王伯固爲護軍將軍戊午樊
毅遣軍度淮北對清口築城庚申大雨雹壬戌
清口城不守五月甲申太白晝見六月丁卯大
雨震大皇寺刹莊嚴寺露盤重陽閣東樓千秋
門內槐樹鴻臚府門秋七月戊戌新羅國遣使
獻方物乙巳以散騎常侍兼吏部尚書袁憲爲

吏部尚書八月乙丑朔改秦郡爲義州戊寅隕
霜殺稻菽九月壬寅以平北將軍樊毅爲中領
軍乙巳立方明壇于婁湖戊申以中衛將軍揚
州刺史始興王叔陵兼王官伯臨盟甲寅輿駕
幸婁湖臨誓乙卯分遣大使以盟誓班下四方
上下相警戒也壬戌以宣惠將軍江夏王伯義
爲東揚州刺史冬十月戊寅罷義州及琅邪彭
城二郡立建興領建安同夏烏山江乘臨沂湖
孰等六縣屬揚州戊子以尚書左僕射陸繕爲

尚書僕射十一月辛丑以鎮西將軍孫瑒爲郢州刺史十二月乙亥合州廬江蠻田伯興出寇樅陽刺史魯廣達討平之

十一年春正月丁酉龍見于南兗州永寧樓側池中二月癸亥輿駕親耕藉田三月丁未詔淮北義人率戶口歸國者建其本屬舊名置立郡縣即隸近州賦給田宅喚訂一無所預五月乙巳詔曰昔軒轅命于風后力牧放勛咨爾稷契朱武冕旒垂拱化致隆平爰逮漢列五曹周分

六職設官理務各有攸司亦幾期刑措卜世彌永並賴羣才用康庶績朕日昃劬勞思弘治要而機事尚擁政道未凝夕惕于懷罔知攸濟方欲仗茲舟檝委成股肱徵名責實取寧多士自今應尚書曹府寺內省監司文案悉付局參議分判其軍國興造徵發選序三獄等事前須詳斷然後啓聞凡諸辯決務令清乂約法守制較若畫一不得前後舛互自相矛楯致有枉滯紆意舞文糾聽所知靡有攸赦甲寅詔曰舊律以

枉法受財爲坐雖重直法容賄其制甚輕豈不長彼貪殘生其舞弄事涉貨財寧不尤切今可改不枉法受財者科同正盜六月庚辰以鎮前將軍豫章王叔英爲鎮南將軍江州刺史景戌以征南將軍江州刺史鄱陽王伯山爲中權將軍護軍將軍秋七月辛卯初用大貨六銖錢八月甲子青州義主朱顯宗等率所領七百戶入附丁卯輿駕幸大壯觀閱武戊寅輿駕還宮冬十月甲戌以安前將軍祠部尚書晉安王伯恭

爲軍師將軍尚書僕射陸繕爲尚書左僕射十一月辛卯詔曰晝冠弗犯革此澆風孥戮是蹈化於薄俗朕肅膺寶命迄將一紀思經邦濟治憂國愛民日仄劬勞夜分輟寢而還淳反朴其道靡階雍熙盛美莫去能致遂乃鞫訊之牒盈於聽覽春鈇之人煩於牢犴周成刑措漢文斷獄杆軸空勞遊焉既遠加以蒐爾醜徒軼我彭汴淮汝氓庶企踵王略治兵誓旅義存拯救飛芻挽粟征賦煩煩暑雨祁寒寧忘咨怨兼宿度

乖舛次舍違方若曰之誠責歸元首愧心斯積馭朽非懼即建子令月微陽初動應此嘉辰宜播寬澤可大赦天下甲午周遣柱國梁士彥率衆至肥口戊戌周軍進圍壽陽辛丑以車騎將軍開府儀同三司南兖州刺史淳于量爲上流水軍都督中領軍樊毅都督北討諸軍事加安北將軍散騎常侍左衛將軍任忠都督北討前軍事加平北將軍前豐州刺史臯文奏率步騎三千趣陽平郡癸卯任忠率步騎七千趣秦郡

景午新除仁威將軍右衛將軍魯廣達率衆入淮是日樊毅領水軍二萬自東關入焦湖武毅將軍蕭摩訶率步騎趣歷陽戊申豫州陷辛亥霍州又陷癸丑以新除中衛大將軍揚州刺史始興王叔陵爲大都督摠督水步衆軍十二月乙丑南北兖晉三州及盱眙山陽陽平馬頭秦歷陽沛北譙南梁等九州並自拔還京師譙北徐州又陷自是淮南之地盡没于周矣己巳詔曰昔堯舜在上茅屋土階湯禹爲君藜杖韋帶

至如甲帳珠絡華榱璧璫未能雍熙徒聞侈欲朕企仰前聖思求訟平正道多違澆風靡乂至今貴里豪家金鋪玉舄貧居陋巷彘食牛衣稱物平施何其遼遠爟烽未息役賦兼勞文吏姦貪妄動科格重以旗亭關市稅斂繁多不廣都内之錢非供水衡之費逼遏商賈營謀私蓄靖懷衆弊宜事改張弗弘王道安拯民蠹今可宣勒主衣尚方諸堂署等自非軍國資須不得繕造衆物後宮僚列若有游長掖庭啓奏即皆量

遣大予秘戲非會禮經樂府倡優不合雅正竝可刪改市估津稅軍令國章更須詳定唯務平允別觀離宮郊間野外非恒饗宴勿復脩治并勒内外文武車馬宅舍皆循儉約勿尚奢華違我嚴規抑有刑憲所由具爲條格標榜宣示令喻朕心焉癸酉遣平北將軍沈恪電威將軍裴子烈鎮南徐州開遠將軍徐道奴鎮柵口前信州刺史楊寶安鎮白下戊寅以中領軍樊毅爲鎮西將軍都督荆郢巴武四州水陸諸軍事

十二年春正月戊戌以散騎常侍左衞將軍任
忠爲平南將軍南豫州刺史督緣江軍防事三
月壬辰以平北將軍盧陵王伯仁爲翊左將軍
中領軍夏四月癸亥尚書左僕射陸繕卒乙丑
以宣毅將軍河東王叔獻爲南徐州刺史己卯
大雩壬午雨五月癸巳以軍師將軍尚書右僕
射晉安王伯恭爲尚書僕射六月壬戌大風壞
皐門中闥秋八月己未周使持節上柱國鄖州
摠管滎陽郡公司馬消難以鄖隨溫應土順沔

儇岳等九州魯山甑山沌陽應城平靖武陽上
明涢水等八鎭內附詔以消難爲使持節侍中
大都督摠督安隨等九州八鎭諸軍事車騎將
軍司空封隨郡公給鼓吹女樂各一部庚申詔
鎭西將軍樊毅進督沔漢諸軍事遣平南將軍
南豫州刺史任忠率衆趣歷陽通直散騎常侍
超武將軍陳慧紀爲前軍都督趣南兗州戊辰
以新除司空司馬消難爲大都督水陸諸軍事
庚午通直散騎常侍淳于陵克臨江郡癸酉智

武將軍魯廣達克郭默城甲戌大雨霖景子淳
于陵克祐州城九月癸未周臨江太守劉顯光
率衆內附是夜天東南有聲如風水相擊三夜
乃止景戌改安陸郡爲南司州丁亥周將王延
貴率衆援歷陽任忠擊破之生擒延貴等己酉
周廣陵義主曹藥率衆入附冬十月癸丑大雨
雹震十一月己丑詔曰朕君臨四海日旰劬勞
思弘至治未臻斯道而兵車驟出軍費尤煩芻
漕控引不能徵賦夏中亢旱傷農畿內爲甚民

天所資歲取無託此則政刑未理陰陽舛度黎
元阻饑君孰與足靖言興念余責在躬宜布惠
澤溥沾氓庶其丹陽吳興晉陵建興義興東海
信義陳留江陵等十郡幷諸署即年田稅祿秩
並各原半其丁租半申至來歲秋登十二月庚
辰宣毅將軍南徐州刺史河東王叔獻薨
十三年春正月壬午以車騎將軍開府儀同三
司淳于量爲左光祿大夫中權將軍護軍將軍
鄱陽王伯山即本號開府儀同三司鎭右將軍

國子祭酒新安王伯固爲揚州刺史軍師將軍尚書僕射晉安王伯恭爲尚書左僕射右將軍丹陽尹徐陵爲中書監領太子詹事吏部尚書袁憲爲尚書右僕射庚寅以輕車將軍衞尉卿宜都王叔明爲南徐州刺史二月甲寅詔賜司馬消難所部周大將軍田廣等封爵各有差乙亥輿駕親耕藉田夏四月乙巳分衡州始興郡爲東衡州衡州爲西衡州五月景辰以前鎮西將軍樊毅爲中護軍六月辛卯以新除中護軍樊毅爲護軍將軍秋九月癸亥夜大風至自西北發屋拔樹大雷震雹冬十月癸未以散騎常侍丹陽尹毛喜爲吏部尚書護軍將軍樊毅爲鎮西將軍荆州刺史改鄱陽郡爲吳州壬寅丹丹國遣使獻方物十二月辛巳彗星見巳亥以翊右將軍衞尉卿沈恪爲護軍將軍

十四年春正月已酉高宗弗豫甲寅崩于宣福殿時年五十三遺詔曰朕爰自遘疾曾未浹旬醫藥不瘳便屬大漸終始定分夫復奚言但君臨寓宇十有四載誠則雖休勿休日慎一日知宗廟之負重識王業之艱難而邊鄙多虞生民未乂方欲蕩清四海包吞八荒有志莫從遺恨幽壤皇太子叔寶繼體正嫡年業韶茂纂統洪基社稷有主羣公卿士文武內外俱罄心力同竭股肱送往事居盡忠誠之節當官奉職引翼亮之功務在叶和無違朕意凡厥終制事從省約金銀之飾不須入壙明器之具皆令用瓦唯使儉而合禮勿得奢而乖度以日易月旣有通

規公除之制悉依舊準在位百司三日一臨四方州鎮五等諸侯各守所職並停奔赴二月辛卯上謚孝宣皇帝廟號高宗癸巳葬顯寧陵高宗在田之日有大度幹略及乎登庸實允天人之望梁室喪亂淮南地並入齊高宗太建初志復舊境乃運神略授律出師至於戰勝攻取獻捷相繼遂獲反侵地功實懋焉及周滅齊乘勝略地還達江際矣

史臣曰高宗器度弘厚亦有人君之量焉世祖

知冢嗣仁弱弗可傳於寶位高宗地居姬旦世祖情存太伯及乎弗悆大事咸委焉至於纂業萬機平理命將出師克淮南之地開拓土宇靜謐封疆且十餘年志大意逸吕梁覆車大喪師徒矣江左削弱抑此之由嗚呼蓋德不逮文智不及武雖得失自我無禦敵之略焉

紀第五　　陳書五

散騎常侍姚　思廉　撰

後主

後主諱叔寶字元秀小字黃奴高宗嫡長子也梁承聖二年十一月戊寅生于江陵明年江陵陷高宗遷關右留後主于穰城天嘉三年歸京師立爲安成王世子天康元年授寧遠將軍置佐史光大二年爲太子中庶子尋遷侍中餘如故太建元年正月甲午立爲皇太子十四年正

月甲寅高宗崩乙卯始興王叔陵作逆伏誅丁巳太子即皇帝位于太極前殿詔曰上天降禍大行皇帝奄弃萬國攀號擗踊無所迨及朕以哀煢嗣膺寶歷若涉巨川罔知攸濟方賴羣公用匡寡薄思播遺德覃被億兆凡厥遐邇咸與惟新可大赦天下在位文武及孝悌力田爲父後者並賜爵一級孤老鰥寡不能自存者賜穀人五斛帛二匹癸亥以侍中翊前將軍丹陽尹長沙王叔堅爲驃騎將軍開府儀同三司揚州刺史右衛將軍蕭摩訶爲車騎將軍南徐州刺史鎮西將軍荊州刺史樊毅進號征西將軍平南將軍豫州刺史任忠進號鎮南將軍護軍將軍沈恪爲特進金紫光祿大夫平西將軍魯廣達進號安西將軍仁武將軍豐州刺史章大寶爲中護軍乙丑尊皇后爲皇太后宮曰弘範景寅以冠軍將軍晉熙王叔文爲宣惠將軍丹陽尹丁卯立弟叔重爲始興王奉昭烈王祀己巳立妃沈氏爲皇后辛未立皇弟叔儼爲尋陽王皇

弟叔慎爲岳陽王皇弟叔達爲義陽王皇弟叔熊爲巴山王皇弟叔虞爲武昌王壬申侍中中權將軍開府儀同三司鄱陽王伯山進號中權大將軍軍師將軍尚書左僕射晉安王伯恭進號翊前將軍侍中翊右將軍中領軍廬陵王伯仁進號安前將軍鎮南將軍江州刺史豫章王叔英進號征南將軍平南將軍湘州刺史建安王叔卿進號安南將軍以侍中中書監安右將軍徐陵爲左光祿大夫領太子少傅甲戌設無

畢大會於太極前殿三月辛亥詔曰躬推爲勸
義顯前經力農見賞事昭往誥斯乃國儲是資
民命攸屬豐儉隆替靡不由之夫入賦自古輸
藁惟舊沃饒貴于十金磽确至於三易腴塉既
異盈縮不同詐僞日興簿書歲改稻田使者箸
自西京不實峻刑聞諸東漢老農懼於祇應俗
吏因以侮文輟來成羣游手爲伍永言妨蠹良
可太息今陽和在節膏澤潤下宜展春耨以望
秋坻其有新闢塍畎進墾蒿萊廣袤勿得度量

征租悉皆停免私業久廢咸許占作公田荒縱亦
隨肆勤儻良守教耕淳民載酒有茲督課議以
賞擢外可爲格班下稱朕意焉癸亥詔曰夫體
國經野長世字氓雖因華儻殊弛張或異至於
旁求俊乂爰逮側微用適和羹是隆大廈上智
中主咸由此術朕以寡薄嗣膺景祚雖哀疚在
躬情慮惛舛而宗社任重黎庶務殷無由自安
拱默敢忘康濟思所以登顯髦彥式備周行但
空勞宵夢屢勤史卜五就莫來五能不至是用

甲旦凝慮景夜損懷豈以食玉炊桂無因自達
將懷寶迷邦咸思獨善應內外衆官九品已上
可各薦一人以會彙征之旨且取備實難舉長
或易小大之用明言所施勿得南箕北斗名而
非實其有負能仗氣擯壓當時著賓戲以自憐
草客嘲以慰志人生一世逢遇誠難亦宜去此
幽谷翔茲天路趨銅駝以觀國望金馬而來庭
便當隨彼方圓飭之矩矱又詔曰昔睿后宰民
哲王御㝢雖德稱汪濊明能普燭猶復紆己乞

言降情訪道高咨岳牧下聽輿臺故能政若神
明事無悔吝朕纂承丕緒思隆大業常懼九重
已邃四聰未廣欲聽昌言不疲痺足若逢廷折
無憚批鱗而口柔之辭儻聞於在位腹誹之意
或隱於具僚非所以弘理至公緝熙帝載者也
內外卿士文武衆司若有智周政術心練治體
救民俗之疾苦辯禁網之疎密者各進忠讜無
所隱諱朕將虛己聽受擇善而行庶深鑒物情
匡我王度巳巳以侍中尚書左僕射新除翊前

將軍晉安王伯恭爲安南將軍湘州刺史新除
翊左將軍永陽王伯智爲尚書僕射中護軍章
大寶爲豐州刺史夏四月景申立皇子永康公
胤爲皇太子賜天下爲父後者爵一級王公已
下賚帛各有差庚子詔曰朕臨御區宇撫育黔
黎方欲康濟澆薄蠲省繁費奢僭乖衷實宜防
斷應鏤金銀薄及庶物化生土木人綵花之屬
及布帛幅尺短狹輕疎者並傷財廢業尤成蠹
患又僧尼道士挾邪左道不依經律民間淫祀

祅書諸珍怪事詳爲條制並皆禁絕癸卯詔曰
中歲克定淮泗爰涉青徐彼土酋豪並輸罄誠
款分遣親戚以爲質任今舊土淪陷復成異域
南北阻遠未得會同念其分乖殊有愛戀夷狄
吾民斯事一也何獨譏禁使彼離析外可即檢
任子館及東館并帶保任在外者並賜衣糧頒
之酒食遂其鄉路所之阻遠便發遣船仗衛送
必令安達若已預仕官及別有事義不欲去者
亦隨其意六月癸酉朔以明威將軍通直散騎

常侍孫瑒爲中護軍秋七月辛未大赦天下是
月江水色赤如血自京師至于荊州八月癸未
夜天有聲如風水相擊乙酉夜亦如之景戌以
使持節都督緣江諸軍事安西將軍魯廣達爲
安左將軍九月景午設無㝵大會於太極殿捨
身及乘輿御服大赦天下辛亥夜天東北有聲
如蟲飛漸移西北乙卯太白晝見景寅以驃騎
將軍開府儀同三司揚州刺史長沙王叔堅爲
司空征南將軍江州刺史豫章王叔英即本號
開府儀同三司

至德元年春正月壬寅詔曰朕以寡薄嗣守鴻
基哀惸切慮疹恙纏織訓俗少方臨下靡算懼
甚踐冰慄同馭朽而四氣易流三光遄至纓紱
列陛玉帛充庭具物匪新節序疑舊緬思前德
永慕昔辰對軒闥而哽心顧宸筵而慓氣思所
以仰遵遺構俯勵薄躬陶鑄九流休息百姓用
弘寬簡取叶陽和可大赦天下改太建十五年
爲至德元年以征南將軍江州刺史新除開府

儀同三司豫章王叔英爲中衞大將軍驃騎將軍開府儀同三司揚州刺史長沙王叔堅爲江州刺史征東將軍開府儀同三司東揚州刺史司馬消難進號車騎將軍宣惠將軍丹陽尹晉熙王叔文爲揚州刺史鎮南將軍南豫州刺史任忠爲領軍將軍安左將軍魯廣達爲平南將軍南豫州刺史祠部尚書江摠爲吏部尚書癸卯立皇子深爲始安王二月丁丑以始興王叔重爲揚州刺史夏四月戊辰交州刺史李幼榮獻馴象己丑以前輕車將軍揚州刺史晉熙王叔文爲江州刺史秋八月丁卯以驃騎將軍開府儀同三司長沙王叔堅爲司空九月丁巳天東南有聲如蟲飛冬十月丁酉立皇弟叔平爲湘東王叔敖爲臨賀王叔宣爲陽山王叔穆爲西陽王戊戌侍中安右將軍左光祿大夫太子少傅徐陵卒癸丑立皇弟叔儉爲南安王叔澄爲南郡王叔興爲沅陵王叔韶爲岳山王叔純爲新興王十二月景辰頭和國遣使獻方物司

空長沙王叔堅有罪免戊午夜天開自西北至東南其內有青黃色隆隆若雷聲

二年春正月丁卯分遣大使巡省風俗平南將軍豫州刺史魯廣達進號安南將軍癸巳大赦天下夏五月戊子以尚書僕射永陽王伯智爲平東將軍東揚州刺史輕車將軍江州刺史晉熙王叔文爲信威將軍湘州刺史仁威將軍揚州刺史始興王叔重爲江州刺史信武將軍南琅邪彭城二郡太守南平王嶷爲揚州刺史吏部尚書江摠爲尚書僕射秋七月戊辰以長沙王叔堅爲侍中鎮左將軍壬午太子加元服在位文武賜帛各有差孝悌力田爲父後者各賜一級鰥寡癃老不能自存者人穀五斛九月癸未太白晝見冬十月己酉詔曰耕鑿自足乃曰淳風貢賦之典其來尚矣蓋由庚極務不獲已而行焉但法令滋章姦盜多有俗尚澆詐政鮮惟良朕日旰夜分矜一物之失所泣辜罪己愧三千之未措望訂初下使彊蔭兼出如聞貧富

均起單弱重弊斯豈振窮扇暍之意歟是乃未
吏貪斂之苛也故云百姓不足君孰與足自太
建十四年望訂租調逋未入者並悉原除在事百
僚辯斷庶務必去取平允無得便公害民爲己
聲績妨紊政道十一月景寅大赦天下壬申盤
盤國遣使獻方物戊寅百濟國遣使獻方物
三年春正月戊午朔日有蝕之庚午以鎮左將
軍長沙王叔堅即本號開府儀同三司征西將
軍荆州刺史樊毅爲護軍將軍守吏部尚書領

著作陸瓊爲吏部尚書金紫光祿大夫袁敬加
特進三月辛酉前豐州刺史章大寶舉兵反夏
四月庚戌豐州義軍主陳景詳斬大寶傳首京
師秋八月戊子夜老人星見己酉以左民尚書
謝伸爲吏部尚書九月甲戌特進金紫光祿大
夫袁敬卒冬十月己丑丹丹國遣使獻方物十
一月己未詔曰宣尼誕膺上哲體資至聖祖述
憲章之典並天地而合德樂正雅頌之奧與日
月而偕明垂後昆之訓範開生民之耳目梁季
湮微靈寢忘處鞠爲茂草三十餘年敬仰如在
永惟愾息今雅道雍熙由庚得所斷琴故履零
落不追閟笥開書無因循復外可詳之禮典改
築舊廟蕙房桂棟咸使惟新芳蘩潔潦以時饗
奠辛巳輿駕幸長干寺大赦天下十二月丙戌
太白晝見辛卯皇太子出太學講孝經戊戌講
畢辛丑釋奠于先師禮畢設金石之樂會宴王
公卿士癸卯高麗國遣使獻方物是歲蕭巋死
子琮代立

四年春正月甲寅詔曰堯施諫鼓禹拜昌言求
之異等久著前無舉以淹滯復聞昔典斯乃治
道之深規帝王之切務朕以寡昧丕承鴻緒未
明虛己日旰興懷萬機多紊四聰弗遠思聞蹇
諤採其謀計王公已下各薦所知旁詢管庫爰
及輿皁一介有能片言可用朕親加聽覽佇於
啓沃中權大將軍開府儀同三司鄱陽王伯山
進號鎮衞將軍中衞大將軍開府儀同三司豫
章王叔英進號驃騎大將軍鎮左將軍開府儀

同三司長沙王叔堅進號中軍大將軍安南將軍
晉安王伯恭進號鎮右將軍翊右將軍宜都王
叔明進號安右將軍二月景戌以鎮右將軍晉
安王伯恭爲特進景申立皇弟叔謨爲巴東王
叔顯爲臨江王叔坦爲新會王叔隆爲新寧王
夏五月丁巳立皇子莊爲會稽王秋九月甲午
輿駕幸玄武湖肄艫艦閱武宴羣臣賦詩戊戌
以鎮衛將軍開府儀同三司鄱陽王伯山爲東
揚州刺史智武將軍岳陽王叔愼爲丹陽尹丁

未百濟國遣使獻方物冬十月癸亥尚書僕射
江揔爲尚書令吏部尚書謝伷爲尚書僕射十
一月己卯詔曰惟刑止暴惟德成物三才是資
百王不改而世無抵角時鮮犯鱗滑橋驚馬弗
聞廷爭桃林逸牛未見其已雖剽悍輕侮理從
鉗鈦舂愚杜黙宜肆矜弘政之良哉明斷則哲
求諸刑措安可得乎是用屬寤寐以軫懷負黼
扆而於邑復茲合璧輪缺連珠緯舛黃鍾獻呂
和氣始萌玄英告中履長在御因時宥過抑乃

斯得可大赦天下
禎明元年春正月景子以安前將軍衡陽王伯
信進號鎮前將軍安東將軍吳興太守廬陵王
伯仁爲特進智武將軍丹陽尹岳陽王叔愼爲
湘州刺史仁武將軍義陽王叔達爲丹陽尹戊
寅詔曰柏皇大庭鼓淳和於曩日姬王嬴后被
澆風於末載刑書已鑄善化匪融禮義既乖姦
宄斯作何其淳朴不反浮華競扇者歟朕居中
御物納隍在睠頻恢天網屢絶三邊元元黔庶

終罹五辟蓋乃康哉寡薄抑焉法令滋章是用
當宁弗怡矜此向隅之意今三元具序萬國朝
辰靈芝之獻於始陽膏露凝於聿歲從春施令仰
乾布德思與九有惟新七政可大赦天下改至
德五年爲禎明元年乙未地震癸卯以鎮前將
軍衡陽王伯信爲鎮南將軍西衡州刺史二月
丁未以特進鎮右將軍晉安王伯恭進號中衛
將軍中書令建安王叔卿爲中書監丁卯詔至
德元年望訂租調逋未入者竝原之秋八月癸

卯老人星見丁未以車騎將軍蕭摩訶爲驃騎將軍九月乙亥以驃騎將軍開府儀同三司豫章王叔英爲驃騎大將軍庚寅蕭琮所署尚書令太傅安平王蕭巖中軍將軍荆州刺史義興王蕭瓛遣其都官尚書沈君公詣荆州刺史陳紀請降辛卯巖等率文武男女十萬餘口濟江甲午大赦天下冬十一月乙亥割揚州吳郡置吳州割錢塘縣爲郡屬焉景子以蕭巖爲平東將軍開府儀同三司東揚州刺史蕭瓛爲安東

將軍吳州刺史丁亥以驃騎大將軍開府儀同三司豫章王叔英兼司徒十二月景辰以前鎮衞將軍開府儀同三司東揚州刺史鄱陽王伯山爲鎮衞大將軍開府儀同三司前中衞將軍晉安王伯恭爲中衞將軍右光祿大夫

二年春正月辛巳立皇子恮爲東陽王恬爲錢塘王是月遣散騎常侍周羅睺帥兵屯峽口夏四月戊申有羣鼠無數自洲岸入石頭渡淮至于青塘兩岸數日死隨流出江戊午以左民尚書蔡徵爲吏部尚書是月郢州南浦水黑如墨五月壬午以安前將軍廬陵王伯仁爲特進甲午東冶鑄鐵有物赤色如數斗自天墜鎔所有聲隆隆如雷鐵飛出牆外燒民家六月戊戌扶南國遣使獻方物庚子廢皇太子胤爲吳興王立軍師將軍揚州刺史始安王深爲皇太子辛丑平南將軍江州刺史南平王嶷進號鎮南將軍忠武將軍南徐州刺史永嘉王彥進號安北將軍會稽王莊爲翊前將軍揚州刺史宣惠

將軍尚書令江總進號中權將軍雲麾將軍太子詹事袁憲爲尚書僕射尚書僕射謝伷爲特進寧遠將軍新除吏部尚書蔡徵進號安右將軍甲辰以安右將軍魯廣達爲中領軍丁巳大風至自西北激濤水入石頭城淮渚暴溢漂沒舟乘冬十月己亥立皇子蕃爲吳郡王辛丑以度支尚書領大著作姚察爲吏部尚書己酉輿駕幸莫府山大校獵十一月丁卯詔曰夫議獄緩刑皇王之所垂範勝殘去殺仁人之所

用心自晝冠既息刻吏斯起法令滋章手足無
措朕君臨區宇屬當澆末輕重之典在政未康
小大之情興言多愧眷兹狴犴有軫哀矜可克
日於大政殿訊獄壬申以鎮南將軍江州刺史
南平王嶷爲征西將軍郢州刺史安北將軍南
徐州刺史永嘉王彥爲安南將軍江州刺史軍
師將軍南海王虔爲安北將軍南徐州刺史景
子立皇弟叔榮爲新昌王叔匡爲太原王是月
隋遣晉王廣衆軍來伐自巴蜀沔漢下流至廣

陵數十道俱入緣江鎮戍相繼奏聞時新除湘
州刺史施文慶中書舍人沈客卿掌機密用事
並抑而不言故無備禦
三年春正月乙丑朔霧氣四塞是日隋總管賀
若弼自北道廣陵濟京口總管韓擒虎趨橫江
濟採石自南道將會弼軍景寅採石戍主徐子
建馳啓告變丁卯召公卿入議軍旅戊辰內外
戒嚴以驃騎將軍蕭摩訶護軍將軍樊毅中領
軍魯廣達並爲都督遣南豫州刺史樊猛帥舟

師出白下散騎常侍皐文奏將兵鎮南豫州庚
午賀若弼攻陷南徐州辛未韓擒虎又陷南豫
州文奏敗還至是隋軍南北道並進後主遣驃
騎大將軍司徒豫章王叔英屯朝堂蕭摩訶屯
樂遊苑樊毅屯耆闍寺魯廣達屯白土岡忠武
將軍孔範屯寶田寺己卯鎮東大將軍任忠自
吳興入赴仍屯朱雀門辛巳賀若弼進據鍾山
頓白土岡之東南甲申後主遣衆軍與弼合戰
衆軍敗績弼乘勝至樂遊苑魯廣達猶督散兵

力戰不能拒弼進攻宮城燒北掖門是時韓擒
虎率衆自新林至于石子岡任忠出降於擒虎
仍引擒虎經朱雀航趣宮城自南掖門而入於
是城內文武百司皆遁出唯尚書僕射袁憲在
殿內尚書令江總吏部尚書姚察度支尚書袁
權前度支尚書王瑒侍中王寬居省中後主聞
兵至從宮人十餘出後堂景陽殿將自投于井
袁憲侍側苦諫不從後閤舍人夏侯公韻又以
身蔽井後主與爭久之方得入焉及夜爲隋軍

所執景成晉王廣入據京城三月己巳後主與王公百司發自建鄴入于長安隋仁壽四年十一月壬子薨於洛陽時年五十二追贈大將軍封長城縣公謚曰煬葬河南洛陽之芒山

史臣侍中鄭國公魏徵曰高祖拔起壠畝有雄桀之姿始佐下藩奮英奇之略弭節南海職思靜亂援旗北邁義在勤王掃侯景於既成拯梁室於已墜天網絕而復續國步屯而更康百神有主不失舊物魏王之延漢鼎祚宋武之反晉

乘輿懋績鴻勳無以尚也于時內難未弭外鄰勍敵王琳作梗於上流周齊搖蕩於江漢畏首畏尾若存若亡此之不圖遽移天歷雖皇靈有睠何其速也然志度弘遠懷抱豁如或取士於仇讎或擢才於亡命掩其受金之過宥其吠堯之罪委以心腹爪牙咸能得其死力故乃決機百勝成此三分方諸鼎峙之雄足以無慚權備矣世祖天姿叡哲清明在躬早預經綸知民疾苦思擇令典庶幾至治德刑並用戢濟艱虞羣兇授首彊鄰震懾雖忠厚之化未能及遠恭儉之風足以垂訓若不尚明察則守文之良主也臨川年長於成王過微於太甲宣帝有周公之親無伊尹之志明辟不復桐宮遂往欲加之罪其無辭乎高宗爰自在田雅量宏廓登庸御極民歸其厚惠以使下寬以容衆智勇爭奮師出有名揚旆分麾風行電掃闢土千里奄有淮泗戰勝攻取之勢近古未之有也既而君侈民勞將驕卒墮帑藏空竭折衂師徒於是秦人方彊

遂窺兵於江上李子克以爲吳之先亡由乎數戰數戰則民疲數勝則主驕以驕主御疲民未有不亡者也信哉言乎高宗始以寬大得人終以驕侈致敗文武之業墜于茲矣後主生深宮之中長婦人之手既屬邦國殄瘁不知稼穡艱難初懼阽危屢有哀矜之詔後稍安集復扇淫侈之風賓禮諸公唯寄情於文酒昵近羣小皆委之以衡軸謀謨所及遂無骨鯁之臣權要所在莫匪侵漁之吏政刑日紊尸素盈朝躭荒爲

長夜之飲嬖寵同豔妻之孽危亡弗恤上下相
蒙衆叛親離臨機不寤自投於井冀以苟生視
其以此求全抑亦民斯下矣遐觀列辟纂武嗣
興其始也皆欲齊明日月合德天地高視五帝
俯協三王然而靡不有初克終蓋寡其故何哉
並以中庸之才懷可移之性口存於仁義心怵
於嗜慾仁義利物而道遠嗜欲遂性而便身便
身不可久違道遠難以固志佞諂之倫承顏候
色因其所好以悅導之若下坂以走丸譬順流

而決壅非夫感靈辰象降生明德孰能遺其所
樂而以百姓爲心哉此所以成康文景千載而
罕遇癸辛幽厲靡代而不有毒被宗社身嬰戮
辱爲天下笑可不痛乎古人有言亡國之主多
有才藝考之梁陳及隋信非虛論然則不崇教
義之本偏尚淫麗之文徒長澆僞之風無救亂
亡之禍矣

史臣曰後主昔在儲宮早標令德及南面繼業
寔允天人之望矣至於禮樂刑政咸遵故典加
以深弘六藝廣闢四門是以待詔之徒爭趨金
馬稽古之秀雲集石渠且梯山航海朝貢者往
往歲至矣自魏正始晉中朝以來貴臣雖有識
治者皆以文學相處罕關庶務朝章大典方參
議焉文案簿領咸委小吏浸以成俗迄至于陳
後主因循未遑改革故施文慶沈客卿之徒專
掌軍國要務姦黠左道以裒刻爲功自取身榮
不存國計是以朝經隳廢禍生隣國斯亦運鍾
百六鼎玉遷變非唯人事不昌蓋天意然也

紀第六

陳書六

列傳第一　　　　陳書

散騎常侍姚思廉撰

高祖章皇后　　世祖沈皇后

廢帝王皇后　　高宗柳皇后

後主沈皇后　張貴妃

周禮王者立后六宮三夫人九嬪二十七世婦八十一御妻以聽天下之內治然受命繼體之主非獨外相佐也蓋亦有內德助焉漢魏已來六宮之職因襲增置代不同矣高祖承微接亂光膺天歷以朴素自處故後宮員位多闕世祖天嘉初詔立後宮員數始置貴妃貴嬪貴姬三人以擬古之三夫人又置淑媛淑儀淑容昭華昭容昭儀脩華脩儀脩容九人以擬古之九嬪又置婕妤容華充華承徽列榮五人謂之五職亞於九嬪又置美人才人良人三職其職無員數號為散位世祖性恭儉而嬪嬙多闕高宗後主內職無所改作今之所綴略備此篇

高祖宣皇后章氏諱要兒吳興烏程人也本姓鈕父景明為章氏所養因改焉景明梁代官至散騎侍郎后母蘇嘗遇道士以小龜遺已光采五色曰三年有徵及期后生而紫光照室因失龜所在少聰慧美容儀手爪長五寸色並紅白每有朞功之服則一爪先折高祖先娶同郡錢仲方女早卒後乃聘后后善書計能誦詩及楚辭高祖自廣州南征交阯命后與衡陽王昌隨世祖由海道歸于長城侯景之亂高祖下至豫章后為景所囚景平而高祖為長城縣公后拜夫人及高祖踐祚永定元年立為皇后追贈后父景明特進金紫光祿大夫加金章紫綬拜后母蘇安吉縣君二年安吉君卒與后父合葬吳興明年追封后父為廣德縣侯邑五百戶謚曰溫高祖崩后與中書舍人蔡景歷定計祕不發喪召世祖入纂事在蔡景歷及侯安都傳世祖即位尊后為皇太后宮曰慈訓廢帝即位尊后為太皇太后光大二年后下令黜廢帝為臨海王命高宗嗣位太建元年尊后為皇太后二年

三月景申崩于紫極殿時年六十五遺令喪事所須並從儉約諸有饋奠不得用牲牢其年四月羣臣上謚曰宣太后祔葬萬安陵后親屬無在朝者唯族兄鈕洽官至中散大夫

世祖沈皇后諱妙容吳興武康人也父法深梁安前中錄事參軍后年十餘歲以梁大同中歸于世祖高祖之討侯景世祖時在吳興景遣使收世祖及后景平乃獲免高祖踐祚永定元年后爲臨川王妃世祖即位爲皇后追贈后父法深光祿大夫加金章紫綬封建成縣侯邑五百户謚曰恭追贈后母高綏安縣君謚曰定廢帝即位尊后爲皇太后宮曰安德時高宗與僕射到仲舉舍人劉師知等並受遺輔政師知與仲舉恒居禁中參決衆事而高宗爲揚州刺史與左右三百人入居尚書省師知見高宗權重陰忌之乃矯勑謂高宗曰今四方無事王可還東府經理州務高宗將出而諮議毛喜止之曰今若出外便受制於人譬如曹爽願作富家翁不

可得也高宗乃稱疾召師知留之與語使毛喜先入言之於后后曰今伯宗年幼政事並委二郎此非我意喜又言於廢帝帝曰此自師知等所爲非朕意也喜出以報高宗高宗因囚師知自入見后及帝極陳師知之短仍自草勑請畫以師知付廷尉治罪其夜於獄中賜死自是政無大小盡歸高宗后憂悶計無所出乃密賂宦者蔣裕令誘建安人張安國使據郡反冀因此以圖高宗安國事覺並爲高宗所誅時后左右近侍頗知其事后恐連逮黨與並殺之高宗即位以后爲文皇后陳亡入隋大業初自長安歸于江南頃之卒后兄欽隨世祖征伐以功至貞威將軍安州刺史世祖即位襲爵建城侯加通直散騎常侍持節會稽等九郡諸軍事明威將軍會稽太守入爲侍中左衞將軍衞尉卿光大中爲尚書右僕射尋遷左僕射欽素無技能奉己而已高宗即位出爲雲麾將軍義興太守秩中二千石太建元年卒時年六十七贈侍中特

進胡左將軍謚曰成子觀嗣頗有學識官至御
史中丞
廢帝王皇后金紫光祿大夫固之女也天嘉元
年爲皇太子妃廢帝即位立爲皇后廢帝爲臨
海王后爲臨海王妃至德中薨后生臨海嗣王
至澤至澤以光大元年爲皇太子太建元年襲
封臨海嗣王尋爲宣惠將軍置佐史陳亡入
長安
高宗柳皇后諱敬言河東解人也曾祖世隆齊

侍中司空尚書令貞陽忠武公祖惲有重名於
梁代官至秘書監贈侍中中護軍父偃尚梁武
帝女長城公主拜駙馬都尉大寶中爲鄱陽太
守卒官后時年九歲幹理家事有若成人侯景
之亂后與弟盼往江陵依梁元帝元帝以長城
公主之故待遇甚厚及高宗赴江陵元帝以后
配焉承聖二年后生後主於江陵明年江陵陷
高宗遷于關右后與後主俱留穰城天嘉二年
與後主還朝后爲安成王妃高宗即位立爲皇

后后美姿容身長七尺二寸手垂過膝初高宗
居鄉里先娶吳興錢氏女及即位拜爲貴妃甚
有寵后傾心下之每尚方供奉之物其上者皆
推於貴妃而已御其次焉高宗崩始興王叔陵
爲亂後主賴后與樂安君吳氏救而獲免事在
叔陵傳後主即位尊后爲皇太后宮曰弘範
當是之時新失淮南之地隋師臨江又國遭大
喪後主病瘡不能聽政其誅叔陵供大行喪事
邊境防守及百司衆務雖假以後主之命實皆

決之於后後主瘡愈乃歸政焉陳亡入長安大
業十一年薨於東都年八十三葬洛陽之邙山
后性謙謹未嘗以宗族爲請雖衣食亦無所分
遺弟盼太建中尚世祖女富陽公主拜駙馬
都尉後主即位以帝舅加散騎常侍盼性愚戇
使酒常因醉乘馬入殿門爲有司所劾坐免官
卒於家贈侍中中護軍后從祖弟莊清警有
鑒識太建末爲太子洗馬掌東宮管記後主
即位稍遷至散騎常侍衛尉卿禎明元年轉右

衞將軍兼中書舍人領雍州大中正自盼卒後
太后宗屬唯莊爲近兼素有名望猶是深被
恩遇尋遷度支尚書陳亡入隋爲岐州司馬
後主沈皇后諱婺華儀同三司望蔡貞憲侯
君理女也母即高祖女會稽穆公主主早亡時
后尚幼而毀瘠過甚及服畢每至歲時朔望恒
獨坐涕泣哀動左右内外咸敬異焉太建三年
納爲皇太子妃後主即位立爲皇后后性端靜
寡嗜慾聰敏彊記涉獵經史工書翰初後主在

東宮而后父君理卒后居憂處於別殿哀毀
逾禮後主遇后既薄而張貴妃寵傾後宮後宮
之政並歸之后澹然未嘗有所忌怨而居處儉
約衣服無錦繡之飾左右近侍纔百許人唯尋
閱圖史誦佛經爲事陳亡與後主俱入長安及
後主薨后自爲哀辭文甚酸切隋煬帝每所
巡幸恒令從駕及煬帝爲宇文化及所害后自廣
陵過江還鄉里不知所終后無子養孫姬子胤
爲已子后宗族多有顯官事在君理傳后叔君

公自梁元帝敗後常在江陵禎明中與蕭巘蕭
巖率衆叛隋歸朝後主擢爲太子詹事君公博
學有才辯善談論後主深器之陳亡隋文帝以
其叛已命斬于建康
後主張貴妃名麗華兵家女也家貧父兄以
織席爲事後主爲太子以選入宮是時龔貴嬪
爲良娣貴妃年十歲爲之給使後主見而說焉
因得幸遂有娠生太子深後主即位拜爲貴妃
性聰惠甚被寵遇後主每引貴妃與賓客遊宴

貴妃薦諸宮女預焉後宮等咸德之競言貴妃
之善由是愛傾後宮又好厭魅之術假鬼道以
惑後主置淫祀於宮中聚諸妖巫使之鼓舞因
參訪外事人間有一言一事妃必先知之以白後主
由是益重妃内外宗族多被引用及隋軍陷臺
城妃與後主俱入于井隋軍出之晉王廣命斬
貴妃牓於青溪中橋
史臣侍中鄭國公魏徵考覽記書參詳故老云
後主初即位以始興王叔陵之亂被傷卧于承香

閤下時諸姬竝不得進唯張貴妃侍焉而柳太后猶居柏梁殿即皇后之正殿也後主沈皇后素無寵不得侍疾別居求賢殿至德二年乃於光照殿前起臨春結綺望仙三閣閣高數丈竝數十間其窻牖壁帶懸楣欄檻之類竝以沈檀香木為之又飾以金玉間以珠翠外施珠簾內有寶牀寶帳其服玩之屬瑰奇珍麗近古所未有每微風暫至香聞數里朝日初照光暎後庭其下積石為山引水為池植以奇樹雜以花藥後主自居臨春閣張貴妃居結綺閣龔孔二貴嬪居望仙閣竝複道交相往來又有王李二美人張薛二淑媛袁昭儀何婕妤江脩容等七人竝有寵遞代以遊其上以宮人有文學者袁大捨等為女學士後主每引賓客對貴妃等遊宴則使諸貴人及女學士與狎客共賦新詩互相贈荅採其尤豔麗者以為曲詞被以新聲選宮女有容色者以千百數令習而哥之分部迭進持以相樂其曲有玉樹後庭花臨春樂等

大指所歸皆美張貴妃孔貴嬪之容色也其略曰璧月夜夜滿瓊樹朝朝新而張貴妃髮長七尺鬒黑如漆其光可鑒特聰惠有神采進止閑暇容色端麗每瞻視眄睞光采溢目照暎左右常於閣上靚粧臨于軒檻宮中遙望飄若神仙才辯彊記善候人主顏色是時後主怠於政事百司啓奏竝因宦者蔡脫兒李善度進請後主置張貴妃於膝上共決之李蔡所不能記者貴妃竝為條疏無所遺脫由是益加寵異冠絕後庭而後宮之家不遵法度有挂於理者但求哀於貴妃貴妃則令李蔡先啓其事而後從容為言之大臣有不從者亦因而譖之所言無不聽於是張孔之勢薰灼四方大臣執政亦從風而靡閹宦便佞之徒內外交結轉相引進賄賂公行賞罰無常綱紀瞀亂矣

史臣曰詩表關雎之德易著乾坤之基然夫婦之際人道之大倫也若夫作儷天則變贊王化則宣太后有其懿焉

列傳第一

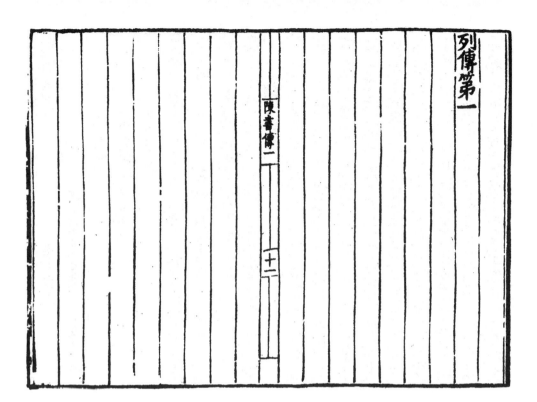

列傳第二　　陳書八

散騎常侍姚　思廉　撰

杜僧明

周文育　子寶安

侯安都

杜僧明字弘照廣陵臨澤人也形皃眇小而膽氣過人有勇力善騎射梁大同中盧安興爲廣州南江督護僧明與兄天合及周文育並爲安興所啓請與俱行頻征俚獠有功爲新州助防天合亦有材幹預在征伐安興死僧明復副其子子雄及交州土豪李賁反逐刺史蕭諮諮奔廣州臺遣子雄與高州刺史孫冏討賁時春草已生瘴癘方起子雄請待秋討之廣州刺史新渝侯蕭暎不聽蕭諮又促之子雄等不得已遂行至合浦死者十六七衆並憚役潰散禁之不可乃引其餘兵退還蕭諮啓子雄及冏與賊交通逗留不進梁武帝勑於廣州賜死子雄弟子略子烈並雄豪任俠家屬在南江天合謀於

衆曰盧公累代待遇我等亦甚厚矣今見枉而死不能爲報非丈夫也我弟僧明萬人之敵若圍州城召百姓誰敢不從城破斬二侯祭孫盧然後待臺使至束手詣廷尉死猶勝生縱其不捷亦無恨矣衆咸慷慨曰是願也唯足下命之乃與周文育等率衆結盟奉子雄弟子略爲主以攻刺史蕭暎子略頓城南天合頓城北僧明文育分據東西吏人並應之一日之中衆至數萬高祖時在高要聞事起率衆來討大破之殺天合生擒僧明及文育等高祖並釋之引爲主帥高祖征交阯及討元景仲僧明文育並有功侯景之亂俱隨高祖入援京師高祖於始興破蘭裕僧明爲前鋒擒裕斬之又與蔡路養戰於南野僧明馬被傷高祖馳往救之以所乘馬授僧明僧明乘馬與數十人復進衆皆披靡因而乘之大敗路養高州刺史李遷仕又據大皐入灨石以逼高祖高祖遣周文育爲前軍與僧明擊走之遷仕與寧都人劉孝尚併力將

襲南康高祖又令僧明與文育等拒之相持連戰百餘日卒擒遷仕送于高祖軍及高祖下南康留僧明頓西昌督安成廬陵二郡軍事元帝承制授假節清野將軍新州刺史臨江縣子邑三百戶侯景遣于慶等寇南江高祖頓豫章會僧明為前驅所向克捷高祖表僧明為長史仍隨東討軍至蔡州僧明率麾下燒賊水門大艦及景平以功除員外散騎常侍明威將軍南兗州刺史進爵為侯增邑并前五百戶仍領晉

陵太守承聖二年從高祖北圍廣陵加使持節遷通直散騎常侍平北將軍餘如故荊州陷高祖使僧明率吳明徹等隨侯瑱西援於江州病卒時年四十六贈散騎常侍謚曰威世祖即位追贈開府儀同三司天嘉二年配享高祖廟庭子晉嗣

周文育字景德義興陽羡人也少孤貧本居新安壽昌縣姓項氏名猛奴年十一能反覆游水中數里跳高五六尺與羣兒聚戲衆莫能及義興人周薈為壽昌浦口戍主見而奇之因召與語文育對曰母老家貧兄姊並長大困於賦役薈哀之乃隨文育至家就其母請文育養為已子母遂與之及薈秩滿與文育還都見於太子詹事周捨請製名字捨因為立名文育字景德命兄子弘讓教之書計弘讓善隸書寫蔡邕勸學及古詩以遺文育文育不之省也謂弘讓曰誰能學此取富貴但有大槊耳弘讓壯之教之騎射文育大悅司州刺史陳慶之與薈

同郡素相善啓薈為前軍軍主慶之使薈將五百人往新蔡懸瓠慰勞白水蠻蠻謀執薈以入魏事覺薈與文育拒之時賊徒甚盛一日之中戰數十合文育前鋒陷陣勇冠軍中薈於陣戰死文育馳取其尸賊不敢逼及夕各引去文育身被九創創愈辭請還葬慶之壯其節厚加賵遺而遣之葬訖會盧安興為南江督護啓文育同行累征俚獠所在有功除南海令安興死後文育與杜僧明攻廣州為高祖所敗高祖

赦之語在僧明傳後監州王勱以文育爲長流令深被委任勱被代文育欲與勱俱下至大庾嶺詣卜者卜者曰君北下不過作令長南入則爲公矦文育曰足錢便可誰望公矦卜人又曰君須臾當暴得銀至二千兩若不見信以此爲驗其夕宿逆旅有賈人求與文育博文育勝之得銀二千兩旦日辭勱勱問其故文育以告勱乃遣之高祖在高要聞其還也大喜遣人迎之厚加賞賜分麾下配焉高祖之討矦景文育

與杜僧明爲前軍克蘭裕援歐陽頠皆有功高祖破蔡路養於南野文育爲路養所圍四面數重矢石雨下所乘馬死文育右手搏戰左手解鞍潰圍而出因與杜僧明等相得并力復進遂大敗之高祖乃表文育爲府司馬李遷仕之據大皐遣其將杜平虜入灨石魚梁作城高祖命文育擊之平虜弃城走文育據其城遷仕聞平虜敗留老弱於大皐悉選精兵自將以攻文育其鋒甚銳軍人憚之文育與戰遷仕稍

却相持未解會高祖遣杜僧明來援別破遷仕水軍遷仕衆潰不敢過大皐直走新淦梁元帝授文育假節雄信將軍義州刺史遷仕又與劉孝尚謀拒義軍高祖遣文育與矦安都杜僧明徐度杜稜築城於白口拒之文育頻出與戰遂擒遷仕高祖發自南康遣文育將兵五千開通江路矦景將王伯醜據豫章文育擊走之遂據其城累前後功除游騎將軍員外散騎常侍封東遷縣矦邑五百戶高祖軍至白茅灣命文育

與杜僧明常爲軍鋒平南陵鵲頭諸城及至姑孰與景將矦子鑒戰破之景平授通直散騎常侍改封南移縣矦邑一千戶拜信義太守累遷南丹陽蘭陵晉陵太守智武將軍散騎常侍高祖誅王僧辯命文育督衆軍會世祖於吳興圍杜龕克之又濟江襲會稽太守張彪得其郡城及世祖爲彪所襲文育時頓城北香巖寺世祖夜往趨之因共立柵頃之彪又來攻文育悉力苦戰彪不能克遂破平彪高祖以矦瑱擁據

溫州命文育討之仍除都督南豫州諸軍之事武
威將軍南豫州刺史率兵襲湓城未克徐嗣徽
引齊寇渡江據蕪湖詔徵文育還京嗣徽等列
艦於青墩至于七磯以斷文育歸路及夕文育鼓
譟而發嗣徽等不能制至旦反攻嗣徽嗣徽驍將
鮑砰獨以小艦殿軍文育乘單舴艋與戰跳入艦
斬砰仍牽其艦而還賊衆大駭因留船蕪湖自
丹陽步上時高祖拒嗣徽於白城適與文育大
會將戰風急高祖曰兵不逆風文育曰事急

矣當決之何用古法抽槊上馬馳而進衆軍從
之風亦尋轉殺傷數百人嗣徽等移營莫府
山文育徙頓對之頻戰功最加平西將軍進爵
壽昌縣公幷給鼓吹一部廣州刺史蕭勃舉兵
踰嶺詔文育督衆軍討之時新吳洞主余孝頃
奉兵應勃遣其弟孝勱守郡城自出豫章據于
石頭勃使其子孜將兵與孝頃相會又遣其別
將歐陽頠頓軍苦竹灘傅泰據墌口城以拒官
軍官軍船少孝頃有舴艋三百艘艦百餘乘在

上牢文育遣軍主焦僧度羊柬潛軍襲之悉
取而歸仍於豫章立柵時官軍食盡並欲退還
文育不許乃使人間行遺周迪書約為兄弟幷
陳利害迪得書甚喜許饋糧餉於是文育分遣
老小乘故船舫沿流俱下燒豫章郡所立柵僞
退孝頃望之大喜因不設備文育由間道兼行
信宿達芊韶芊韶上流則歐陽頠蕭勃下流則
傅泰余孝頃文育據其中間築城饗士賊徒大
駭歐陽頠乃退入泥溪作城自守文育遣嚴威將

軍周鐵武與長史陸山才襲頠擒之於是盛陳
兵甲與頠乘舟而讌以巡傅泰城下因而攻泰克
之蕭勃在南康聞之衆皆股慄莫能自固其將
譚世遠斬勃欲降為人所害世遠軍主夏侯明
徹持勃首以降蕭孜余孝頃猶據石頭高祖遣
侯安都助文育攻之孜降文育孝頃退走新吳
廣州平文育還頓豫章以功授鎮南將軍開府
儀同三司都督江廣衡交等州諸軍事江州刺史
王琳擁據上流詔命侯安都為西道都督文育

爲南道都督同會武昌與王琳戰於沌口爲琳所執後得逃歸語在安都傳尋授使持節散騎常侍鎮南將軍開府儀同三司壽昌縣公給鼓吹一部及周迪破余孝頃孝頃子公颺弟孝勱猶據舊柵扇動南土高祖復遣文育及周迪黃法氍等討之豫章內史熊曇朗亦率軍來會衆且萬人文育遣吳明徹爲水軍配周迪運糧自率衆軍入象牙江城於金口公颺領五百人僞降謀執文育事覺文育囚之送于京師以其

部曲分隸衆軍乃捨舟爲步軍進據三陂王琳遣將曹慶帥兵二千人以救孝勱慶分遣主帥常衆愛與文育相拒自帥所領徑攻周迪吳明徹軍迪等敗績文育退據金口熊曇朗因其失利謀害文育以應衆愛文育監軍孫白象頗知其事勸令先之文育曰不可我舊兵少客軍多若取曇朗人人驚懼亡立至矣不如推心以撫之初周迪之敗也弃船走莫知所在及得迪書文育喜齎示曇朗曇朗害之於座時年五十一

高祖聞之即日舉哀贈侍中司空諡曰忠愍初文育之據三陂有流星墜地其聲如雷地陷方一丈中有碎炭數斗又軍市中忽聞小兒啼一市並驚聽之在土下軍人掘得棺長三尺文育惡之俄而迪敗文育見殺天嘉二年有詔配享高祖廟庭子寶安嗣文育本族兄景曜因文育官至新安太守

寶安字安民年十餘歲便習騎射以貴公子驕蹇遊逸好狗馬樂馳騁靡衣媮食文育之爲晉

陵以征討不遑之郡令寶安監知郡事尤聚惡少年高祖患之及文育西征敗績縶於王琳寶安便折節讀書與士君子遊綏御文育士卒甚有威惠除員外散騎侍郎文育歸復除貞威將軍吳興太守文育爲熊曇朗所害徵寶安還起爲猛烈將軍領其舊兵仍令南討世祖即位深器重之寄以心膂精卒利兵多配焉及平王琳頗有功周迪之破熊曇朗寶安南入窮其餘燼天嘉二年重除雄信將軍吳興太守襲封壽昌

縣公三年征留異爲侯安都前軍異平除給事黃門侍郎衞尉卿四年授持節都督南徐州諸軍事貞毅將軍南徐州刺史徵爲左衞將軍加信武將軍尋以本官領衞尉卿又進號仁威將軍天康元年卒時年二十九贈侍中左衞將軍諡曰成子碧嗣寶安卒後碧亦爲偏將征歐陽紇平定淮南並有功封江安縣伯邑四百戶歷晉陵定遠二郡太守太建九年卒時年二十四贈電威將軍

侯安都字成師始興曲江人也世爲郡著姓父文捍少仕州郡以忠謹稱安都貴後官至光祿大夫始興內史秩中二千石安都工隷書能鼓琴涉獵書傳爲五言詩亦頗清靡兼善騎射爲邑里雄豪梁始興內史蕭子範辟爲主簿侯景之亂招集兵甲至三千人高祖入援京邑安都引兵從高祖攻蔡路養破李遷仕克平侯景並力戰有功元帝授猛烈將軍通直散騎常侍富川縣子邑三百戶隨高祖鎮京口除蘭陵太守高祖謀襲王僧辯諸將莫有知者唯與安都定計仍使安都率水軍自京口趨石頭高祖自率馬步從江乘羅落會之安都至石頭北弃舟登岸僧辯弗之覺也石頭城北接崗阜雉堞不甚危峻安都被甲帶長刀軍人捧之投於女垣內衆隨而入進逼僧辯臥室高祖大軍亦至與僧辯戰于聽事前安都自內閤出腹背擊之遂擒僧辯紹泰元年以功授使持節散騎常侍都督南徐州諸軍事仁威將軍南徐州刺史高祖

東討杜龕安都留臺居守徐嗣徽任約等引齊寇入據石頭游騎至于闕下安都閉門偃旗幟示之以弱令城中曰登陴看賊者斬及夕賊收軍還石頭安都夜令士卒密營禦敵之具將旦賊騎又至安都率甲士三百人開東西掖門與戰大敗之賊乃退還石頭不敢復逼臺城及高祖至以安都爲水軍於中流斷賊糧運又襲秦郡破嗣徽柵收其家口并馬驢輜重得嗣徽所彈琵琶及所養鷹遣信餉之曰昨至弟住處得

此令以相還嗣徽等見之大懼尋而請和高祖聽其還北及嗣徽等濟江齊之餘軍猶據採石守備甚嚴又遣安都攻之多所俘獲明年春詔安都率兵鎮梁山以備齊徐嗣徽等復入丹陽至湖熟高祖追安都還率馬步拒之於高橋又戰於耕壇南安都率十二騎突其陣破之生擒齊儀同乞伏無勞又刺齊將東方老墮馬會賊騎至救老獲免賊北渡蔣山安都又與齊將王敬寶戰於龍尾使從弟曉軍主張纂前犯其

陣曉被槍墜馬張纂死之安都馳往救曉斬其騎士十一人因取纂尸而還齊軍不敢逼高祖與齊軍戰於莫府山命安都領步騎千餘人自白下橫擊其後齊軍大敗安都又率所部追至攝山俘獲首虜不可勝計以功進爵為侯增邑五百戶給鼓吹一部又進號平南將軍改封西江縣公仍都督水軍出豫章助豫州刺史周文育討蕭勃安都未至文育已斬勃并擒其將歐陽頠傅泰等唯余孝頃與勃子孜猶據豫章之

石頭作兩城孝頃與孜各據其一又多設船艦夾水而陣安都至乃銜枚夜燒其艦文育率水軍安都領步騎登岸結陣孝頃俄斷後路安都乃令軍士多伐松木豎柵列營漸進頻戰屢克孜乃降孝頃奔歸新吳請入子為質許之師還以功進號鎮北將軍加開府儀同三司仍率衆會於武昌與周文育西討王琳將發王公已下餞於新林安都躍馬渡橋人馬俱墮水中又坐艑內墮於櫓井時以為不祥至武昌琳將樊猛棄

城走文育亦自豫章至時兩將俱行不相統攝因部下交爭稍不平軍至郢州琳將潘純陁於城中遙射官軍安都怒進軍圍之未能克而王琳至于弇口安都乃釋郢州悉衆往沌口以禦之遇風不得進琳據東岸官軍據西岸相持數日乃合戰安都等敗績安都與周文育徐敬成並為琳所囚琳總以一長鎖繫之置于艑下令所親宦者王子晉掌視之琳下至湓城白水浦安都等甘言許厚賂子晉子晉乃偽以小船依

艑而釣夜載安都文育敬成上岸入深草中步
投官軍還都自劾詔並赦之復其官爵尋為丹
陽尹出為都督南豫州諸軍事鎮西將軍南豫
州刺史令繼周文育攻余孝勱及王琳將曹慶
常衆愛等安都自宮亭湖出松門躡衆愛後文
育為熊曇朗所害安都回取大艦值琳將周炅
周協南歸與戰破之生擒炅協孝勱弟孝猷率
部下四千家欲就王琳遇炅協敗乃詣安都降
安都又進軍於禽奇洲破曹慶常衆愛等焚其

船艦衆愛奔于廬山為村人所殺餘衆悉平還
軍至南皖而高祖崩安都隨世祖還朝仍與
羣臣定議翼奉世祖時世祖謙讓弗敢當太后
又以衡陽王故未肯下令羣臣猶豫不能決安
都曰今四方未定何暇及遠臨川王有功天下
須共立之今日之事後應者斬便按劍上殿白
太后出璽又手解世祖髮推就喪次世祖即位
遷司空仍為都督南徐州諸軍事征北將軍南
徐州刺史給扶王琳下至柵口大軍出頓蕪湖

時侯瑱為大都督而指麾經略多出安都天嘉
元年增邑千戶及王琳敗走入齊安都進軍湓
城討琳餘黨所向皆下仍別奉中旨迎衡陽獻
王昌初昌之將入也致書於世祖辭甚不遜世
祖不懌乃召安都從容而言曰太子將至須別
求一蕃吾其老焉安都對曰自古豈有被代天
子臣愚不敢奉詔因請自迎昌昌濟漢而薨以
功進爵清遠郡公邑四千戶自是威名甚重羣
臣無出其右安都父文捍為始興內史卒於官

世祖徵安都還京師為發喪尋起復本官贈其
父散騎常侍金紫光祿大夫拜其母為清遠國
太夫人仍迎還都母固求停鄉里上乃下詔改
桂陽之汝城縣為廬陽郡分衡州之始興安遠
二郡合三郡為東衡州以安都從弟曉為刺史
安都第三子祕年九歲上以為始興內史並令
在鄉侍養其年改封安都桂陽郡公王琳敗後
周兵入據巴湘安都奉詔西討及留異擁據東
陽又奉詔東討異本謂臺軍由錢塘江而上

安都乃步由會稽之諸暨出于永康異大恐奔
桃枝嶺處嶺谷間於巖口豎柵以拒王師安都
作連城攻異躬自接戰爲流矢所中血流至踝
安都乘轝麾軍容止不變因其山壠之勢迮而
爲堰天嘉三年夏潦水漲滿安都引船入堰起
樓艦與異城等放拍碎其樓雉異與第二子忠
臣脫身奔晉安安都虜其妻子盡收其人馬甲
仗振旅而歸以功加侍中征北大將軍增邑并
前五千户仍還本鎮其年使民詣闕表請立碑

頌美安都功績詔許之自王琳平后安都勳庸
轉大又自以功安社稷漸用驕矜數招聚文武
之士或射馭馳騁或命以詩賦第其高下以差
次賞賜之文士則褚介馬樞陰鏗張正見徐伯
陽劉刪祖孫登武士則蕭摩訶裴子烈等並爲
之賓客齋內動至千人部下將帥多不遵法度
檢問收攝則奔歸安都世祖性嚴察深銜之安
都弗之改日益驕橫每有表啓封訖有事未盡
乃開封自書之云又啓某事及侍讌酒酣或箕

踞傾倚嘗陪樂遊禊飲乃白帝曰何如作臨川
王時帝不應安都再三言之帝曰此雖天命抑
亦明公之力宴訖又啓便借供帳水飾將載妻
妾於御堂歡會世祖雖許其請甚不懌明日安
都坐於御坐賓客居羣臣位稱觴上壽初重雲
殿災安都率將士帶甲入殿帝甚惡之自是陰
爲之備又周迪之反朝望當使安都討之帝乃
使吳明徹討迪又頻遣臺使案問安都部下檢
括亡叛安都内不自安三年冬遣其別駕周弘

實自託於舍人蔡景歷并問省中事景歷録其
狀具奏之希旨稱安都謀反世祖慮其不受制
明年春乃除安都爲都督江吳二州諸軍事征
南大將軍江州刺史自京口還都部伍入于石
頭世祖引安都醼於嘉德殿又集其部下將帥
會于尚書朝堂於坐收安都囚于嘉德西省又
收其將帥盡奪馬仗而釋之因出舍人蔡景歷
表以示於朝乃詔曰昔漢厚功臣韓彭肇亂晉
倚蕃牧敦約稱兵託六尺於龐萌野心竊發寄

股肱於霍禹函謀潜構追惟往代挻逆一揆永言自古患難同規侯安都素之遥圖本勲令德幸屬興運預奉經綸拔跡行間假之毛羽推於偏帥委以馳逐位極三槐任居四嶽名器隆赫禮數莫儔而志唯矜己氣在陵上招聚逋逃窮極輕狡無賴無行不畏不恭受脤專征剽掠一逞推轂所鎮裒斂無厭寄以徐蕃接鄰齊境貿遷禁貨鬻賣居民推埋發掘毒流泉壤睚眦僵尸罔顧彝憲朕以爰初締構頗著功績飛驂

代邸預定嘉謀所以淹抑有司每懷遵養杜絶百辟日望自新欵襟期於話言推丹赤於造次策馬甲第羽林息警置酒高堂陛戟無衛何嘗内隱片嫌去柏人而勿宿外惕猜防入成皋而不留而勃戾不悛驕暴滋甚招誘文武密懷異圖去年十二月十一日獲中書舍人蔡景歷啓稱侯安都去月十日遣别駕周弘實來景歷私省宿訪問禁中具陳反計朕猶加隱忍待之如初爰自北門遷授南服受命經停姦謀益露今者

欲因初鎮將行不軌此而可忍孰不可容賴社稷之靈近侍誠慤醜情彰暴逆節顯聞外可詳案舊典速正刑書止在同謀餘無所問明日於西省賜死時年四十四尋有詔宥其妻子家口葬以士禮喪事所須務加資給初高祖在京城嘗與諸將讌杜僧明周文育侯安都爲壽各稱功伐高祖曰卿等悉良將也而並有所短杜公志大而識闇狎於下而驕於尊矜其功不收其拙周侯交不擇人而推心過差居危履險猜防

不設侯郎傲誕而無厭輕佻而肆志並非全身之道卒皆如其言安都長子敦年十二爲員外散騎侍郎天嘉二年墮馬卒追謚桂陽國愍世子大建三年高宗追封安都爲陳集縣侯邑五百戶子亶爲嗣安都從弟曉累從安都征討有功官至員外散騎常侍明威將軍東衡州刺史懷化縣侯邑五百戶天嘉三年卒年四十一

史臣曰杜僧明周文育並樹功業成於興運頗牧韓彭足可連類矣侯安都情異向時權踰曩

日因之以侵暴加之以縱誕苟曰非夫逆亂奚用免於亡滅昔漢高醢之爲賜宋武拉於坐右良有以而然也

列傳第二

列傳第三　　　　　　陳書九

散騎常侍姚　思廉　撰

侯瑱

歐陽頠　子紇

吳明徹　裴子烈

侯瑱字伯玉巴西充國人也父弘遠世爲西蜀酋豪蜀賊張文蕚據白崖山有衆萬人梁益州刺史鄱陽王蕭範命弘遠討之弘遠戰死瑱固請復讎每戰必先鋒陷陣遂斬文

蕚由是知名因事範範委以將帥之任山谷夷獠不賓附者並遣瑱征之累功授輕車府中兵參軍晉康太守範爲雍州刺史瑱除超武將軍馮翊太守範遷鎮合肥瑱又隨之侯景圍臺城範乃遣瑱輔其世子嗣入援京邑京城陷瑱與嗣退還合肥仍隨範徙鎮湓城俄而範及嗣皆卒瑱領其衆依于豫章太守莊鐵鐵疑之瑱懼不自安詐引鐵謀事因而刃之據有豫章之地侯景將于慶南

略地至豫章城邑皆下瑱窮蹙乃降於慶慶送瑱於景景以瑱與己同姓託爲宗族待之甚厚留其妻子及弟爲質遣瑱隨慶平定蠡南諸郡及景敗於巴陵景將宋子仙任約等並爲西軍所獲瑱乃誅景黨與以應我軍景亦盡誅其弟及妻子梁元帝授瑱武臣將軍南兗州刺史郫縣侯邑一千戶仍隨都督王僧辯討景恒爲前鋒每戰却敵既復臺城景奔吳郡僧辯使瑱率兵追之與景戰於吳松江大敗景盡獲

其軍實進兵錢塘景將謝荅仁呂子榮等皆降以功除南豫州刺史鎮于姑熟承聖二年齊遣郭元建出自濡須僧辯遣瑱領甲士三千築壘於東關以扞之大敗元建除使持節鎮北將軍給鼓吹一部增邑二千戶西魏來寇荊州王僧辯以瑱爲前軍赴援未至而荊州陷瑱之九江因衛晉安王還都承制以瑱爲侍中使持節都督江晉吳齊四州諸軍事江州刺史改封康樂縣公邑五千戶進號車騎將軍司徒陸法和

據郢州引齊兵來寇乃使瑱都督衆軍西討未至法和率其部北度入齊齊遣慕容恃德鎮于夏首瑱控引西還水陸攻之恃德食盡請和瑱還鎮豫章僧辯使其弟僧愔率兵與瑱共討蕭勃及高祖誅僧辯僧愔陰欲圖瑱而奪其軍瑱知之盡收僧愔徒黨僧愔奔齊紹泰二年以本號加開府儀同三司餘並如故是時瑱據中流兵甚彊盛又以本事王僧辯雖外示臣節未有入朝意初余孝頃爲豫章太守及瑱鎮豫章乃

於新吳縣別立城柵與瑱相拒瑱留軍人妻子於豫章令從弟瀇知後事悉衆以攻孝頃自夏及冬弗能克乃長圍守之盡收其禾稼瀇與其部下侯方兒不協方兒怒率所部攻瀇虜掠瑱軍府妓妾金玉歸于高祖瑱既失根本兵衆皆潰輕歸豫章豫章人拒之乃趨湓城投其將焦僧度僧度勸瑱投齊瑱以高祖有大量必能容巳乃詣闕請罪高祖復其爵位永定元年授侍中車騎將軍二年進位司空王琳至於沌口周文育

侯安都並沒乃以瑱爲都督西討諸軍事瑱至于梁山世祖即位進授太尉增邑千戶王琳至于柵口又以瑱爲都督侯安都等並隸焉瑱與琳相持百餘日未決天嘉元年二月東關春水稍長舟艦得通琳引合肥漅湖之衆舳艫相次而下其勢甚盛瑱率軍進獸檻洲琳亦出船列于江西隔洲而泊明日合戰琳軍少郤退保西岸及夕東北風大起吹其舟艦舟艦並壞沒于沙中溺死者數十百人浪大不得還浦夜中又有

流星墜于賊營及旦風靜琳入浦治船以荻船塞於浦口又以鹿角繞岸不敢復出是時西魏遣大將軍史寧躡其上流瑱聞之知琳不能持久收軍郤據湖浦以待其獘及史寧至圍郢州琳恐衆潰乃率船艦來下去蕪湖十里而泊擊柝聞於軍中明日齊人遣兵數萬助琳琳引衆向梁山欲越官軍以屯險要齊儀同劉伯球率兵萬餘人助琳水戰行臺慕容恃德子子會領鐵騎二千在蕪湖西岸博望山南爲其聲勢瑱令

軍中晨炊蓐食分搥盪頓蕪湖洲尾以待之將
戰有微風至自東南衆軍施拍縱火定州刺史
章昭達乘平虜大艦中江而進發拍中于賊艦
其餘冒突青龍各相當值又以牛皮冒蒙衝
小船以觸賊艦幷鎔鐵灑之琳軍大敗其步兵
在西岸者自相蹂踐馬騎並淖于蘆荻中弃馬
脫走以免者十二三盡獲其舟艦器械幷禽齊
將劉伯球慕容子會自餘俘馘以萬計琳與其
黨潘純陁等乘單舴艋冒陣走至湓城猶欲收

合離散衆無附者及與妻妾左右十餘人入齊
其年詔以瑱爲都督湘巴郢江吴等五州諸軍
事鎮湓城周將賀若敦獨孤盛等寇巴湘又以
瑱爲西討都督與盛戰於西江口大敗盛軍虜
其人馬器械不可勝數以功授使持節都督湘
桂郢巴武沅六州諸軍事湘州刺史改封零陵郡
公邑七千戶餘如故二年以疾表求還朝三月於
道薨時年五十二贈侍中驃騎大將軍大司馬
加羽葆鼓吹班劒二十人給東園祕器謚曰壯肅

其年九月配享高祖廟庭子淨藏嗣淨藏尚世
祖第二女富陽公主以公主除貟外散騎侍郎
太建三年卒贈司徒主簿淨藏無子弟就
襲封

歐陽頠字靖世長沙臨湘人也爲郡豪族祖景
達梁代爲本州治中父僧寶屯騎校尉頠少質
直有思理以言行篤信著聞於嶺表父喪毀
瘠甚至家產累積悉讓諸兄州郡頻辟不應乃
廬於麓山寺傍專精習業博通經史年三十

其兄逼令從宦起家信武府中兵參軍遷平西
邵陵王中兵參軍事梁左衞將軍蘭欽之少也
與頠相善故頠常隨欽征討欽爲衡州仍除清
遠太守欽南征夷獠擒陳文徹所獲不可勝計
獻大銅鼓累代所無頠預其功還爲直閤將軍
仍除天門太守伐蠻左有功刺史廬陵王蕭續
深嘉之引爲賓客欽征交州復啓頠同行欽度
嶺以疾終頠除臨賀内史啓乞送欽喪還都然
後之任時湘衡之界五十餘洞不賓勅令衡州刺

史韋粲討之粲委頠爲都督悉皆平殄粲啓梁
武稱頠誠幹降詔褒賞仍加超武將軍征討
廣衡二州山賊侯景搆逆粲自解還都征景以
頠監衡州京城陷後嶺南互相吞併蘭欽弟前
高州刺史裕攻始興內史蕭紹基奪其郡裕以
兄欽與頠有舊遣招之頠不從乃謂使云高州
昆季隆顯莫非國恩今應赴難援都豈可自爲
跋扈及高祖入援京邑將至始興頠乃深自結託
裕遣兵攻頠高祖援之裕敗高祖以王懷明爲衡

州刺史遷頠爲始興內史高祖之討蔡路養李
遷仕也頠率兵度嶺以助高祖及路養等平頠
有功梁元帝承制以始興郡爲東衡州以頠爲持
節通直散騎常侍都督東衡州諸軍事雲麾
將軍東衡州刺史新豐縣伯邑四百戶侯景平
元帝遍問朝宰今天下始定極須良才卿各舉
所知羣臣未有對者帝曰吾已得一人侍中王褒
進曰未審爲誰帝云歐陽頠公正有匡濟之才
恐蕭廣州不肯致之乃授武州刺史尋授郢州

刺史欲令出嶺蕭勃留之不獲拜命尋授使持
節散騎常侍都督衡州諸軍事忠武將軍衡州
刺史進封始興縣侯時蕭勃在廣州兵彊位
重元帝深患之遣王琳代爲刺史琳已至小桂
嶺勃遣其將孫瑒監州盡率部下至始興避琳
兵鋒頠別據一城不往謁勃閉門高壘亦不拒
戰勃怒遣兵襲頠盡收其貲財馬仗尋赦之還
復其所復與結盟荊州陷頠委質於勃及勃度
嶺出南康以頠爲前軍都督頓豫章之苦竹灘

周文育擊破之擒送于高祖高祖釋之深加接待
蕭勃死後嶺南擾亂頠有聲南土且與高祖有舊
乃授頠使持節通直散騎常侍都督衡州諸軍
事安南將軍衡州刺史始興縣侯未至嶺南頠子
紇已克定始興及頠至嶺南皆懾伏仍進廣州盡有
越地改授都督廣交越成定明新高合羅愛建德宜
黃利安石雙十九州諸軍事鎮南將軍平越中
郎將廣州刺史持節常侍侯並如故王琳據有中流
頠自海道及東嶺奉使不絕永定三年進授散

騎常侍增都督衡州諸軍事即本號開府儀同三司世祖嗣位進號征南將軍改封陽山郡公邑一千五百戶又給鼓吹一部初交州刺史袁曇緩密以金五百兩寄頠令以百兩還合浦太守龔蒍四百兩付兒智矩餘人弗之知也頠尋為蕭勃所破貲財並盡唯所寄金獨在曇緩亦尋卒至是頠並依信還之時人莫不嘆伏其重然諾如此時頠弟盛為交州刺史次弟邃為衡州刺史合門顯貴名振南土又多致銅鼓生口獻奉珍異前後委積頗有助於軍國焉頠以天嘉四年薨時年六十六贈侍中車騎大將軍司空廣州刺史謚曰穆子紘嗣

紘字奉聖頗有幹略天嘉中除黃門侍郎員外散騎常侍累遷安遠將軍衡州刺史襲封陽山郡公都督交廣等十九州諸軍事廣州刺史在州十餘年威惠著於百越進號輕車將軍光大中上流藩鎮並多懷貳高宗以紘久在南服頗疑之太建元年下詔徵紘為左衛將軍紘懼未欲就徵其部下多勸之反遂舉兵攻衡州刺史錢道戢道戢告其變乃遣儀同章昭達討紘屢戰兵敗執送京師伏誅時年三十三家口籍沒子詢以年幼免

吳明徹字通昭秦郡人也祖景安齊南譙太守父樹梁右軍將軍明徹幼孤性至孝年十四感墳塋未備家貧無以取給乃勤力耕種時天下亢旱苗稼焦枯明徹哀憤每之田中號泣仰天自訴居數日有自田還者云苗已更生明徹疑之謂為紿己及往田所見如其言秋而大穫足充葬用時有伊氏者善占墓謂其兄曰君葬者必有乘白馬逐鹿者來經墳所此是最小孝子大貴之徵至時果有此應明徹即樹之最小子也起家梁東宮直後及侯景寇京師天下大亂明徹有粟麥三千餘斛而鄰里飢餒乃白諸兄曰當今草竊人不圖久安柰何有此而不與鄉家共之於是計口平分同其豐儉群盜聞而避焉賴以存者甚眾及高祖鎮京口深相要結明徹

乃詣高祖高祖爲之降階執手即席與論當世之務明徹亦微涉書史經傳就汝南周弘正學天文孤虛遁甲略通其妙頗以英雄自許高祖深奇之承聖三年授戎昭將軍安州刺史紹泰初隨周文育討杜龕張彪等東道平授使持節散騎常侍安東將軍南兖州刺史封安吳縣侯高祖受禪拜安南將軍仍與侯安都周文育將兵討王琳及衆軍敗沒明徹自拔還京世祖即位詔以本官加右衞將軍王琳敗授都督武

沅二州諸軍事安西將軍武州刺史餘並如故周遣大將軍賀若敦率馬步萬餘人奄至武陵明徹衆寡不敵引軍巴陵仍破周別軍於雙林天嘉三年授安西將軍及周迪反臨川詔以明徹爲安南將軍江州刺史領豫章太守揔督衆軍以討迪明徹雅性剛直統內不甚和世祖聞之遣安成王諱慰曉明徹令以本號還朝尋授鎮前將軍五年遷鎮東將軍吳興太守及引辭之郡世祖謂明徹曰吳興雖郡帝鄉之重故以

相授君其勉之及世祖弗豫徵拜中領軍廢帝即位授領軍將軍尋遷丹陽尹仍詔明徹以甲仗四十人出入殿省到仲舉之矯令出高宗也毛喜知其謀高宗疑懼遣喜與明徹籌焉明徹謂喜曰嗣君諒闇萬機多闕外隣彊敵內有大喪殿下親實周邵德冠伊霍社稷至重願留中深計慎勿致疑及湘州刺史華皎陰有異志詔授明徹使持節散騎常侍都督湘桂武三州諸軍事安南將軍湘州刺史給鼓吹一

部仍與征南大將軍淳于量等率兵討皎平授開府儀同三司進爵爲公太建元年授鎮南將軍四年徵爲侍中鎮前將軍餘並如故會朝議北伐公卿互有異同明徹決策請行五年詔加侍中都督征討諸軍事仍賜女樂一部明徹揔統衆軍十餘萬發自京師緣江城鎮相續降款軍至秦郡克其水柵齊遣大將尉破胡將兵爲援明徹破走之斬獲不可勝計秦郡乃降高宗以秦郡明徹舊邑詔具太牢令拜祠上冢

文武羽儀甚盛鄉里以爲榮進克仁州授征北
大將軍進爵南平郡公增邑并前二千五百户
次平峽石岸二城進逼壽陽齊遣王琳將兵拒
守琳至與刺史王貴顯保其外郭明徹以琳初
入衆心未附乘夜攻之中宵而潰齊兵退據相
國城及金城明徹令軍中益脩治攻具又迮肥
水以灌城城中苦濕多腹疾手足皆腫死者十
六七會齊遣大將軍皮景和率兵數十萬來
援去壽春三十里頓軍不進諸將咸曰堅城未

拔大援在近不審明公計將安出明徹曰兵貴
在速而彼結營不進自挫其鋒吾知其不敢戰
明矣於是躬擐甲冑四面疾攻城中震恐一鼓
而克生禽王琳王貴顯扶風王可朱渾孝裕尚
書盧潛左丞李騊駼送京師景和惶懼遁走盡
收其駝馬輜重琳之獲也其舊部曲多在軍中
琳素得士卒心見者皆歔欷不能仰視明徹慮
其有變遣左右追殺琳傳其首詔曰壽春者古
之都會襟帶淮汝控引河洛得之者安是稱要

害侍中使持節都督征討諸軍事征北大將軍
開府儀同三司南平郡開國公明徹雄圖克舉
宏略蓋世在昔屯夷締構皇業乃掩衡岳用清
氛沴實吞雲夢即敘上游今兹蕩定恢我王
略風行電掃貔武爭馳月陣雲梯金湯奪險
威陵殊俗惠漸邊氓惟功與能元戎是屬崇麾廣
賦茂典恒宜可都督豫合建光朔北徐六州諸軍
事車騎大將軍豫州刺史增封并前三千五百
户餘如故詔遣謁者蕭淳風就壽陽册明徹於

城南設壇士卒二十萬陳旗鼓戈甲明徹登壇
拜受成禮而退將卒莫不踴躍焉初秦郡屬南
兖州後隸譙州至是詔以譙之秦盱眙神農三郡
還屬南兖州以明徹故也六年自壽陽入朝輿駕
幸其第賜鍾磬一部米一萬斛絹布二千匹七
年進攻彭城軍至吕梁齊遣援兵前後至者數
萬明徹又大破之八年進位司空餘如故又詔
曰昔者軍事建旌交鋒作鼓頃日訛替多乖
舊章至於行陣不相甄别今可給司空大都督

鈇鉞龍麾其次將各有差尋授都督南北兗南北青譙五州諸軍事南兗州刺史會周氏滅齊高宗將事徐兗九年詔明徹進軍北伐令其世子戎昭將軍員外散騎侍郎惠覺攝行州事明徹軍至呂梁周徐州揔管梁士彥率衆拒戰明徹頻破之因退兵守城不復敢出明徹仍迮清水以灌其城環列舟艦於城下攻之甚急周遣上大將軍王軌將兵救之軌輕行自清水入淮口橫流豎木以鐵鎖貫車輪遏斷船路諸將聞

之甚惶恐議欲破堰拔軍以舫載馬馬主裴子烈議曰若決堰下船船必傾倒豈可得乎不如前遣馬出於事爲允適會明徹苦背疾甚篤知事不濟遂從之乃遣蕭摩訶帥馬軍數千前還明徹仍自決其堰乘水勢以退軍冀其獲濟及至清口水勢漸微舟艦並不得渡衆軍皆潰明徹窮蹙乃就執尋以憂憤遘疾卒於長安時年六十七至德元年詔曰李陵矢竭不免請降于禁水漲猶且生獲固知用兵上術世罕

其人故侍中司空南平郡公明徹爰初躡足迄屆元戎百戰百勝之奇決機決死之勇斯亦侔於古焉及拓定淮肥長驅彭汴覆勍寇如舉毛埽銳師同沃雪風威慴於異俗功效著於同文方欲息駕陰山解鞍瀚海既而師出已老數亦終奇不就結纓之功無辭入褚之屈望封崤之爲易冀平翟之非難雖志在屈伸而奄中霜露埋恨絕域甚可嗟傷斯事已往累逢肆赦凡厥罪戾皆蒙洒濯獨此孤魂未霑寬惠遂使爵土

湮沒饗醊無主弃瑕錄用宜在茲辰可追封邵陵縣開國侯食邑一千户以其息惠覺爲嗣惠覺歷黃門侍郎以平章大寶功授豐州刺史明徹兄子超字逸世少倜儻以幹畧知名隨明徹征伐有戰功官至忠毅將軍散騎常侍桂州刺史封汝南縣侯邑一千户卒贈廣州刺史謚曰節

裴子烈字大士河東聞喜人梁員外散騎常侍猗之子子烈少孤有志氣遇梁末喪亂因習武

藝以驍勇聞頻從明徹征討所向必先登陷陣官至電威將軍北譙太守岳陽内史海安縣伯邑三百戶至德四年卒

史臣曰高祖撥亂創基光啓天曆侯瑱歐陽頠並歸身有道位貴鼎司美矣吳明徹居將帥之任初有軍功及呂梁敗績爲失筭也斯以勇非韓白識異孫吳遂使蹙境喪師金陵虛弱禎明淪覆蓋由其漸焉

列傳第三　陳書九

侯瑱傳分搥盪頓蕪湖洲尾或本作分頓疑

吳明徹字通昭或本作通炤疑

列傳第四　陳書十

散騎常侍姚思廉　撰

周鐵虎

程靈洗　子文季

周鐵虎不知何許人也梁世南渡語音傖重膂力過人便馬槊事梁河東王蕭譽以勇敢聞譽板爲府中兵參軍譽爲廣州刺史以鐵虎爲興寧令譽遷湘州又爲臨蒸令侯景之亂元帝於荆州遣世子方等代譽且以兵臨之譽拒戰大

捷方等死鐵虎功最譽委遇甚重及王僧辯討譽於陳獲鐵虎僧辯命烹之鐵虎呼曰侯景未滅柰何殺壯士僧辯奇其言乃宥之還其麾下及侯景西上鐵虎從僧辯克任約獲宋子仙每戰皆有功元帝承制授仁威將軍潼州刺史封沌陽縣子邑三百戶又從僧辯克定京邑降謝答仁平陸納於湘州承聖二年以前後戰功進爵爲侯增邑幷前五百戶仍爲散騎常侍領信義太守將軍如故高祖誅僧辯鐵虎率所部降因復其本職徐嗣徽引齊寇渡江鐵虎於板橋浦破其水軍盡獲甲仗船舸又攻歷陽襲齊寇步營並皆克捷嗣徽平紹泰二年遷散騎常侍嚴威將軍太子左衞率尋隨周文育於南江拒蕭勃恒爲前軍文育又命鐵虎偏軍於苦竹灘襲勃前軍歐陽頠又隨文育西征王琳琳於沌口敗績鐵虎與文育侯安都並爲琳所擒琳引見諸將與之語唯鐵虎辭氣不屈故琳盡宥文育之徒獨鐵虎見害時年四十九

高祖聞之下詔曰天地之寶所貴曰生形魄之徒所重唯命至如捐生立節効命酬恩追遠懷昔信宜加等散騎常侍嚴威將軍太子左衞率潼州刺史領信義太守沌陽縣開國侯鐵虎器局沈厚風力勇壯北討南征竭忠盡力推鋒江夏致陷凶徒神氣彌雄肆言無撓豈直溫序見害方其理驗龐德臨危猶能瞋目忠貞如此惻愴兼深可贈侍中護軍將軍青冀二州刺史加封一千戶幷給鼓吹一部侯如故天嘉五年世祖

又詔曰漢室功臣形寫宮觀魏朝猛將名配宗祧功烈所以長存世代因之不朽故侍中護軍將軍青冀二州刺史沌陽縣開國侯鐵虎誠節梗亮力用雄敢王業初基行間累及垂翅賊壘正色寇庭古之遺烈有識同壯隕身不屈雖隆榮等營魂易遠言追嘉惜宜仰陪壖寢恭頌饗食真可配食高祖廟庭子瑜嗣時有盱眙馬明守世朗梁世事鄱陽嗣王蕭範侯景之亂據廬江之東界拒賊臨城柵元帝授散騎常侍平

北將軍北兗州刺史領廬江太守荊州陷沒歸于高祖紹泰中復官位封西華縣侯邑二千戶亦隨文育西征王琳於沌口軍敗明力戰死之贈使持節征西將軍郢州刺史

程靈洗字玄滌新安海寧人也少以勇力聞步行日二百餘里便騎善游梁末海寧黟歙等縣及鄱陽宣城郡界多盜賊近縣苦之靈洗素爲鄉里所畏伏前後守長恒使召募少年逐捕劫盜侯景之亂靈洗聚徒據黟歙以拒景景軍據有新安新安太守湘西鄉侯蕭隱奔依靈洗靈洗奉以主盟梁元帝於荊州承制又遣使間道奉表劉神茂自東陽建義拒賊靈洗攻下新安與神茂相應元帝授持節通直散騎常侍都督新安郡諸軍事雲麾將軍譙州刺史資領新安太守封巴丘縣侯邑五百戶神茂爲景所破景偏帥呂子榮進攻新安靈洗退保黟歙及景敗子榮退走靈洗復據新安進軍建德擒賊帥趙桑乾以功授持節散騎常侍都督青冀二州諸

軍事青州刺史增邑并前一千戶將軍太守如故仍令靈洗率所部下揚州助王僧辯鎮防還吳興太守未行僧辯命靈洗從侯瑱西援荊州荊州陷還都高祖誅僧辯靈洗率所領來援其徒力戰於石頭西門軍不利遣使招諭久之乃降高祖深義之紹泰元年授使持節信武將軍蘭陵太守常侍如故助防京口及平徐嗣徽靈洗有功除南丹陽太守封遂安縣侯增邑并前一千五百戶仍鎮採石隨周文育西討王琳於

湓口敗績爲琳所拘明年與侯安都等逃歸兼丹陽尹出爲高唐太原二郡太守仍鎮南陵遷太子左衞率高祖崩王琳前軍東下靈洗於南陵破之虜其兵士幷獲青龍十餘乘以功授持節都督南豫州緣江諸軍事信武將軍南豫州刺史侯瑱等敗王琳于柵口靈洗乘勝逐北據有魯山徵爲衞士將軍餘如故天嘉四年周迪重寇臨川以靈洗爲都督自鄱陽別道擊之迪又走山谷閒五年遷中護軍常侍如故出爲使持節都督郢巴武三州諸軍事宣毅將軍郢州刺史廢帝即位進號雲麾將軍華皎之反也遣使招誘靈洗靈洗斬皎使以狀聞朝廷深嘉其忠增其守備給鼓吹一部因推心待之使其子文季領水軍助防是時周遣其將長胡公拓跋定率步騎二萬助皎圍靈洗靈洗嬰城固守及皎退乃出軍躡定定不獲濟江以其衆降因進攻周沔州克之擒其刺史裴寬以功進號安西將軍改封重安縣公增邑幷前

二千戶靈洗性嚴急御下甚苛刻士卒有小罪必以軍法誅之造次之閒便加捶撻而號令分明與士卒同甘苦衆亦以此依附性好播植躬勤耕稼至於水陸所宜刈穫早晚雖老農不能及也伎妾無游手並督之紡績至於散用貲財亦弗儉吝光大二年卒於州時年五十五贈鎮西將軍開府儀同三司謚曰忠壯太建四年詔配享高祖廟庭子文季嗣

文季字少卿幼習騎射多幹略果決有父風弱冠從靈洗征討必前登陷陣靈洗與周文育侯安都等敗於沌口爲王琳所執高祖召陷賊諸將子弟厚遇之文季最有禮容深爲高祖所賞永定中累遷通直散騎侍郎句容令世祖嗣位除宣惠始興王府限內中直兵參軍是時王爲揚州刺史鎮冶城府中軍事悉以委之天嘉二年除貞毅將軍新安太守仍隨侯安都東討留異異黨向文政據有新安文季率精甲三百輕往攻之文政遣其兄子瓚來拒文季與戰大

破瓚軍文政乃降三年始興王伯茂出鎮東州
復以文季爲鎮東府中兵參軍帶剡令四年陳
寶應與留異連結又遣兵隨周迪更出臨川世
祖遣信義太守余孝頃自海道襲晉安文季
爲之前軍所向克捷陳寶應平文季戰功居多
還轉府諮議參軍領中直兵出爲臨海太守尋
乘金翅助父鎮郢城華皎平靈洗及文季並有扞
禦之功及靈洗卒文季盡領其衆起爲超武將
軍仍助防郢州文季性至孝雖軍旅奪禮而

毀瘠甚至太建二年爲豫章內史將軍如故服
闋襲封重安縣公隨都督章昭達率軍往荆州
征蕭巋巋與周軍多造舟艦置于青泥水中時
水長漂疾昭達乃遣文季共錢道戢輕舟
襲之盡焚其舟艦昭達因蕭巋等兵稍怠又
遣文季夜入其外城殺傷甚衆既而周兵大出
巴陵內史雷道勤拒戰死之文季僅以身免以
功加通直散騎常侍安遠將軍增邑五百戶五
年都督吳明徹北討秦郡秦郡前江浦通涂

水齊人並下大柱爲杙柵水中乃前遣文季領
驍勇拔開其柵明徹率大軍自後而至攻秦郡
克之又別遣文季圍涇州屠其城進攻盱眙拔
之仍隨明徹圍壽陽文季臨事謹急御下嚴整
前後所克城壘率皆迮水爲堰土木之功動踰
數萬每置陣役人文季必先諸將夜則早起
迄暮不休軍中莫不服其勤幹每戰恒爲前
鋒齊軍深憚之謂爲程獸以功除散騎常侍明
威將軍增邑五百戶又帶新安內史進號武毅

將軍八年爲持節都督譙州諸軍事安遠將軍
譙州刺史其年又督北徐仁州諸軍事北徐州
刺史餘並如故九年又隨明徹北討於呂梁作
堰事見明徹傳十年春敗績爲周所囚仍授
開府儀同三司十一年自周逃歸至渦陽爲邊
吏所執還送長安死于獄中後主是時既與
周絕不之知也至德元年後主始知之追贈散
騎常侍尋又詔曰故散騎常侍前重安縣開
國公文季纂承門緒克荷家聲早歲出軍雖

非元帥啓行爲最致果有聞而覆喪車徒允從黜削但靈洗之立功扞禦久而見思文季之埋魂異域有足可憫言念勞舊傷茲廢絕宜存廟食無使餒而可降封重安縣矦邑一千戸以子饗襲封

史臣曰程靈洗父子竝御下嚴苛治兵整肅然與衆同其勞苦匪私財利士多依焉故臨戎克辦矣

列傳第四 陳書十

列傳第五　　陳書十一

散騎常侍姚思廉　撰

黃法𣰰
淳于量
章昭達

黃法𣰰字仲昭巴山新建人也少勁捷有膽力步行日三百里距躍三丈頗便書疏閑明簿領出入郡中為鄉閭所憚侯景之亂於鄉里合徒衆太守賀詡下江州法𣰰監知郡事高祖將踰嶺入援建業李遷仕作梗中途高祖命周文育屯于西昌法𣰰遣兵助文育時法𣰰出頓新淦縣景遣行臺于慶至豫章慶分兵來襲新淦法𣰰拒戰敗之高祖亦遣文育進軍討慶文育疑慶兵彊未敢進法𣰰率衆會之因進克笙屯俘獲甚衆梁元帝承制授超猛將軍交州刺史資領新淦縣令封巴山縣子邑三百戶承聖三年除明威將軍游騎將軍進爵為侯邑五百戶貞陽侯僭位除左驍騎將軍敬帝即位改封新

建縣侯邑如前太平元年割江州四郡置高州以法𣰰為使持節散騎常侍都督高州諸軍事信武將軍高州刺史鎮于巴山蕭勃遣歐陽頠攻法𣰰法𣰰與戰破之永定二年王琳遣李孝欽樊猛余孝頃攻周迪且謀取法𣰰法𣰰率兵援迪擒孝頃等三將進號宣毅將軍增邑并前一千戶給鼓吹一部又以拒王琳功授平南將軍開府儀同三司熊曇朗於金口反害周文育法𣰰共周迪討平之語在曇朗傳世祖嗣位進號安南將軍天嘉二年周迪反法𣰰率兵會都督吳明徹討迪於工塘迪平法𣰰功居多徵為使持節散騎常侍都督南徐州諸軍事鎮北大將軍南徐州刺史儀同鼓吹並如故未拜尋又改授都督江吳二州諸軍事鎮南大將軍江州刺史六年徵為中衞大將軍廢帝即位進爵為公給扶光大元年出為使持節都督南徐州諸軍事鎮北將軍南徐州刺史二年徙為都督郢巴武三州諸軍事鎮西將軍郢州刺史持節如故太建元

年進號征西大將軍二年徵爲侍中中權大將軍四年出爲使持節散騎常侍都督南豫州諸軍事征南大將軍南豫州刺史五年大舉北伐都督吳明徹出秦郡以法𣨻爲都督出歷陽齊遣其歷陽王步騎五萬來援於小峴築城法𣨻遣左衞將軍樊毅分兵於大峴禦之大破齊軍盡獲人馬器械於是乃爲拍車及步艦竪拍以逼歷陽歷陽人窘蹙乞降法𣨻緩之則又堅守法𣨻怒親率士卒攻城施拍加其樓堞時又大雨城崩克之盡誅戍卒進兵合肥望旗降款法𣨻不令軍士侵掠躬自撫勞而與之盟並放還北以功加侍中改封義陽郡公邑二千戶其年遷都督合霍二州諸軍事征西大將軍合州刺史增邑五百戶七年徙都督豫建光朔合北徐六州諸軍事豫州刺史鎭壽陽侍中散騎常侍持節將軍儀同鼓吹扶並如故八年十月薨時年五十九贈侍中中權大將軍司空謚曰威子玩嗣

淳于量字思明其先濟北人也世居京師父文成

仕梁爲將帥官至光烈將軍梁州刺史量少善自居處偉姿容有幹略便弓馬梁元帝爲荆州刺史文成分量人馬令往事焉起家湘東王國常侍兼西中郎府中兵參軍累遷府佐常兼中兵直兵者十餘載兵甲士卒盛於府中荆雍之界蠻左數反山帥文道期積爲邊患中兵王僧辯征之頻戰不利遣量助之量至與僧辯并力大破道期斬其酋長俘虜萬計以功封廣晉縣男邑三百戶授涪陵太守歷爲新興武寧二郡太守侯景之亂梁元帝凡遣五軍入援京邑量預其一臺城陷量還荆州元帝承制以量爲假節通直散騎常侍都督巴州諸軍事信威將軍巴州刺史侯景西上攻巴州元帝使都督王僧辯入據巴陵量與僧辯并力拒景大敗景軍擒其將任約進攻郢州獲宋子仙仍隨僧辯克平侯景承聖元年以功授左衞將軍封謝沐縣侯邑五百戶尋出爲持節都督桂定東西寧等四州諸軍事信威將軍安遠護軍桂州刺史荆

州陷量保據桂州王琳擁割湘郢累遣召量量外雖與琳往來而別遣使從間道歸於高祖高祖受禪授持節散騎常侍平西大將軍給鼓吹一部都督刺史並如故尋進號鎮南將軍仍授都督鎮西大將軍開府儀同三司世祖嗣位進號征南大將軍王琳平後頻請入朝天嘉五年徵爲中撫大將軍常侍儀同鼓吹並如故量所部將帥多戀本生並欲逃入山谷不願入朝世祖使湘州刺史華皎征衡州界黃洞且以兵迎

量天康元年至都以在道淹留爲有司所奏免儀同餘並如故光大元年給鼓吹一部華皎構逆以量爲使持節征南大將軍西討大都督揔率大艦自郢州樊浦拒之皎平并降周將長胡公拓跋定等以功授侍中中軍大將軍開府儀同三司進封醴陵縣公增邑一千戶未拜出爲使持節都督南徐州諸軍事鎮北將軍南徐州刺史侍中儀同鼓吹並如故太建元年進號征北大將軍給扶三年坐就江陰王蕭季卿買梁陵中樹季卿坐免量免侍中尋復加侍中五年徵爲中護大將軍侍中儀同鼓吹扶並如故吳明徹之西伐也量贊成其事遣第六子本率所領從軍淮南克定量改封始安郡公增邑一千五百戶六年出爲使持節都督郢巴南司定四州諸軍事征西大將軍郢州刺史侍中儀同鼓吹扶並如故七年徵爲中軍大將軍護軍將軍九年以公事免侍中尋復加侍中十年吳明徹陷没加量使持節都督水陸諸軍事仍授散騎

常侍都督南北兗譙三州諸軍事車騎將軍南兗州刺史餘並如故十三年加左光祿大夫增邑五百戶餘並如故十四年四月薨時年七十二贈司空

章昭達字伯通吳興武康人也祖道蓋齊廣平太守父法尚梁揚州議曹從事昭達性倜儻輕財尚氣少時嘗遇相者謂昭達曰卿容貌甚善須小虧損則當富貴梁大同中昭達爲東宮直後因醉墜馬鬢角小傷昭達喜之相者曰未也

及侯景之亂昭達率募鄉人援臺城爲流矢所中眇其一目相者見之曰卿相善矣不久當貴京城陷昭達還鄉里與世祖遊因結君臣之分侯景平世祖爲吳興太守昭達杖策來謁世祖世祖見之大喜因委以將帥恩寵優渥超於儕等及高祖討王僧辯令世祖還長城招聚兵衆以備杜龕頻使昭達往京口稟承計畫僧辯誅後龕遣其將杜泰來攻長城世祖拒之命昭達揔知城內兵事及杜泰退走因從世祖東進軍

吳興以討杜龕龕平又從世祖東討張彪於會稽克之累功除明威將軍定州刺史是時留異擁據東陽私署守宰高祖患之乃使昭達爲長山縣令居其心腹永定二年除武康令世祖嗣位除員外散騎常侍天嘉元年追論長城之功封欣樂縣侯邑一千戶尋隨侯安都等拒王琳于沌口戰于蕪湖昭達乘平虜大艦中流而進先鋒發拍中于賊艦王琳平昭達冊勳第一二年除使持節散騎常侍都督郢巴武沅四州諸

軍事智武將軍郢州刺史增邑并前千五百戶尋進號平西將軍周迪據臨川反詔令昭達便道征之及迪敗走徵爲護軍將軍給鼓吹一部改封邵武縣侯增邑并前二千戶常侍如故四年陳寶應納周迪復共寇臨川又以昭達爲都督討迪至東興嶺而迪又退走昭達仍踰嶺頓于建安以討陳寶應寶應據建安晉安二郡之界水陸爲柵以拒官軍昭達與戰不利因據其上流命軍士伐木帶枝葉爲筏施拍於其上綴以大索相次列營夾

于兩岸寶應數挑戰昭達按甲不動俄而暴雨江水大長昭達放筏衝突寶應水柵水柵盡破又出兵攻其步軍方大合戰會世祖遣余孝頃出自海道適至因并力乘之寶應大潰遂克定閩中盡擒留異寶應等以功授鎭前將軍開府儀同三司初世祖嘗夢昭達升於台鉉及旦以夢告之至是侍醼世祖顧昭達曰卿憶夢不何以償夢昭達對曰當効犬馬之用以盡臣節自餘無以奉償尋又出爲使持節都督江

郢吳三州諸軍事鎮南將軍江州刺史常侍儀同鼓吹如故廢帝即位遷侍中征南將軍改封邵陵郡公華皎之反也其移書文檄並假以昭達爲辭又頻遣使招之昭達盡執其使送于京師皎平進號征南大將軍增邑幷前二千五百戶秩滿徵爲中撫大將軍侍中儀同鼓吹如故高宗即位進號車騎大將軍以還朝遲留爲有司所劾降號車騎將軍歐陽紇據有嶺南反詔昭達都督衆軍討之昭達倍道兼行達于始興紇

聞昭達奄至恇擾不知所爲乃出頓洭口多聚沙石盛以竹籠置于水柵之外用遏舟艦昭達居其上流裝艦造拍以臨賊柵又令軍人銜刀潛行水中以斫竹籠籠篾皆解因縱大艦隨流突之賊衆大敗因而擒紇送于京師廣州平以功進車騎大將軍遷司空餘並如故太建二年率師征蕭巋于江陵時蕭巋與周軍大蓄舟艦於青泥中昭達分遣偏將錢道戢程文季等乘輕舟襲之焚其舟艦周兵又於峽下南

岸築壘名曰安蜀城於江上橫引大索編葦爲橋以度軍糧昭達乃命軍士爲長戟施於樓船之上仰割其索索斷糧絕因縱兵以攻其城降之三年遘疾薨時年五十四贈大將軍增邑五百戶給班劒二十人昭達性嚴刻每奉命出征必晝夜倍道然有所克捷必推功將帥廚膳飲食並同於群下將士亦以此附之每飲會必盛設女伎雜樂備盡羌胡之聲音律姿容並一時之妙雖臨對寇敵旗鼓相望弗之廢也四年

配享世祖廟庭子大寶襲封邵陵郡公累官至散騎常侍護軍出爲豐州刺史在州貪縱百姓怨酷後主以太僕卿李暈代之至德三年四月暈將到州大寶乃襲殺暈舉兵反遣其將楊通寇建安建安內史吳慧覺據郡城拒之通累攻不克官軍稍近人情離異大寶計窮乃與通俱逃臺軍主陳景詳率兵追躡大寶既入山山路阻險不復能行通背負之稍進尋爲追兵所及生擒送都於路死傳首梟于朱雀航

夷三族

史臣曰黃法𣰰淳于量值梁末喪亂劉項未分其有辯明暗見是非者蓋鮮二公達向背之理位至鼎司亦其智也昭達與世祖鄉壤惟舊義等鄧蕭世祖纂曆委任隆重至於戰勝攻取累平寇難斯亦良臣良將一代之吳耿矣

列傳第五　　陳書十一

列傳第六　陳書十二

散騎常侍姚　思廉　撰

胡穎

徐度　子敬成

杜稜

沈恪

胡穎字方秀吳興東遷人也其先寓居吳興土斷為民穎偉姿容性寬厚梁世仕至武陵國侍郎東宮直前出番禺征討俚洞廣州西江督護高祖在廣州穎仍自結高祖高祖與其同郡接遇甚隆及南征交阯穎從行役餘諸將帥皆出其下及平李賁高祖旋師穎隸在西江出兵多以穎留守侯景之亂高祖克元景仲仍渡嶺援臺平蔡路養李遷仕穎皆有功歷平固遂興二縣令高祖進軍頓西昌以穎為巴丘縣令鎮大皐督糧運下至豫章以穎監豫章郡高祖率衆與王僧辯會於白茅灣同討侯景以穎知留府事梁承聖初元帝授穎假節鐵騎將軍羅州刺

史封漢陽縣侯邑五百戶尋除豫章內史隨高祖鎮京口齊遣郭元建出關都督侯瑱率師禦之高祖選府內驍勇三千人配穎令隨瑱於東關大破之元建三年高祖圍廣陵齊人東方光據宿預請降以穎為五原太守隨杜僧明援光不克退還除曲阿令尋領馬軍從高祖襲王僧辯又隨周文育於吳興討杜龕紹泰元年除假節都督南豫州諸軍事輕車將軍南豫州刺史太平元年除持節散騎常侍仁威將軍尋兼丹陽尹高祖受禪兼左衛將軍餘如故永定三年隨侯安都征王琳於宮亭破賊帥常衆愛等世祖嗣位除侍中都督吳州諸軍事宣惠將軍吳州刺史不行尋為義興太守將軍如故天嘉元年除散騎常侍吳興太守其年六月卒時年五十四贈侍中中護軍謚曰壯二年配享高祖廟庭子六同嗣穎弟鑠亦隨穎將軍穎卒鑠統其衆歷東海豫章二郡守遷員外散騎常侍隨章昭達南平歐陽紇為廣州東江督護還預北伐除

雄信將軍歷陽太守太建六年卒贈桂州刺史
徐度字孝節安陸人也世居京師少倜儻不拘小節及長姿貌環偉嗜酒好博恒使僮僕屠酤為事梁始興內史蕭介之郡度從之將領士卒征諸山洞以驍勇聞高祖征交趾厚禮招之度乃委質侯景之亂高祖克定廣州平蔡路養破李遷仕計畫多出於度兼統兵甲每戰有功歸至白茅灣梁元帝授寧朔將軍合州刺史侯景平後追錄前後戰功加通直散騎常侍封廣德縣

侯邑五百戶遷散騎常侍高祖鎮朱方除信武將軍蘭陵太守高祖遣衡陽獻王平荊州度率所領從焉江陵陷間行東歸高祖平王僧辯度與侯安都為水軍紹泰元年高祖東討杜龕奉敬帝幸京口以度領宿衛并知留府事徐嗣徽任約等來寇高祖與敬帝還都時賊已據石頭城市鄽居民並在南路去臺遙遠恐為賊所乘乃使度將兵鎮于冶城寺築壘以斷之賊悉衆來攻不能克高祖尋亦救之大敗約等明年嗣徽等又引齊寇濟江度隨衆軍破之於北郊壇以功除信威將軍郢州刺史兼領吳興太守尋遷鎮右將軍領軍將軍徐州緣江諸軍事鎮北將軍南徐州刺史給鼓吹一部周文育侯安都等西討王琳敗績為琳所拘乃以度為前軍都督鎮于南陵世祖嗣位遷侍中中撫軍將軍開府儀同三司進爵為公未拜出為使持節散騎常侍鎮東將軍吳郡太守天嘉元年增邑千戶以平王琳功改封湘東郡公邑四千戶秩滿為

侍中中軍將軍出為使持節都督會稽東陽臨海永嘉新安新寧信安晉安建安九郡諸軍事鎮東將軍會稽太守未行而太尉侯瑱薨于湘州乃以度代瑱為都督湘沅武巴郢桂六州諸軍事鎮南將軍湘州刺史秩滿為侍中中軍大將軍儀同鼓吹並如故世祖崩度預顧命以甲仗五十人入殿省廢帝即位進位司空華皎據湘州反引周兵下至沌口與王師相持乃加度使持節車騎將軍揔督步軍自安成郡由嶺路

出于湘東以襲湘州盡獲其所留軍人家口以
歸光大二年薨時年六十贈太尉給班劒二十
人謚曰忠肅太建四年配享高祖廟庭子敬
成嗣
敬成幼聰慧好讀書少機警善占對結交文義
之士以識鑒知名起家著作郎永定元年領度
所部士卒隨周文育侯安都征王琳於沌口敗
績爲琳所縶二年隨文育安都得歸除太子舍
人遷洗馬敬成父度爲吳郡太守以敬成監郡

天嘉二年遷太子中舍人拜湘東郡公世子四
年度自湘州還朝士馬精鋭敬成盡領其衆隨
章昭達征陳寶應晉安平除貞威將軍豫章太
守光大元年華晈謀反以敬成爲假節都督巴
州諸軍事雲旗將軍巴州刺史尋詔爲水軍隨
吳明徹征華晈晈平還州太建二年以父憂去
職尋起爲持節都督南豫州諸軍事壯武將軍
南豫州刺史四年襲爵湘東郡公授太子右衛
率五年除貞威將軍吳興太守其年隨都督吳

明徹北討出秦郡別遣敬成爲都督乘金翅自
歐陽引埭上泝江由廣陵齊人皆城守弗敢出
自繁梁湖下淮圍淮陰城仍監北兖州淮泗義
兵相率響應一二日間衆至數萬遂克淮陰山
陽鹽城三郡并連口朐山二戍仍進攻鬱州克
之以功加通直散騎常侍雲旗將軍增邑五百
戶又進號壯武將軍鎮朐山坐於軍中輒科訂
并誅新附免官尋復爲持節都督安元潼三州
諸軍事安州刺史將軍如故鎮宿預七年卒時

年三十六贈散騎常侍謚曰思子敞嗣
杜稜字雄盛吳郡錢塘人也世爲縣大姓稜頗
涉書傳少落泊不爲當世所知遂遊嶺南事梁
廣州刺史新渝侯蕭暎暎卒從高祖恒典書記
侯景之亂命稜將領平蔡路養李遷仕皆有功
軍至豫章梁元帝承制授稜仁威將軍石州刺
史上陌縣侯邑八百戶侯景平高祖鎮朱方稜
監義興琅邪二郡高祖誅王僧辯引稜與侯安
都等共議稜難之高祖懼其泄己乃以手巾絞稜

稜悶絕于地因閉於別室軍發召與同行及僧辯平後高祖東征杜龕等留稜與安都居守徐嗣徽任約引齊寇濟江攻臺城安都與稜隨方抗拒稜晝夜巡警綏撫士卒未嘗解帶賊平以功除通直散騎常侍右衞將軍丹陽尹永定元年加侍中忠武將軍尋遷中領軍侍中將軍如故三年高祖崩世祖在南皖時內無嫡嗣外有彊敵侯瑱侯安都徐度等並在軍中朝廷宿將唯稜在都獨典禁兵乃與蔡景歷等祕不發喪

奉迎世祖事見景歷傳世祖即位遷領軍將軍天嘉元年以預建立之功改封永城縣侯增邑五百戶出爲雲麾將軍晉陵太守加秩中二千石二年徵爲侍中領軍將軍尋遷翊左將軍丹陽尹廢帝即位遷鎮右將軍特進侍中尹如故光大元年解尹量置佐史給扶重授領軍將軍太建元年出爲散騎常侍鎮東將軍吳興太守秩中二千石二年徵爲侍中鎮右將軍尋加特進護軍將軍三年以公事免侍中護軍四年復爲侍中右光祿大夫并給鼓吹一部將軍佐史扶並如故稜歷事三帝並見恩寵末年不預征役優遊京師賞賜優洽頃之卒于官時年七十贈開府儀同三司喪事所須並令資給諡曰成其年配享高祖廟庭子安世嗣

沈恪字子恭吳興武康人也深沈有幹局梁新渝侯蕭映爲郡將召爲主簿映遷北徐州恪隨映之鎮映遷廣州以恪兼府中兵參軍常領兵討伐俚洞盧子略之反也恪拒戰有功除中

兵參軍高祖與恪同郡情好甚暱蕭映卒後高祖南討李賁仍遣妻子附恪還鄉尋補東宮直後以嶺南勳除員外散騎侍郎仍令招集宗從子弟侯景圍臺城恪率所領入臺隨例加右軍將軍賊起東西二土山以逼城城內亦作土山以應之恪爲東土山主晝夜拒戰以功封東興縣侯邑五百戶遷員外散騎常侍京城陷恪間行歸鄉里高祖之討侯景遣使報恪乃於東起兵相應賊平恪謁高祖於京口即日授都軍副

尋爲君司馬及高祖謀討王僧辯恪預其謀時
僧辯女壻杜龕鎮吴興高祖乃使世祖還長城
立柵備龕又使恪還武康招集兵衆及僧辯誅龕
果遣副將杜泰率衆襲世祖於長城恪時已率
兵士出縣誅龕黨與高祖尋遣周文育來援長
城文育至泰乃遁走世祖仍與文育進軍出郡
恪軍亦至屯于郡南及龕平世祖襲東揚州刺
史張彪以恪監吴興郡太平元年除宣猛將軍
交州刺史其年遷永嘉太守不拜復令監吴興

郡自吴興入朝高祖受禪使中書舍人劉師知
引恪令勒兵入辭因衞敬帝如別宮恪乃排闥
入見高祖叩頭謝曰恪身經事蕭家來今日不
忍見許事分受死耳決不奉命高祖嘉其意乃
不復逼更以盪主王僧志代之高祖踐祚除吴
興太守永定二年徙監會稽郡會余孝頃謀應
王琳出兵臨川攻周迪以恪爲壯武將軍率兵
踰嶺以救迪余孝頃聞恪至退走三年遷使持
節通直散騎常侍智武將軍吴州刺史便道之

鄱陽尋有詔追還行會稽郡事其年除散騎常
侍忠武將軍會稽太守世祖嗣位進督會稽東
陽新安臨海永嘉建安晉安新寧信安九郡諸
軍事將軍太守如故天嘉元年增邑五百戶二
年徵爲左衞將軍俄出爲都督郢武巴定四州
諸軍事軍師將軍郢州刺史六年徵爲中護軍
尋遷護軍將軍光大二年遷使持節都督荆武
祐三州諸軍事平西將軍荆州刺史未之鎮改
爲護軍將軍高宗即位加散騎常侍都督廣衡

東衡交越成定新合羅愛德宜黄利安石雙等
十八州諸軍事鎮南將軍平越中郎將廣州刺
史恪未至嶺前刺史歐陽紇舉兵拒險恪不得
進朝廷遣司空章昭達督衆軍討紇紇平乃得
入州州罹兵荒所在殘毀恪綏懷安緝被以恩
惠嶺表賴之太建四年徵爲領軍將軍及代還
以途遠不時至爲有司所奏免十一年起爲散
騎常侍衞尉卿其年授平北將軍假節監南兗
州十二年改授散騎常侍翊右將軍監南徐州

又遣電威將軍裴子烈領馬五百匹助恪緣江防戍明年入爲衞尉卿常侍將軍如故尋加侍中遷護軍將軍後主即位以疾改授散騎常侍特進金紫光祿大夫其年卒時年七十四贈翊左將軍詔給東園祕器仍出舉哀喪事所須並令資給謚曰元子法興嗣

史臣曰胡穎徐度杜稜沈恪並附騏驥而騰躍依日月之光輝始覯王佐之才方悟公輔之量生則肉食終以配饗盛矣哉

列傳第六　陳書十二

列傳第七　陳書十三

徐世譜　散騎常侍姚　思廉　撰

魯悉達

周敷

荀朗 子法尚

周炅

徐世譜字興宗巴東魚復人也世居荆州爲主帥征伐蠻蜒至世譜尤敢勇有膂力善水戰梁元帝之爲荆州刺史世譜將領鄉人事焉侯景之亂因預征討累遷至員外散騎常侍尋領水軍從司徒陸法和討景與景戰於赤亭湖時景軍甚盛世譜乃別造樓船拍艦火舫水車以益軍勢將戰又乘大艦居前大敗景軍生擒景將任約景退走因隨王僧辯攻郢州世譜復乘大艦臨其倉門賊將宋子仙據城降以功除使持節信武將軍信州刺史封魚復縣侯邑五百戶仍隨僧辯東下恒爲軍鋒又破景將侯子鑒於

湖熟侯景平後以功除通直散騎常侍衡州刺史資鎮河東太守增邑并前一千戶西魏來寇荆州世譜鎮馬頭岸據有龍州元帝授侍中使持節都督江南諸軍事鎮南將軍護軍將軍給鼓吹一部江陵陷沒世譜東下依侯瑱紹泰元年徵爲侍中左衛將軍高祖之拒王琳其水戰之具悉委世譜世譜性機巧諳解舊法所造器械並隨機損益妙思出人永定二年遷護軍將軍世祖嗣位加特進進號安右將軍天嘉元年增邑五百戶二年出爲使持節散騎常侍都督宣城郡諸軍事安西將軍宣城太守秩中二千石還爲安前將軍右光祿大夫尋以疾失明謝病不朝四年卒時年五十五贈本官諡曰桓侯世譜從弟世休隨世譜自梁征討亦有戰功官至員外散騎常侍安遠將軍枳縣侯邑八百戶光大二年隸都督淳于量征華皎卒贈通直散騎常侍諡曰壯

魯悉達字志通扶風郿人也祖斐齊通直散騎

常侍安遠將軍衡州刺史陽塘侯父益之梁雲麾將軍新蔡義陽二郡太守悉達幼以孝聞起家爲梁南平嗣王中兵參軍侯景之亂悉達糾合鄉人保新蔡力田蓄穀時兵荒饑饉京都及上川餓死者十八九有得存者皆攜老幼以歸焉悉達分給粮廩其所濟活者甚衆仍於新蔡置頓以居之招集晉熙等五郡盡有其地使其弟廣達領兵隨王僧辯討侯景景平梁元帝授持節仁威將軍散騎常侍北江州刺史敬帝即

位王琳據有上流留異余孝頃周迪等所在鋒起悉達撫綏五郡甚得民和士卒皆樂爲之用琳授悉達鎮北將軍高祖亦遣趙知禮授征西將軍江州刺史各送鼓吹女樂悉達兩受之遷延顧望皆不就高祖遣安西將軍沈泰潛師襲之不能克齊遣行臺慕容紹宗以衆三萬來攻鬱口諸鎮兵甲甚盛悉達與戰敗齊軍紹宗僅以身免王琳欲圖東下以悉達制其中流恐爲已患頻遣使招誘悉達終不從琳不得下乃

連結於齊共爲表裏齊遣清河王高岳助之相持歲餘會裨將梅天養等懼罪乃引齊軍入城悉達勒麾下數千人濟江而歸高祖高祖見之甚喜曰來何遲也悉達對曰臣鎮撫上流願爲蕃屏陛下授臣以官恩至厚矣沈泰襲臣威亦深矣然臣所以自歸於陛下者誠以陛下豁達大度同符漢祖故也高祖嘆曰卿言得之矣授平南將軍散騎常侍北江州刺史封彭澤縣侯世祖即位進號安左將軍悉達雖仗氣任俠不

以富貴驕人雅好詞賦招禮才賢與之賞會遷安南將軍吳州刺史遭母憂哀毀過禮因遘疾卒時年三十八贈安左將軍江州刺史謚曰孝侯子覽嗣弟廣達別有傳

周敷字仲遠臨川人也爲郡豪族敷形貌眇小如不勝衣而膽力勁果超出時輩性豪俠輕財重士鄉黨少年任氣者咸歸之侯景之亂鄉人周續合徒衆以討賊爲名梁内史始興藩王蕭毅以郡讓續續所部内有欲侵掠於毅敷擁護

之親率其黨捍衞送至豫章時觀寧侯蕭永長樂侯蕭基豐城侯蕭泰避難流寓聞敷信義皆往依之敷愍其危懼屈體崇敬厚加給卹送之西上俄而續部下將帥爭權復反殺續以降周迪迪素無簿閥恐失衆心倚敷族望深求交結敷未能自固事迪甚恭迪大憑仗之漸有兵衆迪據臨川之工塘敷鎮臨川故郡侯景平梁元帝授敷使持節通直散騎常侍信武將軍寧州刺史封西豐縣侯邑一千戶高祖受禪王琳

據有上流余孝頃與琳黨李希欽等共圍周迪敷大致人馬以助於迪迪擒孝頃等敷功居多熊曇朗之殺周文育據豫章將兵萬餘人襲敷徑至城下敷與戰大敗之追奔五十餘里曇朗單馬獲免盡收其軍實曇朗走巴山郡收合餘黨敷因與周迪黃法𣰰等進兵圍曇朗屠之王琳平授散騎常侍平西將軍豫章太守是時南江酋帥並顧戀巢窟私署令長不受召朝廷未遑致討但羈縻之唯敷獨先入朝天嘉二年

詣闕進號安西將軍給鼓吹一部賜以女樂令還鎮豫章周迪以敷素出己下超致顯貴深不平乃舉兵反遣弟方興以兵襲敷敷與戰大破方興仍率衆從都督吳明徹攻迪破之擒其弟方興并諸渠帥詔以敷爲安西將軍臨川太守餘並如故尋徵爲使持節都督南豫北江二州諸軍事鎮南將軍南豫州刺史增邑五百戶常侍鼓吹如故五年迪又收合餘衆還襲東興世祖遣都督章昭達征迪敷又從軍至定川縣

與迪相對迪紿敷曰吾昔與弟勠力同心宗從匪他豈規相害今願伏罪還朝因弟披露心腑先乞挺身共立盟誓敷許之方登壇爲迪所害時年三十五詔曰使持節散騎常侍都督南豫州緣江諸軍事鎮南將軍南豫州刺史西豐縣開國侯敷受任遐征淹時違律虛衿姦詭遂貽喪什但夙著勤誠亟勞戎旅猶深惻愴愍悼于懷可存其茅賦量所賻卹還葬京邑謚曰脫子智安嗣敷兄冢共敷據本鄉亦授臨川太守

荀朗字深明潁川潁陰人也祖延祖梁潁川太守父伯道衛尉卿朗少慷慨有將帥大略起家梁廬陵王行參軍侯景之亂朗招率徒旅據巢湖間無所屬臺城陷後簡文帝密詔授朗雲麾將軍豫州刺史令與外藩討景景使儀同宋子仙任約等頻往征之朗據山立砦自守子仙不能克時京師大饑百姓皆於江外就食朗更招致部曲解衣推食以相賑贍衆至數萬人侯景敗於巴陵朗出自濡須截景破其後軍王僧辯

東討朗遣其將范寶勝及弟曉領兵三千助之侯景平後又別破齊將郭元建於踟躕山梁承聖三年率部曲萬餘家濟江入宣城郡界立頓梁元帝授朗持節通直散騎常侍安南將軍都督南兗州諸軍事南兗州刺史未行而荊州陷高祖入輔齊遣蕭軌東方老等來寇據石頭城朗自宣城來赴因與侯安都等大破齊軍永定元年賜爵興寧縣侯邑二千戶以朗兄昂爲左衞將軍弟晷爲太子右衞率尋遣朗隨世祖拒

王琳於南皖高祖崩宣太后與舍人蔡景歷祕不發喪朗弟曉在都微知之乃謀率其家兵襲臺事覺景歷殺曉仍繫其兄弟世祖即位並釋之因厚撫慰朗令與侯安都等共拒王琳琳平遷使持節安北將軍散騎常侍都督霍晉合三州諸軍事合州刺史天嘉六年卒時年四十八贈南豫州刺史謚曰壯子法尚嗣

法尚少倜儻有文武幹略起家江寧令襲爵興寧縣侯太建五年隨吳明徹北伐尋授通直散

騎侍郎除涇令歷梁安城太守禎明中爲都督郢巴武三州諸軍事郢州刺史及隋軍濟江法尚降于漢東道元帥秦王入隋歷邵觀綿豐四州刺史巴東燉煌二郡太守

周炅字文昭汝南安成人也祖疆齊太子舍人梁州刺史父靈起梁通直散騎常侍廬桂二州刺史保城縣侯炅少豪俠任氣有將帥才梁大同中爲通直散騎侍郎朱衣直閤太清元年出爲弋陽太守侯景之亂元帝承制改授西陽太

守封西陵縣伯景遣兄子思穆據守齊安炅率驍勇襲破思穆擒斬之以功授持節高州刺史是時炅據武昌西陽二郡招聚卒徒甲兵甚盛景將任約來據樊山炅與寧州長史徐文盛擊約斬其部將叱羅子通趙迦婁等因乘勝追之頻克約衆殆盡承聖元年遷使持節都督江定二州諸軍事戎昭將軍江州刺史進爵爲侯邑五百户高祖踐祚王琳擁據上流炅以州從之及王琳遣其將曹慶等攻周迪仍使炅將兵掎角而進爲侯安都所敗擒炅送都世祖釋炅授戎威將軍定州刺史帶西陽武昌二郡太守天嘉二年留異據東陽反世祖召炅還都欲令討異未至而異平炅還本鎮天康元年預平華晈之功授員外散騎常侍太建元年遷持節龍驤將軍通直散騎常侍五年進授使持節西道都督安蘄江衡司定六州諸軍事安州刺史改封龍源縣侯增邑并前一千户其年隨都督吳明徹北討所向克捷一月之中獲十二城齊遣尚書

左丞陸騫以衆二萬出自巴蘄與炅相遇炅留羸弱輜重設疑兵以當之身率精鋭由間道邀其後大敗騫軍虜獲器械馬驢不可勝數進攻巴州克之於是江北諸城及穀陽士民並誅渠帥以城降進號和戎將軍散騎常侍增邑并前一千五百户仍敕追炅入朝初蕭詧定州刺史田龍升以城降詔以爲振遠將軍定州刺史封赤亭王及炅入朝龍升以江北六州七鎮叛入于齊齊遣歷陽王高景安帥師應之於是令炅爲江北道大都督摠統衆軍以討龍升龍升使弋陽太守田龍琰率衆二萬陣於亭川高景安於水陵陰山爲其聲援龍升引軍別營山谷炅乃分兵各當其軍身率驍勇先擊龍升龍升大敗龍琰望塵而奔並追斬之高景安遁走盡復江北之地以功增邑并前二千户進號平北將軍定州刺史持節都督如故仍賜女妓一部太建八年卒官時年六十四贈司州刺史封武昌郡公謚曰壯子法僧嗣官至宣城太守

史臣曰彼數子者或驅馳前代或擁據故鄉並識運知歸因機景附位升列牧爵致通矦美矣昔張耳陳餘自同於至戚周敷周迪亦誓等暱親尋鋒刃而誅殘斯甚夫胡越矣雖隙因於勢利何其鄙歟

列傳第七

列傳第八　陳書十四

散騎常侍姚　思廉　撰

衡陽獻王昌

南康愍王曇朗 子方泰 方亮

衡陽獻王昌字敬業高祖第六子也梁太清末高祖南征李賁命昌與宣后隨沈恪還吳興及高祖東討侯景昌與宣后世祖並爲景所囚景平拜長城國世子吳興太守時年十六昌容貌偉麗神情秀朗雅性聰辯明習政事高祖遣陳郡謝哲濟陽蔡景歷輔昌爲郡又遣吳郡杜之偉授昌以經書昌讀書一覽便誦明於義理剖析如流尋與高宗俱往荊州梁元帝除員外散騎常侍荊州陷又與高宗俱遷關右西魏以高祖故甚禮之高祖即位頻遣使請高宗及昌周人許之而未遣及高祖崩乃遣之是時王琳梗於中流昌未得還居于安陸王琳平後天嘉元年二月昌發自安陸由魯山濟江而巴陵王蕭沇等率百僚上表曰臣聞宗子維城隆周之懋軌

封建藩屏有漢之弘規是以卜世斯永寔資邢衛鼎命靈長實賴河楚伏惟陛下神猷光大聖德欽明道高日月德侔造化往者王業惟始天步方艱參奉權謨匡合義烈威略外舉神武內定故以再康禹迹大庇生民者矣及聖武升遐王師遠次皇嗣奠隔繼業靡歸宗祧危殆綴旒非喻既而傳車言反公卿定策纂我洪基光昭景運民心有奉園寢克寧后來其蘇復在茲日物情天意皎然可求王琳逆命連誅歲久今者連結犬羊乘流縱釁舟旗野陣綿江蔽陸兵疲民弊杼軸用空中外騷然藩籬罔固乃旰食當朝憑流授律蒼兕既馳長虵自翦廓清四表澄滌八紘雄圖遐舉仁聲遠暢德化所覃風行草偃故以功深於微禹道大於惟堯豈直社稷用寧斯乃黔黎是賴第六皇弟昌近以妙年出質提挈寇手偏隔關徼旋踵未由陛下天倫之愛既深克讓之懷常切伏以大德無私至公有在豈得徇匹夫之恒情忘王業之大計憲章故實

式遵典禮欽若姬漢建樹賢戚湘中地維形勝控帶川阜扞城之寄匪親勿居宜啓服衡疑兼崇徽飾臣等參議以爲使持節散騎常侍都督湘州諸軍事驃騎將軍湘州牧封衡陽郡王邑五千戸加給阜輪三望車後部鼓吹一部班劍二十人啓可奉行詔曰可三月入境詔令主書舍人緣道迎接景子濟江於中流船壞以溺薨四月庚寅喪柩至京師上親出臨哭乃下詔曰夫寵章所以嘉德禮數所以崇親乃歷代之

通規固前王之令典新除使持節散騎常侍都督湘州諸軍事驃騎將軍湘州牧衡陽王昌明哲在躬珪璋早秀孝敬內湛聰睿外宣梁季艱虞宗社顛墜西京淪覆陷身關隴及鼎業初基外蕃逆命聘問斯阻音介莫通睠彼機橋將隣烏白今者羣公勠力多難廓清輕傳入郛無勞假道周朝敦其繼好駿駕歸來欣此朝聞庶歡昏定報施徒語曾莫輔仁人之云亡殄悴斯在奄焉薨殞倍增傷悼津門之慟空在桓岫之切

不追靜言念之心焉如割宜隆懋典以協徽猷可贈侍中假黃鉞都督中外諸軍事太宰揚州牧給東園溫明祕器九旒鑾輅黃屋左纛武賁班劍百人轀輬車前後部羽葆鼓吹葬送之儀一依漢東平憲王齊豫章文獻王故事仍遣大司空持節迎護喪事大鴻臚副其羽衛殯送所須隨由備辦謚曰獻無子世祖以第七皇子伯信爲嗣

南康愍王曇朗高祖母弟忠壯王休先之子也

休先少倜儻有大志梁簡文之在東宮深被知遇太清中旣納侯景有事北方乃使休先召募得千餘人授文德主帥頃之卒高祖之有天下也每稱休先曰此弟若存河洛不足定也梁敬帝即位追贈侍中使持節驃騎將軍南徐州刺史封武康縣公邑一千戸高祖受禪追贈侍中車騎大將軍司徒封南康郡王邑二千戸謚曰忠壯曇朗少孤尤爲高祖所愛寵踰諸子有膽力善綏御侯景平後起家爲著作佐郎高祖北

濟江圍廣陵宿預人東方光據鄉建義乃遣曇
朗與杜僧明自淮入泗應赴之齊援大至曇朗
與僧明築壘抗禦尋奉命班師以宿預義軍三
萬家濟江高祖誅王僧辯留曇朗鎮京口知留
府事紹泰元年除中書侍郎監南徐州二年徐
嗣徽任約引齊寇攻逼京邑尋而請和求高祖
子姪爲質時四方州郡並多未賓京都虛弱粮
運不繼在朝文武咸願與齊和親高祖難之而
重違衆議乃言於朝曰孤謬輔王室而使蠻夷

猾夏不能戡殄何所逃責今在位諸賢且欲息
肩偃武與齊和好以靜邊疆若違衆議必謂孤
惜子姪今決遣曇朗弃之寇庭且齊人無信窺
窬不已謂我浸弱必當背盟齊寇若來諸君須
爲孤力鬬也高祖慮曇朗憚行或奔竄東道乃
自率步騎往京口迎之以曇朗還京師仍使爲
質於齊齊果背約復遣蕭軌等隨嗣徽渡江
高祖與戰大破之虜蕭軌東方老等齊人請割
地并入馬牛以贖之高祖不許及軌等誅齊人

亦害曇朗于晉陽時年二十八是時既與齊絕弗
之知也高祖踐祚猶以曇朗襲封南康郡王奉
忠壯王祀禮秩一同皇子天嘉二年齊人結好
方始知之世祖詔曰夫追遠愼終抑聞前誥南
康王曇朗明哲懋親蕃維是屬入質北齊用紓
時難皇運兆興未獲旋反永言跂予日夜不忘
齊使始至凶問奄及追懷痛悼兼倍常情宜隆
寵數以光恒序可贈侍中安東將軍開府儀同
三司南徐州刺史謚曰愍乃遣兼郎中令隨聘

使江德藻劉師知迎曇朗喪柩以三年春至都
初曇朗未質於齊生子方泰方慶及將適齊以
二妾自隨在北又生兩子方華方曠亦同得還
方泰少麤獷與諸惡少年羣聚遊逸無度世祖
以南康王故特寛貰之天嘉元年詔曰南康王
曇朗出隅齊庭反身莫測國嗣方修負饗須主
可以長男方泰爲南康世子嗣南康王後聞曇
朗薨於是襲爵南康嗣王尋爲仁威將軍丹陽
尹置佐史太建四年遷使持節都督廣衡交越

成定明新合羅德宜黃利安建石嶸十九州諸軍事平越中郎將廣州刺史爲政殘暴爲有司所奏免官尋起爲仁威將軍置佐史六年授持節都督豫章郡諸軍事豫章內史在郡不修民事秩滿之際屢放部曲爲劫又縱火延燒邑居因行暴掠驅録富人徵求財賄代至又淹留不還至都詔以爲宗正卿將軍佐史如故未拜爲御史中丞宗元饒所劾免官以王還第十一年起爲寧遠將軍直殿省尋加散騎常侍量置佐

史其年八月高宗幸大壯觀因大閱武命都督任忠領步騎十萬陳於玄武湖都督陳景領樓艦五百出于瓜步江高宗登玄武門觀宴羣臣以觀之因幸樂遊苑設絲竹會仍重幸大壯觀集衆軍振旅而還是時方泰當從啓稱所生母疾不行因與亡命楊鍾期等二十人微服往民間淫人妻爲州所録又率人仗抗拒傷禁司爲有司所奏上大怒下方泰獄方泰初但承行淫不承拒格禁司上曰不承則上測方泰乃投列

承引於是兼御史中丞徐君敷奏曰臣聞王者之心匪漏網而私物至治之本無屈法而申慈謹案南康王陳方泰宗屬雖遠幸託葭莩剌舉莫成共治罕績聖上弘以悔往許其録用宮闈寄切宿衛是尸豈有金門旦啓玉輿曉蹕百司馳騖千隊騰驤憚此翼從之勞妄與晨昏之請飜以危冠淇上袨服桑中臣子之愆莫斯爲大宜從霜簡允寘冬官臣等參議請依見事解方泰所居官下宗正削爵土謹以白簡奏聞上可

其奏尋復本官爵禎明初遷侍中將軍如故三年隋師濟江方泰與忠武將軍南豫州刺史樊猛左衛將軍蔣元遜領水軍於白下往來斷遏江路隋遣行軍元帥長史高熲領船艦泝流當之猛及元遜並降方泰所部將士離散乃弃船走及臺城陷與後主俱入關隋大業中爲掖令

方慶少清警涉獵書傳及長有幹略天嘉中封臨汝縣侯尋爲給事中太子洗馬權兼宗正卿直殿省太建九年出爲輕車將軍假節都督定

州諸軍事定州刺史秩滿又爲散騎常侍兼宗正卿至德二年進號智武將軍武州刺史初廣州刺史馬靖久居嶺表大得人心士馬彊盛朝廷疑之至是以方慶爲仁威將軍廣州刺史以兵襲靖靖誅進號宣毅將軍方慶性清謹甚得民和四年進號雲麾將軍禎明三年隋師濟江衡州刺史王勇遣高州刺史戴智烈將五百騎迎方慶欲令承制揔督征討諸軍事是時隋行軍揔管韋洸帥兵度嶺宣隋文帝敕云若嶺

南平定留勇與豐州刺史鄭萬頃且依舊職方慶聞之恐勇責己乃不從率兵以拒智烈智烈與戰敗之斬方慶於廣州虜其妻子王勇太建中爲晉陵太守在職有能名方慶之襲馬靖也朝廷以勇爲超武將軍東衡州刺史領始興内史以爲方慶聲勢靖誅以功封龍陽縣子及隋軍臨江詔授勇使持節光勝將軍揔督衡廣交桂武等二十四州諸軍事平越中郎將仍入援會京城陷勇因移檄管内徵兵據守使其同

産弟鄧暠將兵五千頓于嶺上又遣使迎方慶欲假以爲名而自執兵要及方慶敗績虜其妻子收其貲産分賞將帥又令其將王仲宣曾孝武迎西衡州刺史衡陽王伯信伯信懼奔于清遠郡孝武追殺之是時韋洸兵已上嶺豐州刺史鄭萬頃據州不受勇召而高梁女子洗氏舉兵以應隋軍攻陷傍郡勇計無所出乃以其衆降行至荆州道病卒隋贈大將軍宋州刺史歸仁縣公鄭萬頃滎陽人梁司州刺史紹叔之族

子也父旻梁末入魏萬頃通達有材幹周武帝時爲司城大夫出爲温州刺史至德中與司馬消難來奔拜散騎常侍昭武將軍豐州刺史在州甚有惠政吏民表請立碑詔許焉初萬頃之在周深被隋文帝知遇及隋文踐祚常思還北及王勇之殺方慶萬頃乃率州兵拒勇遣使由間道降于隋軍拜上儀同尋卒

史臣曰獻愍二王聯華霄漢或褱子之寵或猶子之寵而機橋爲阻驂駕無由有隔於休辰終

之以早世悲夫

列傳第八　　陳書十四

列傳第九　陳書十五

散騎常侍姚　思廉　撰

陳擬

陳詳

陳慧紀

陳擬字公正高祖疎屬也少孤貧性質直彊記高祖南征交趾擬從焉及進討侯景至豫章以擬爲羅州刺史與胡頴共知後事并應接軍糧高祖作鎮朱方擬除步兵校尉曲阿令紹泰元

年授貞威將軍義興太守二年入知衞尉事除員外散騎常侍明威將軍雍州刺史資監南徐州高祖踐祚詔曰維城宗子實固有周盤石懿親用隆大漢故會盟則異姓爲後啓土則非劉勿王所以糾合枝幹廣樹藩屏前王懋典列代恒規從子持節員外散騎常侍明威將軍雍州刺史監南徐州擬持節通直散騎侍郎貞威將軍北徐州刺史褒從子晃炅從孫假節員外散騎常侍明威將軍詡假節信威將軍北徐州刺史吉陽縣開國侯誼假節通直散騎侍郎信武將軍袥假節散騎侍郎雄信將軍青州刺史廣梁太守詳貞威將軍通直散騎侍郎慧紀從孫敬雅敬泰竝枝戚密近劬勞王室宜列河山以光利建擬可永脩縣開國侯褒鍾陵縣開國侯晃建城縣開國侯炅上饒縣開國侯詡虔化縣開國侯誼仍前封袥豫章縣開國侯詳遂興縣開國侯慧紀宜黃縣開國侯敬雅寧都縣開國侯敬泰平固縣開國侯各邑五百戶擬尋除

輕車將軍兼南徐州刺史常侍如故其年授通直散騎常侍中領軍三年復以本官監南徐州世祖嗣位除丹陽尹常侍如故坐事又以白衣知郡尋復本職天嘉元年卒時年五十八贈領軍將軍凶事所須竝官資給謚曰定二年配享高祖廟廷子黨嗣

陳詳字文幾少出家爲桑門善書記談論清雅高祖討侯景召詳令反初服配以兵馬從定京邑高祖東征杜龕詳別下安吉原鄉故鄣三縣

龕平以功授散騎侍郎假節雄信將軍青州刺史資割故鄣廣德置廣梁郡以詳爲太守高祖踐祚改廣梁爲陳留又以爲陳留太守永定二年封遂興縣侯食邑五百戶其年除明威將軍通直散騎常侍三年隨侯安都破王琳將常衆愛於宮亭湖世祖嗣位除宣城太守將軍如故王琳下據柵口詳隨吳明徹襲湓城取琳家口不克因入南湖自鄱陽步道而歸琳平詳與明徹並無功天嘉元年隨例增邑并前一千五百

戶仍除通直散騎常侍兼右衞將軍三年出爲假節都督吳州諸軍事仁威將軍吳州刺史周迪據臨川舉兵詳自州從他道襲迪於濡城別營獲其妻子迪敗走詳還復本鎮五年周迪復出臨川乃以詳爲都督率水步討迪軍至南城與賊相遇戰敗死之時年四十二以所統失律無贈謚子正理嗣

陳慧紀字元方高祖之從孫也涉獵書史負才任氣高祖平侯景慧紀從焉尋配以兵馬景平從征杜龕除貞威將軍通直散騎常侍高祖踐祚封宜黃縣侯邑五百戶除黃門侍郎世祖即位出爲安吉縣令遷明威將軍軍副司空章昭達征安蜀城慧紀爲水軍都督於荆州燒青泥船艦光大元年以功除持節通直散騎常侍宣遠將軍豐州刺史增邑并前一千戶太建十年吳明徹北討敗績以慧紀爲持節智武將軍緣江都督兗州刺史增邑并前二千戶餘如故周軍乘勝據有淮南江外騷擾慧紀收集士卒自

海道還都尋除使持節散騎常侍宣毅將軍都督郢巴二州諸軍事郢州刺史增邑并前二千五百戶至德二年遷使持節散騎常侍雲麾將軍都督荆信二州諸軍事荆州刺史賜女伎一部增邑并前三千戶禎明元年蕭琮尚書左僕射安平王蕭巖晉熙王蕭瓛等率其部衆男女二萬餘口詣慧紀請降慧紀以兵迎之其年以應接之功加侍中金紫光祿大夫開府儀同三司征西將軍增邑并前六千戶餘如故及隋師濟江元

帥清河公楊素下自巴硤慧紀遣其將呂忠肅陸倫等拒之戰敗素進據馬頭是時隋將韓擒虎及賀若弼等已濟江據蔣山慧紀聞之留其長史陳文盛等居守身率將士三萬人樓船千餘乘沿江而下欲趣臺城至漢口為秦王軍所拒不得進因與湘州刺史晉熙王叔文巴州刺史畢寶等請降入隋依例授儀同三司頃之卒子正平頗有文學

史臣曰詩云宗子維城無俾城壞又曰綿綿瓜

瓞葛藟纍之西京皆豐沛故人東都亦南陽多顯有以哉

列傳第九　陳書十五

列傳第十　陳書十六

散騎常侍姚　思廉　撰

趙知禮

蔡景歷

劉師知

謝岐

趙知禮字齊旦天水隴西人也父孝穆梁候官令知禮涉獵文史善隸書高祖之討元景仲也或薦之引為記室參軍知禮為文贍速每占授軍書下筆便就

率皆稱旨由是恒侍左右深被委任當時計畫莫不預知禮亦多所獻替高祖平侯景軍至白茅灣上表於梁元帝及與王僧辯論述軍事其文並知禮所製侯景平授中書侍郎封始平縣子邑三百戶高祖為司空以為從事中郎高祖入輔遷給事黃門侍郎兼衛尉卿高祖受命遷通直散騎常侍直殿省尋遷散騎常侍守太府卿權知領軍事天嘉元年進爵為伯增邑通前七百戶王琳平授持節督吳州諸軍事明威將軍吳州刺史知禮沈靜有謀謨每軍國大事世祖輒令璽書問之秩滿為明威將軍太子右衛率遷右衛將軍領前軍將軍六年卒時年四十七詔贈侍中謚曰忠子允恭嗣

蔡景歷字茂世濟陽考城人也祖點梁尚書左民侍郎父大同輕車岳陽王記室參軍掌京邑行選景歷少俊爽有孝行家貧好學善尺牘工草隸解褐諸王府佐出為海陽令為政有能名侯景亂梁簡文帝為景所幽景歷與南康嗣王

蕭會理謀欲挾簡文出奔事泄見執賊黨王偉保護之獲免因客遊京口侯景平高祖鎮朱方素聞其名以書要之景歷對使人答書筆不停綴文不重改曰蒙降札書曲垂引逮伏覽循回載深欣暢竊以世求名駿行地能致千里時愛奇寶照車遂有徑寸但雲咸斯奏自輟巴渝杞梓方雕豈盼樗櫪仰惟明將軍使君侯節下英才挺茂雄姿秀拔運屬時艱志匡多難振衡岳而綏五嶺滌贛源而澄九派帶甲十萬彊弩

數千誓勤王之師摠義夫之力鯨鯢式翦役不
踰時氛霧廓清士無血刃雖漢誅祿產舉朝寔
賴絳侯晉討約峻中外一資陶牧比事論功彼
奚足筭加以抗威兖服冠蓋通於北門整旆徐
方詠歌溢於東道能使邊亭卧鼓行旅露宿巷
不拾遺市無異價洋洋乎功德政化曠古未儔
諒非膚淺所能殫述是以天下之人向風慕義
接踵披衿雜遝而至矣或帝室英賢貴遊令望
齊楚秀異荆吳岐嶷武夫則猛氣紛紜雄心四

據陸拔山岳水斷虵龍六鈞之弓左右馳射萬
人之劒短兵交接攻壘若文鴦焚艦如黃蓋百
戰百勝貔貅為羣文人則通儒博識英才偉器
雕麗暉煥摛掞絢藻子雲不能抗其筆元瑜
無以高其記尺翰馳而聊城下清談奮而嬴軍
卻復有三河辯客改哀樂於須臾六奇謀士斷
變反於倏忽治民如子賤踐境有成折獄如仲
由片辭從理直言如毛遂能厲主威銜使若相
如不辱君命懷忠抱義感恩徇己誠斷黃金精

貫白日海內雄賢牢籠斯備明將軍徹鞍下馬
推案止食申爵以縈之築館以安之輕財重氣
卑躬厚士盛矣哉盛矣哉抑又聞之戰國將相
咸推引賓遊中代岳牧並盛延僚友濟濟多士
所以成將軍之貴但量能校實稱才任使員行
方止各盡其宜受委責成誰不畢力至如走賤
妄庸人耳秋冬讀書終慙專學刀筆為吏音闕
異等衡門衰素無所聞達薄宦輕貲焉能遠大
自陽九遘屯天步艱阻同彼貴仕溺於巨寇亟

隣危殆備踐薄冰今王道中興慇憂啓運獲存
微命足為幸甚方歡飲啄是謂來蘇然皇鑾未
反宛洛蕪曠四壁固三冨單之餘長夏無半菽之
產遨遊故人聊為借貸屬此樂土洵美忘歸竊
服高義暫謁門下明將軍降以顏色二三士友
假其餘論菅蒯不弃折簡賜留欲以雞鶩廁鴛
鴻於池沼將移瓦礫參金碧之聲價昔折脅
遊秦忽逢盼採檐簦入趙便致留連今雖羈旅
方之非匹樊林之貴何用克堪但眇眇纖蘿憑

喬松以自從茸蠢蠢輕蚋託驂尾而遠騖竊不自
涯願備下走且爲腹背之毛脫充鳴吠之數增
榮改觀爲幸已多海不厭深山不讓高敢布心
腹惟將軍覽焉高祖得書甚加欽賞仍更賜書
報答即日板征北府中記室參軍仍領記室衡
陽獻王時爲吳興郡昌年尚少吳興王之鄉里
父老故人尊卑有數高祖恐昌年少接對乖禮
乃遣景歷輔之承聖中授通直散騎侍郎還掌
府記室高祖將討王僧辯獨與侯安都等數人

謀之景歷弗之知也部分既畢召令草檄景歷
援筆立成辭義感激事皆稱旨僧辯誅高祖輔
政除從事中郎掌記室如故紹泰元年遷給事
黃門侍郎兼掌相府記室高祖受禪遷祕書監
中書通事舍人掌詔誥永定二年坐妻弟劉淹
詐受周寶安餉馬爲御史中丞沈炯所劾降爲
中書侍郎舍人如故三年高祖崩時外有彊寇
世祖鎮于南皖朝無重臣宣后呼景歷及江大
權杜稜定議乃祕不發喪疾召世祖景歷躬共

宦者及內人密營斂服時既暑熱須治梓宮恐
斤斧之聲或聞于外仍以蠟爲祕器文書詔誥
依舊宣行世祖即位復爲祕書監舍人如故以
定策功封新豐縣子邑四百戶累遷散騎常侍
世祖誅侯安都景歷勸成其事天嘉三年以功
遷太子左衞率進爵爲侯增邑百戶常侍舍人
如故六年坐妻兄劉洽依倚景歷權勢前後姦
訛并受歐陽武威餉絹百匹免官廢帝即位起
爲鎮東鄱陽王諮議參軍兼太舟卿華皎反以

景歷爲武勝將軍吳明徹軍司皎平明徹於軍
中輒戮安成內史楊文通又受降人馬仗有不
分明景歷又坐不能匡正被收付治久之獲宥
起爲鎮東鄱陽王諮議參軍高宗即位遷宣惠
豫章王長史帶會稽郡守行東揚州府事秩滿
遷戎昭將軍宣毅長沙王長史尋陽太守行江
州府事以疾辭遂不行入爲通直散騎常侍中
書通事舍人掌詔誥仍復封邑遷太子左衞率
常侍舍人如故太建五年都督吳明徹北伐所

向克捷與周將梁士彥戰於呂梁大破之斬獲萬計方欲進圖彭城是時高宗銳意河南以爲指麾可定景歷諫稱師老將驕不宜過窮遠略高宗惡其沮衆大怒猶以朝廷舊臣不深罪責出爲宣遠將軍豫章內史未行爲飛章所劾以在省之日贓汙狼藉章令有司案問景歷但承其半於是御史中丞宗元饒奏曰臣聞士之行已忠以事上廉以持身苟違斯道刑茲罔赦謹案宣遠將軍豫章內史新豐縣開國侯景歷因

藉多幸豫奉興王皇運權輿頗參締構天嘉之世贓賄狼藉聖恩録用許以更鳴裂壤崇階不遠斯復不能改節自勵以報曲成遂乃專擅貪汙彰於遠近一則已甚其可再乎宜寘刑書以明秋憲臣等參議以見事免景歷所居官下鴻臚削爵土謹奉白簡以聞詔曰可於是徙居會稽及吳明徹敗帝思景歷前言即日追還復以爲征南鄱陽王諮議參軍數日遷員外散騎常侍兼御史中丞復本封爵入守度支尚書舊式拜官在午後景歷拜日適值輿駕幸玄武觀在位皆侍宴帝恐景歷不豫特令早拜其見重如此是歲以疾卒官時年六十贈太常卿諡曰敬十三年改葬重贈中領軍禎明元年配享高祖廟庭二年輿駕親幸其宅重贈景歷侍中中撫將軍諡曰忠敬給鼓吹一部并於墓所立碑景歷屬文不尚雕靡而長於敘事應機敏速爲當世所稱有文集三十卷

劉師知沛國相人也家世素族祖奚之齊晉安

王諮議參軍淮南太守有能政齊武帝手詔頻褒賞父景彥梁尚書左丞司農卿師知好學有當世才博涉書史工文筆善儀體臺閣故事多所詳悉梁世歷王府參軍紹泰初高祖入輔以師知爲中書舍人掌詔誥是時兵亂之後禮儀多闕高祖爲丞相及加九錫并受禪其儀注並師知所定焉高祖受命仍爲舍人性疎簡與物多忤雖位宦不遷而委任甚重其所獻替皆有弘益及高祖崩六日成服朝臣共議大行皇

帝靈座俠御人所服衣服吉凶之制博士沈文阿議宜服吉服師知議云既稱成服本備喪禮靈筵服物皆悉縞素今雖無大行俠御官事按梁昭明太子薨成服俠侍之官悉着縗斬唯着鎧不異此即可擬愚謂六日成服俠靈座須服縗絰中書舍人蔡景歷亦云雖不悉準按山陵有凶吉羽儀成服唯凶無吉文武俠御不容獨鳴玉珥貂情禮二三理宜縗斬中書舍人江德藻謝岐等並同師知議文阿重議云檢晉宋山

陵儀靈輿梓宮降殿各侍中奏又成服儀稱靈輿梓宮容俠御官及香橙又檢靈輿梓宮進止儀稱直靈俠御吉服在吉鹵簿中又云梓宮俠御縗服在凶鹵簿中是則在殿吉凶兩俠御也時以二議不同乃啓取左丞徐陵決斷陵云梓宮祔山陵靈筵祔宗廟有此分判便驗吉凶按山陵鹵簿吉部伍中公卿以下導引者爰及武賁鼓吹執蓋奉車並是吉服豈容俠御獨爲縗絰邪斷可知矣若言公卿胥吏並服縗苴此與梓宮

部伍有何差别若言文物並吉司事者凶豈容社絰而奉華蓋縗衣而升玉輅邪同博士議師知又議曰左丞引梓宮祔山陵靈筵祔宗廟必有吉凶二部成服不容上凶博士猶執前断終是山陵之禮若龍駕啓殯鑾輿兼設吉凶之儀由來本備準之成服愚有未安夫喪禮之制自天子達按王文憲喪服明記云官品第三侍靈人二十官品第四下達士禮侍靈之數並有十人皆白布袴褶著白絹帽内喪女侍數如外而

著齊縗或問内外侍靈是同何忽縗服有異答云若依君臣之禮則外侍斬内侍齊頃世多故禮隨事省諸侯以下臣吏蓋微至於侍奉多出義附君臣之節不全縗冠之費實闕所以因其常服止變帽而已婦人侍者皆是卑隸君妾之道既純服章所以備矣皇朝之典猶自不然以此而推是知服斬彼有侍靈則猶俠御既著白帽理無形服且梁昭明儀注今則見存二文顯證差爲成準且禮出人情可得消息凡人有喪

既陳筵机繐帷靈屏變其常儀蘆廬笘草廬即
其凶禮堂室之內親賓具來齊斬麻緦差池哭
次玄冠不弔莫非素服豈見門生故吏綃縠間
趨左姬右姜紅紫相糅況四海遏密率土之情
是同三軍縞素爲服之制斯壹遂使千門旦啓
非塗堊於彤闈百僚戾止變服麤於朱䡰而
耀金在列鳴玉節行求之懷抱固爲未愜準以
禮經彌無前事豈可成服之儀辟以山陵之禮
葬既始終已畢故有吉凶之儀所謂成服本成

喪禮百司外內皆變吉容侍御獨不何謂成服
若靈無侍御則已有則必應縗服謝岐議曰靈
筵祔宗廟梓宮祔山陵實如左丞議但山陵鹵
簿備有吉凶從靈輿者儀服無變從梓宮者皆
服苴縗爰至士禮悉同此制此自是山陵之儀
非關成服今謂梓宮靈扆共在西階稱爲成服
亦無鹵簿直是爰自胥吏上至王公四海之內
必備縗絰案梁昭明太子薨略是成例豈容凡
百士庶悉皆服重而侍中至於武衛最是近官

反鳴玉紆青與平吉不異左丞既推以山陵事
愚意或謂與成服有殊若尒日侍御文武不異
維侍靈之人主書宣傳齊幹應敕悉應不故蔡
景歷又議云侍御之官本出五百尒日備服居
廬仍於本省引上登殿豈應變服貂玉若別攝
餘官以充簪珥則尒日便有不成服者山陵自
有吉凶二議成服凶而不吉猶依前議同劉舍
人德藻又議云愚謂祖葬之辰始終永畢達官
有追贈須表恩榮有吉鹵簿恐由此義私家放

斆因以成俗上服本變吉爲凶理不應猶襲紈
綺劉舍人引王衛軍喪儀及檢梁昭明故事此
明據已審博士左丞乃各盡事衷既未取證須
更詢詳宜諮八座詹事太常中丞孔中庶諸通
袁樞張種周弘正弘讓沈炯孔奐時八座以下
並請案聿議斟酌舊儀梁昭明太子喪成服
儀注明文見存足爲準的成服日侍官理不容
猶從吉禮其葬禮分吉自是山陵之時非關成
服之日愚謂劉舍人議於事爲允陵重答云老

病屬纊不能多說古人爭議多成怨府傳玄見
尤於晉代王商取陷於漢朝謹自參緘敬同高
命若萬一不死猶得展言庶與朝賢更申揚摧
文阿猶執所見衆議不能決乃具錄二議奏聞
從師知議尋遷鴻臚卿舍人如故天嘉元年坐
事免初世祖敕師知撰起居注自永定二年秋
至天嘉元年冬爲十卷起爲中書舍人復掌詔
誥天康元年世祖不豫師知與尚書僕射到仲
舉等入侍醫藥世祖崩預受顧命及高宗爲尚

書令入輔光大元年師知與仲舉等遣舍人殷
不佞矯詔令高宗還東府事覺於北獄賜死
謝岐會稽山陰人也父達梁太學博士岐少機
警好學見稱於梁世爲尚書金部郎山陰令侯
景亂岐流寓東陽景平依于張彪彪在吳郡及
會稽庶事一以委之彪每征討恒留岐監郡知
後事彪敗高祖引岐參預機密以爲兼尚書右
丞時軍旅屢興糧儲多闕岐所在幹理深被知
過永定元年爲給事黃門侍郎中書舍人兼右

丞如故天嘉二年卒贈通直散騎常侍岐弟嶠
篤學爲世通儒
史臣曰高祖開基創業克定禍亂武猛固其立
功文翰亦乃展力趙知禮蔡景歷早識攀附
預締構之臣焉劉師知博涉多通而闇於機變
雖欲存乎節義終陷極刑斯不智矣

列傳第十　　陳書十六

劉師知傳孔中庶諸通疑

散騎常侍姚　思廉　撰

王沖
王通　弟勱
袁敬　兄子樞

王沖字長深琅邪臨沂人也祖僧衍齊侍中父茂璋梁給事黃門侍郎沖母梁武帝妹新安穆公主卒於齊世武帝以沖偏孤深所鍾愛年十八起家梁祕書郎尋爲永嘉太守入爲太子舍

人以父憂去職服闋除大尉臨川王府外兵參軍東宮領直累遷太子洗馬中舍人出爲招遠將軍衡陽內史遷武威將軍安成嗣王長史長沙內史將軍如故王薨於湘州仍以沖監湘州事入爲太子庶子遷給事黃門侍郎大同三年以帝甥賜爵安東亭侯邑一百五十戶歷明威將軍南郡太守太子中庶子侍中出監吳郡滿歲即眞徵爲通直散騎常侍兼左民尚書出爲明威將軍輕車當陽公府長史江夏太守行郢

州事遷平西邵陵王長史轉驃騎廬陵王長史南郡太守王薨行州府事梁元帝鎭荆州爲鎭西長史將軍太守如故沖性和順事上謹肅習於法令政在平理佐藩莅人鮮有失德雖無赫赫之譽久而見思由是推重累居二千石又曉音樂習歌舞善與人交貴游之中聲名藉甚侯景之亂梁元帝於荆州承制沖求解南郡以讓王僧辯并獻女妓十人以助軍賞元帝授持節督衡桂成合四州諸軍事雲麾將軍衡州刺史元帝第四子元良爲湘州刺史仍以沖

行州事領長沙內史侯景平授翊左將軍丹陽尹武陵王舉兵至峽口王琳偏將陸納等據湘州應之沖爲納所拘納降重授侍中中權將軍量置佐史尹如故江陵陷敬帝爲太宰承制以沖爲左長史紹泰中累遷左光祿大夫尚書右僕射遷左僕射開府儀同三司侍中將軍如故尋復領丹陽尹南徐州大中正給扶高祖受禪解尹以本官領左光祿大夫未拜改領太子少傅文帝嗣位解少傅加特進左光祿大夫尋又以本官領丹陽尹

參撰律令廢帝即位給親信十人初高祖以沖前代舊臣特申長幼之敬文帝即位益加尊重嘗從文帝幸司空徐度宅宴筵之上賜以几其見重如此光大元年薨時年七十六贈侍中司空謚曰元簡沖有子三十人竝致通官第十二子瑒別有傳

王通字公達琅邪臨沂人也祖份梁左光祿大夫父琳司徒左長史琳齊代娶梁武帝妹義興長公主有子九人竝知名通梁世起家國子生

舉明經爲祕書郎太子舍人以帝甥封武陽亭侯累遷王府主簿限外記室參軍司徒主簿太子中庶子驃騎廬陵王府給事中郎中權何敬容府長史給事黃門侍郎坐事免侯景之亂奔于江陵元帝以爲散騎常侍遷守太常卿自侯景亂後臺內宮室竝皆焚燼以通兼起部尚書歸于京師專掌繕造江陵陷敬帝承制以通爲吏部尚書紹泰元年加侍中尚書如故尋爲尚書右僕射吏部如故高祖受禪遷左僕射侍中如故文帝嗣位領太子少傅天康元年爲翊右將軍右光祿大夫量置佐史廢帝即位號安右將軍又領南徐州大中正太建元年遷左光祿大夫六年加特進侍中將軍光祿佐史竝如故未拜卒時年七十二詔贈本官謚曰成葬日給鼓吹一部弟質弟固各有傳

勱字公濟通之弟也美風儀博涉書史恬然清簡未嘗以利欲干懷梁世爲國子周易生射策舉高第除祕書郎太子舍人宣惠武陵王主簿

輕車河東王功曹史王出鎮京口勱將隨之藩范陽張纘時典選舉勱造纘言別纘嘉其風采乃曰王生才地豈可遊外府乎奏爲太子洗馬遷中舍人司徒左西屬出爲南徐州別駕從事史大同末梁武帝謁園陵道出朱方勱隨例迎候勑勱令從輦側所經山川莫不顧問勱隨事應對咸有故實又從登北顧樓賦詩辭義清典帝甚嘉之時河東王爲廣州刺史乃以勱爲冠軍河東王長史南海太守王至嶺南多所侵掠因

懼罪稱疾委州還朝勱行廣州府事越中饒沃前後守宰例多貪縱勱獨以清白著聞入爲給事黃門侍郎侯景之亂西奔江陵元帝承制以爲太子中庶子掌相府管記出爲寧遠將軍晉陵太守時兵饑之後郡中凋弊勱爲政清簡吏民便安之徵爲侍中遷五兵尚書及西魏寇江陵元帝徵湘州刺史宜豐侯蕭循入援以勱監湘州江陵陷敬帝承制以爲中書令紹泰元年加侍中高祖爲司空以勱兼司空長史高祖爲丞相爲兼丞

相長史侍中中書令並如故時吳中遭亂民多乏絕乃以勱監吳興郡及蕭勃平後又以勱舊在嶺表早有政勣乃授使持節都督廣州等二十州諸軍事平南將軍平越中郎將廣州刺史未行改爲衡州刺史持節都督並如故王琳據有上流衡廣攜貳勱不得之鎭留于大庾嶺天嘉元年徵爲侍中都官尚書未拜復爲中書令遷太子詹事行東宮事侍中並如故加金紫光祿大夫領度支尚書廢帝即位加散騎常侍太建元年遷尚書右僕射時東境大水百姓饑饉以勱爲仁武將軍晉陵太守在郡甚有威惠郡人表請立碑頌勱政績詔許之徵爲中書監重授尚書右僕射領右軍將軍四年五月卒時年六十七贈侍中中書監謚曰溫

袁敬字子恭陳郡陽夏人也祖顗宋侍中吏部尚書雍州刺史父昂梁侍中司空謚穆公敬純孝有風格幼便篤學老而無倦釋褐祕書郎累遷太子舍人洗馬中舍人江陵淪覆流寓嶺表

高祖受禪敬在廣州依歐陽頠及頠卒其子紇據州將有異志敬累諫紇爲陳逆順之理言甚切至紇終不從高宗即位遣章昭達率衆討紇紇將敗之時恨不納敬言朝廷義之其年徵爲太子中庶子通直散騎常侍俄轉司徒左長史尋遷左民尚書轉都官尚書領豫州大中正累遷太常卿散騎常侍金紫光祿大夫加特進至德三年卒時年七十九贈左光祿大夫謚曰靖德子元友嗣弟泌自有傳兄子樞

樞字踐言梁吳郡太守君正之子也美容儀性
沈靜好讀書手不釋卷家世顯貴貲產充積而
樞獨居處率素傍無交往端坐一室非公事未
嘗出遊榮利之懷淡如也起家梁祕書郎歷太
子舍人輕車河東王主簿安前邵陵王中軍宣
成王三府功曹史侯景之亂樞往吳郡省父因丁
父憂時四方擾亂人求苟免樞居喪以至孝聞
王僧辯平侯景鎮京城衣冠爭往造請樞獨杜
門靜居不求聞達紹泰元年徵爲給事黃門侍

郎未拜除員外散騎常侍兼侍中二年兼吏部
尚書其年出爲吳興太守永定二年徵爲左民
尚書未至改侍中掌大選事三年遷都官尚書
掌選如故樞博聞彊識明悉舊章初高祖長女
永世公主先適陳留太守錢蔵生子已出主及已
竝卒于梁世高祖受命唯公主追封至是將葬
尚書主客請詳議欲加蔵駙馬都尉并贈邑官
樞議曰昔王姬下嫁必適諸侯同姓爲主聞於
公羊之說車服不繫顯於詩人之篇漢氏初興

列侯尚主自斯以後降嬪素族駙馬都尉置由
漢武或以假諸功臣或以加於戚屬是以魏曹
植表駙馬奉車趣爲一號齊職儀曰凡尚公主
必拜駙馬都尉魏晉以來因爲瞻準蓋以王姬
之重庶姓之輕若不加其等級寧可合巹而酳
所以假駙馬之位乃崇於皇女也今公主早薨
伉儷已絕既無禮數致疑何須駙馬之授案杜
預尚晉宣帝第二女高陸宣公主晉武踐祚而主
已亡泰始中追贈公主元凱無復駙馬之號梁

之帝女新安穆公主早薨天監初王氏無追拜
之事遠近二例足以據明公主所生既未及成
人之禮無勞此授今宜追贈亭侯時以樞議爲
長天嘉元年守吏部尚書三年即眞尋領右軍
將軍又領丹陽尹本官如故五年以葬父拜表
自解詔賜絹布五十匹錢十萬令葬訖停宅視
郡事葬服闋還復本職其年秩滿解尹加散騎
常侍將軍尚書竝如故是時僕射到仲舉雖參
掌選事銓衡汲引竝出於樞其所舉薦多會上

旨謹愼周密清白自居文武職司鮮有遊其門者廢帝即位遷尚書右僕射光大元年卒時年五十二贈侍中左光祿大夫謚曰簡懿有集十卷行於世弟憲自有傳

史臣曰王沖王通並以貴游早外清貫而允蹈禮節篤誠奉上斯爲美焉王勱之標神夷澹表樞之端操沉冥雖拘放爲異而勝槩一揆古所謂名士者蓋在其人乎

列傳第十一

列傳第十二　陳書十八

散騎常侍姚　思廉　撰

沈衆

袁泌

劉仲威

陸山才

王質

韋載　族弟翽

沈衆字仲師吳興武康人也祖約梁特進父旋

梁給事黃門侍郎衆好學頗有文詞起家梁鎮衛南平王法曹參軍太子舍人是時梁武帝制千字詩衆為之注解與陳郡謝景同時召見于文德殿帝令衆為竹賦賦成奏帝善之手勑答曰卿文體翩翩可謂無忝爾祖當陽公蕭大心為郢州刺史以衆為限內記室參軍尋除鎮南湘東王記室參軍遷太子中舍人兼散騎常侍聘魏還遷驃騎廬陵王諮議參軍舍人如故侯景之亂衆表於梁武稱家代所隸故義部曲並在吳興求還召募以討賊梁武許之及景圍台城衆率宗族及義附五千餘人入援京邑頓于小航對賊東府置陣軍容甚整景深憚之梁武於城內遙授衆為太子右衛率京城陷衆降於景景平西上荊州元帝以為太子中庶子本州大中正尋遷司徒左長史江陵陷為西魏所虜尋而逃還敬帝承制授御史中丞紹泰元年除侍中遷左民尚書高祖受命遷中書令中正如故高祖以衆州里知名甚敬重之賞賜優渥超

於時輩衆性吝嗇內治產業財帛以億計無所分遺其自奉養甚薄每於朝會之中衣裳破裂或躬提冠屨永定二年兼起部尚書監起太極殿恒服布袍芒屩以麻繩為帶又攜乾魚蔬菜飯獨噉之朝士共誚其所為衆性猜急於是忿恨遂歷詆公卿非毀朝廷高祖大怒以衆素有令望不欲顯誅之後因其休假還武康遂於吳中賜死時年五十六

袁泌字文洋左光祿大夫敬之弟也清正有幹

局容體甦岸志行脩謹釋褐貟外散騎侍郎歷
諸王府佐侯景之亂泌欲求爲將是時泌兄君
正爲吳郡太守梁簡文板泌爲東宮領直令往
吳中召募士卒及景圍臺城泌率所領赴援京
城陷退保東陽景使兵追之乃自會稽東嶺出
湓城依于鄱陽嗣王蕭範範卒泌乃降景景平
王僧辯表泌爲富春太守兼丹陽尹貞陽侯僭位
以泌爲侍中奉使於齊高祖受禪王琳據有上
流泌自齊從梁永嘉王蕭莊達琳所及莊僭

立以泌爲侍中丞相長史天嘉二年泌與琳輔
莊至于柵口琳軍敗衆皆奔散唯泌獨乘輕舟
送莊達于北境屬莊於御史中丞劉仲威令共
入齊然後拜辭而歸詣闕請罪文帝深義之尋
授寧遠始興王府法曹參軍轉諮議參軍除通
直散騎常侍兼侍中領豫州大中正聘于周使
還授散騎常侍御史中丞其中正如故高宗入
輔以泌爲雲旗將軍司徒左長史光大元年卒
年五十八臨終戒其子曼華曰吾於朝廷素無

功績瞑目之後斂手足旋葬無得輒受贈諡其
子述泌遺意表請之朝廷不許贈金紫光祿大
夫諡曰質
劉仲威南陽涅陽人也祖虯齊世以國子博士
徵不就父之遴荊州治中從事史仲威少有志
氣頗涉文史梁承聖中爲中書侍郎蕭莊僞
署御史中丞隨莊入齊終於鄴中仲威從弟廣
德亦好學負才任氣父之亨梁安西湘東王長
史南郡太守廣德承聖中以軍功官至給事黃

門侍郎湘東太守荊州陷後依于王琳琳平文
帝以廣德爲寧遠始興王府限外記室參軍仍
領其舊兵尋爲太尉侯瑱湘州府司馬歷樂山
豫章二郡太守新安內史光大中假節貟外散
騎常侍雲旗將軍河東太守太建元年卒於郡
時年四十三贈左衛將軍
陸山才字孔章吳郡吳人也祖翁寶梁尚書水
部郎父泛散騎常侍山才少倜儻好尚文史范
陽張纘纘弟綰並欽重之起家王國常侍遷外

兵參軍尋以父疾東歸侍養承聖元年王僧辯
授山才儀同府西曹掾高祖誅僧辯山才奔會
稽依張彪彪敗乃歸高祖紹泰中都督周文育
出鎮南豫州不知書跡乃以山才為長史政事
悉以委之文育南討蕭勃擒歐陽頠計畫多
出山才及文育西征王琳留山才監江州事仍
鎮豫章文育與侯安都於沌口敗績余孝頃自
新林來寇豫章山才收合餘衆依于周迪擒余
孝頃李孝欽等遣山才自都陽之樂安嶺東道
送于京師除中書侍郎復由樂安嶺綏撫南川
諸郡文育重鎮豫章金口山才復為貞威將軍
鎮南長史豫章太守文育為熊曇朗所害曇朗
囚山才等送于王琳未至而侯安都敗琳將常
衆愛於宮亭湖由是山才獲反除貞威將軍新
安太守為王琳未平留鎮富陽以捍東道入為
員外散騎常侍遷宣惠始興王長史行東揚州
事侯安都討留異山才率王府之衆從焉異平
除明威將軍東陽太守入為鎮東始興王長史

帶會稽郡丞行東揚州事未拜改授散騎常侍
兼度支尚書滿歲為真高宗南征周迪以山才
為軍司迪平復職余孝頃自海道襲晉安山才
又以本官之會稽指授方略還朝坐侍宴與蔡
景歷言語過差為有司所奏免官尋授散騎常
侍遷雲旗將軍西陽武昌二郡太守天康元年
卒時年五十八贈右衛將軍謚曰簡子

王質字子貞右光祿大夫通之弟也少慷慨涉
獵書史梁世以武帝甥封甲口亭侯補國子周
易生射策高第起家秘書郎太子舍人尚書殿
中郎遭母憂居喪以孝聞服闋除太子洗馬東
宮領直累遷中舍人庶子太清元年除假節寧
遠將軍領東宮兵從貞陽侯北伐及貞陽敗績
質脫身逃還侯景於壽陽構逆質又領舟師隨
衆軍拒之景軍濟江質便退走尋領步騎頓于
宣陽門外景軍至京師質不戰而潰乃翦髮為
桑門潛匿人間及柳仲禮等會援京邑軍據南
岸質又收合餘衆從之京城陷後西奔荆州元

帝承制以質爲右長史帶河東太守俄遷侍中
尋出爲持節都督吴州諸軍事寧遠將軍吴
州刺史領鄱陽内史荆州陷矦瑱鎮于湓城與
質不協遣偏將羊亮代質且以兵臨之質率所
部度信安嶺依于留異文帝鎮會稽以兵助質
令鎮信安縣永定二年高祖命質率所部踰嶺
出豫章隨都督周文育以討王琳質與琳素善
或譖云於軍中潛信交通高祖命周文育殺質
文育啓請救之獲免尋授散騎常侍晉陵太守

文帝嗣位徵守五兵尚書高宗爲揚州刺史以
質爲仁威將軍驃騎府長史天嘉二年除晉安
太守高宗輔政以爲司徒左長史將軍如故坐
公事免官尋爲通直散騎常侍遷太府卿都官
尚書太建二年卒時年六十贈本官謚曰安子

韋載字德基京兆杜陵人也祖叡梁開府儀同
三司永昌嚴公父政梁黄門侍郎載少聰惠篤
志好學年十二隨叔父稜見沛國劉顯顯問漢
書十事載隨問應答曾無疑滯及長博涉文史

沉敏有器局起家梁邵陵王法曹參軍遷太子
舍人尚書三公郎矦景之亂元帝承制以爲中
書侍郎尋爲建威將軍尋陽太守隨都督王僧
辯東討矦景是時僧辯軍于湓城而魯悉達樊
俊等各擁兵保境觀望成敗元帝以載爲假節
都督太原高唐新蔡三郡諸軍事高唐太守仍
銜命喻悉達等令出軍討景及大軍東下載率
三郡兵自焦湖出柵口與僧辯會于梁山景平
除冠軍將軍瑯邪太守尋奉使往東陽晉安招

撫留異陳寶應等仍授信武將軍義興太守高
祖誅王僧辯乃遣周文育輕兵襲載載未至而
載先覺乃嬰城自守文育攻之甚急載所屬
縣卒並高祖舊兵多善用弩載收得數十人
繫以長鏁命所親監之使射文育軍約曰十
發不兩中者則死每發輒中所中皆斃文育
軍稍却因於城外據水立柵相持數旬高祖
聞文育軍不利乃自將征之剋其水柵仍遣
載族弟䚢賫書喻載以誅王僧辯意并奉梁

敬帝敕載解兵載得書乃以其衆降于高祖高祖厚加撫慰即以其族弟翽監義興郡所部將帥並隨才任使引載恒置左右與之謀議徐嗣徽任約等引齊軍濟江據石頭城高祖問計於載載曰齊軍若分兵先據三吳之路略地東境則時事去矣今可急於淮南即侯景故壘築城以通東道轉輸別命輕兵絕其糧運使進無所虜退無所資則齊將之首旬日可致高祖從其計永定元年除和戎將軍通直散騎常侍二年

進號輕車將軍尋加散騎常侍太子右衛率將軍如故天嘉元年以疾去官載有田十餘頃在江乘縣之白山至是遂築室而居屏絕人事吉凶慶弔無所往來不入籬門者幾十載太建中卒於家時年五十八

載族弟翽翽字子羽少有志操祖愛梁輔國將軍父乾向汝陰太守翽弱冠喪父哀毀甚至養母撫孤兄弟子以仁孝著稱高祖爲南徐州刺史召爲征北參軍尋監義興郡永定元年授貞毅將軍步兵校尉遷驍騎將軍領朱衣直閤驍騎之職舊領營兵兼統宿衛自梁代已來其任踰重出則羽儀清道入則與二衛通直臨軒則升殿俠侍翽素有名望每大事恒令俠侍左右時人榮之號曰俠御將軍尋出爲宣城太守天嘉二年預平王琳之功封清源縣侯邑二百戶太建中卒官贈明霍羅三州刺史子宏字德禮有文學歷官至永嘉王府諮議參軍陳亡入隋

史臣曰昔鄧禹基於文學杜預出自儒雅卒致

軍功名著前代晉氏喪亂播遷江左顧榮郗鑒之輩溫嶠謝玄之倫莫非巾褐書生搢紳素譽抗敵以衛社稷立勳而升台鼎自斯以降代有其人但梁室沸騰懦夫立志既身逢際會見仗於時主美矣

列傳第十二　陳書十八

列傳第十三　陳書十九

散騎常侍姚　思廉　撰

沈炯

虞荔 弟寄

馬樞

沈炯字禮明吳興武康人也祖瑀梁尋陽太守父續王府記室參軍炯少有雋才爲當時所重釋褐王國常侍遷爲尚書左民侍郎出爲吳令侯景之難吳郡太守袁君正入援京師以炯監郡京城

陷景將宋子仙據吳興遣使召炯委以書記之任炯固辭以疾子仙怒命斬之炯解衣將就戮礙於路閒桑樹乃更牽往他所或遽救之僅而獲免子仙愛其才終逼之令掌書記及子仙爲王僧辯所敗僧辯素聞其名於軍中購得之酬所獲者鐵錢十萬自是羽檄軍書皆出於炯及簡文遇害四方岳牧皆上表於江陵勸進僧辯令炯製表其文甚工當時莫有逮者高祖南下與僧辯會于白茅灣登壇設盟炯爲其文及侯景東奔至吳郡獲炯妻虞氏子行簡並殺之炯弟攜其母逃而獲免侯景平梁元帝愍其妻子嬰戮特封原鄉縣侯邑五百户僧辯爲司徒以炯爲從事中郎梁元帝徵爲給事黃門侍郎領尚書左丞荆州陷爲西魏所虜魏人甚禮之授炯儀同三司炯以母老在東恒思歸國恐魏人愛其文才而留之恒閉門却掃無所交遊時有文章隨即弃毀不令流布嘗獨行經漢武通天臺爲表奏之陳已思歸之意其辭曰臣聞喬山雖掩鼎湖之靈可祠有魯既荒大庭之

迹無泯伏惟陛下降德猗蘭纂靈豐谷漢道既登神仙可望射之罘於海浦禮日觀而稱功橫中流於汾河指柏梁而高宴何其樂也豈不然歟既而運屬上仙道窮晏駕甲帳珠簾一朝零落茂陵玉椀宛出人閒陵雲故基共原田而膴膴別風餘趾對陵阜而茫茫羇旅縲臣能不落淚昔承明既厭嚴助東歸駟馬可乘長卿西返恭聞故實竊有愚心黍稷非馨敢忘徼福奏訖其夜炯夢見有宮禁之所兵衛甚嚴炯便以

情事陳訴聞有人言甚不惜放卿還幾時可至
少日便與王克等竝獲東歸紹泰二年至都除
司農卿遷御史中丞高祖受禪加通直散騎常
侍中丞如故以母老表請歸養詔不許文帝嗣
位又表曰臣嬰生不幸弱冠而孤母子零丁兄
弟相長謹身為養仕不擇官宦成梁朝命存亂
世冒危履險自死輕生妻息誅夷昆季冥滅餘
臣母子得逢興運臣母妾劉今年八十有一臣
叔母妾丘七十有五臣門弟姪故自無人妾丘

兒孫又亡泯兩家侍養餘臣一人前帝知臣
之孤煢養臣以州里不欲使頓居草萊又復矜
臣溫凊所以一年之內再三休沐臣之屢披丹
款頻冒宸鑒非欲苟違朝廷遠離畿輦一者以
年將六十湯火居心每跪讀家書前懼後喜溫
枕扇席無復成童二者職居彝憲邦之司直若
自虧身禮何問國章前德綢繆始許哀放內
侍近臣多悉此旨正以選賢與能廣求明哲趍
趄荏苒未始取才而上玄降戾奄至今日德音

在耳墳土遽乾悠悠昊天哀此罔極兼臣私心
煎切彌迫近時慺慺之祈轉忘塵觸伏惟陛下
睿哲聰明嗣興下武刑于四海弘此孝治寸管
求天仰歸帷扆有感必應實望聖明特乞霈
然申其私禮則王者之德覃及無方矧彼翔沈
孰非涵養詔答曰省表具懷卿譽馳咸雒情深
宛沛日者理切倚門言歸異域復牽時役遂乖
侍養雖周生之思每欲弃官戴禮垂文得遺從
政前朝光宅四海劬勞萬機以卿才為獨步職

居專席方深委任屢屈情禮朕嗣奉洪基思弘
景業顧茲寡薄兼纏哀疚實賴賢哲同致雍
熙豈便釋簡南闈解紱東路當令馮親入舍荀
毋從官用覩朝榮不虧家禮尋敕所由相迎尊
累使卿公私得所並無廢也初高祖嘗稱炯宜
居王佐軍國大政多預謀謨文帝又重其才用
欲寵貴之會王琳入寇大雷留異擁據東境帝
欲使炯因是立功乃解中丞加明威將軍遣還
鄉里收合徒衆以疾卒于吳中時年五十九文

帝聞之卽日舉哀幷遣弔祭贈侍中謚曰恭子
有集二十卷行於世
虞荔字山披會稽餘姚人也祖權梁廷尉卿永
嘉太守父檢平北始興王諮議參軍荔幼聰敏
有志操年九歲隨從伯闡候太常陸倕倕問五
經凡有十事荔隨問輒應無有遺失倕甚異之
又嘗詣徵士何胤時太守衡陽王亦造焉胤言
之於王王欲見荔荔辭曰未有板刺無容拜謁
王以荔有高尚之志雅相欽重還郡卽辟爲主

簿荔又辭以年小不就及長美風儀博覽墳籍
善屬文釋褐梁西中郎行參軍尋署法曹外兵
參軍兼丹陽詔獄正梁武帝於城西置士林館
荔乃製碑奏上帝命勒之于館仍用荔爲士林
學士尋爲司文郎遷通直散騎侍郎兼中書舍
人時左右之任多參權軸內外機務互有帶掌
唯荔與顧協淡然靖退居于西省但以文史見
知當時號爲清白尋領大著作及侯景之亂荔
率親屬入臺除鎮西諮議參軍舍人如故臺城

陷逃歸鄉里侯景平元帝徵爲中書侍郎貞陽
侯授揚州別駕並不就張彪之據會稽也荔時
在焉及文帝平彪高祖遺荔書曰喪亂已來賢
哲凋散君才用有美聲聞許洛當今朝廷惟新
廣求英雋豈可栖遲東土獨善其身今令兄子
將接出都想必副朝廷虛遲也文帝又與書曰
君東南有美聲譽洽聞自應翰飛京許共康時
弊而刻迹丘園保茲獨善豈使稱空谷之望邪
必願便尒俶裝且爲出都之計唯遲披覿在於

茲日迫切之不得已乃應命至都高祖崩文帝
嗣位除太子中庶子仍侍太子讀書尋領大著
作東揚揚州二州大中正庶子如故初荔母隨
荔入臺卒於臺內尋而城陷情禮不申由是終
身蔬食布衣不聽音樂雖任遇隆重而居止儉
素淡然無營文帝深器之常引在左右朝夕顧
訪荔性沈密少言論凡所獻替莫有見其際
者故不列于後焉時荔第二弟寄寓於閩中
依陳寶應荔每言之輒流涕文帝哀而謂曰我

亦有弟在遠此情甚切他人豈知乃勑寶應求寄寶應終不遣荔因以感疾帝數往臨視令荔將家口入省荔以禁中非私居之所乞停城外文帝不許乃令住於蘭臺乘輿再三臨問手勑中使相望於道又以荔蔬食積久非羸疾所堪乃勑曰能敦布素乃當爲高卿年事已多氣力稍減方欲仗委良須克壯今給卿魚肉不得固從所執也荔終不從天嘉二年卒時年五十九文帝甚傷惜之贈侍中謚曰德子及喪柩還鄉

里上親出臨送當時榮之子世基世南並少知名

寄字次安少聰敏年數歲客有造其父者遇寄於門因嘲之曰郎君姓虞必當無智寄應聲答曰文字不辨豈得非愚客大慚入謂其父曰此子非常人文舉之對不是過也及長好學善屬文性沖靜有栖遁之志弱冠舉秀才對策高第起家梁宣城王國左常侍大同中嘗驟雨殿前往往有雜色寶珠梁武觀之甚有喜色寄因上瑞雨頌帝謂寄兄荔曰此頌典裁清拔卿家之士龍也將如何擢用寄聞之歎曰美盛德之形容以申擊壤之情耳吾豈買名求仕者乎乃閉門稱疾唯以書籍自娛岳陽王爲會稽太守引寄爲行參軍遷記室參軍領郡五官掾又轉中記室掾如故在職簡略煩苛務存大體曹局之內終日寂然矦景之亂寄隨兄荔入臺除鎮南湘東王諮議參軍加貞威將軍京城陷遁還鄉里及張彪往臨川彊寄俱行寄與彪將鄭瑋同

舟而載瑋嘗忤彪意乃劫寄奔于晉安時陳寶應據有閩中得寄甚喜高祖平矦景寄勸令自結寶應從之乃遣使歸誠承聖元年除和戎將軍中書侍郎寶應愛其才託以道阻不遣每欲引寄爲僚屬委以文翰寄固辭獲免及寶應結婚留異潛有逆謀寄微知其意言說之際每陳逆順之理微以諷諫寶應輒引說他事以拒之又嘗令左右誦漢書卧而聽之至蒯通說韓信曰相君之背貴不可言寶應蹶然起曰可謂

智士寄正色曰覆酈驕韓未足稱智豈若班彪
王命識所歸平寄知寶應不可諫慮禍及已乃
爲居士服以拒絕之常居東山寺僞稱脚疾不
復起寶應以爲假託使燒寄所臥屋寄安臥不
動親近將扶寄出寄曰吾命有所懸避欲安往
所縱火者旋自救之寶應自此方信及留異稱
兵寶應資其部曲寄乃因書極諫曰東山虞寄
致書於明將軍使君節下寄流離世故飄寓貴
鄉將軍待以上賓之禮申以國士之眷意氣所

感何日忘之而寄沈痼彌留愒陰將盡常恐卒
塡溝壑消塵莫報是以敢布腹心冒陳丹款願
將軍留須臾之慮少思察之則瞑目之日所懷
畢矣夫安危之兆禍福之機匪獨天時亦由人
事失之毫釐差以千里是以明智之士據重位
而不傾執大節而不失豈惑於浮辭哉將軍文
武兼資英威不世往因多難杖劍興師援旗誓
衆抗威千里豈不以四郊多壘共謀王室匡時
報主寧國庇民乎此所以五尺童子皆願荷戟

而隨將軍者也及高祖武皇肇基草昧初濟艱
難于時天下沸騰民無定主豺狼當道鯨鯢橫
擊海内業業未知所從將軍運動微之鑒折從
衡之辯策名委質自託宗盟此將軍妙筭遠圖
發於衷誠者也及主上繼業欽明睿聖選賢與
能羣臣輯睦結將軍以維城之重崇將軍以裂
土之封豈非宏謨廟略推赤心於物也屢申明
詔款篤殷勤君臣之分定矣骨肉之恩深矣不
意將軍惑於邪說遽生異計寄所以疾首痛心

泣盡繼之以血萬全之策竊爲將軍惜之寄雖
疾侵耄及言無足採千慮一得請陳愚筭願將
軍少戢雷霆賒其晷刻使得盡狂瞽之說披肝
膽之誠則雖死之日由生之年也自天厭梁德
多難荐臻寰宇分崩英雄互起不可勝紀人
自以爲得之然夷凶翦亂拯溺扶危四海樂推
三靈眷命揖讓而居南面者陳氏也豈非歷數
有在惟天所授當璧應運其事甚明一也主上
入基明德遠被天綱再張地維重紐夫以王琳

之彊侯瑱之力進足以搖蕩中原爭衡天下退
足以屈强江外雄張偏隅然或命一旅之師或
資一士之說琳則瓦解冰泮投身異域瑱則厥
角稽顙委命闕廷斯又天假之威而除其患其
事甚明二也今將軍以藩戚之重東南之衆盡
忠奉上勠力勤王豈不勳高竇融寵過吳芮析
珪判野南面稱孤其事甚明三也且聖朝弃瑕
忘過寬厚得人改過自新咸加敘擢至於余孝
頃潘純陁李孝欽歐陽頠等悉委以心腹任以
爪牙胷中豁然曾無纖芥況將軍釁非張繡罪
異畢諶當何慮於危亡何失於富貴此又其事
甚明四也方今周齊鄰睦境外無虞幷兵一向
匪朝伊夕非劉項競逐之機楚趙連從之勢何
得雍容高拱坐論西伯其事甚明五也且留將
軍狼顧一隅亟經摧衂聲實虧喪膽氣衰沮
高瓌向文政留瑜黃子玉此數人者將軍所知
首鼠兩端唯利是視其餘將帥亦可見矣孰能
被堅執鋭長驅深入繫馬埋輪奮不顧命以先

士卒者乎此又其事甚明六也且將軍之彊孰
如侯景將軍之衆孰如王琳武皇滅侯景於前
今上摧王琳於後此乃天時非復人力且兵革
已後民皆厭亂其孰能弃墳墓捐妻子出萬
死不顧之計從將軍於白刃之閒乎此又其事
甚明七也歷觀前古鑒之往事子陽季孟傾覆
相尋餘善右渠危亡繼及天命可畏山川難恃
況將軍欲以數郡之地當天下之兵以諸侯之資
拒天子之命彊弱逆順可得侔乎此又其事甚
明八也且非我族類其心必異不愛其親豈能
及物留將軍身縻國爵子尚王姬猶且弃天屬
而弗顧背明君而孤立危急之日豈能同憂共
患不背將軍者乎至於師老力屈懼誅利賞必
有韓智晉陽之謀張陳井陘之勢此又其事甚
明九也且北軍萬里遠鬭鋒不可當將軍自戰
其地人多顧後梁安背向爲心脩肸匹夫之力
衆寡不敵將帥不侔師以無名而出事以無機
而動以此稱兵未知其利夫以漢朝吳楚晉室

潁顯連城數十長戟百萬拔本塞源自圖家國其有成功者乎此又其事甚明十也爲將軍計者莫若不遠而復絶親留氏秦郎快郎隨遣入質釋甲偃兵一遵詔旨且朝廷許以鐵劵之要申以白馬之盟朕弗食言誓之宗社寄聞明者鑒未形智者不再計此成敗之効將軍勿疑吉凶之幾間不容髮方今藩維尚少皇子幼沖凡預宗枝皆蒙寵樹況以將軍之地將軍之才將軍之名將軍之勢而能克修藩服北面稱臣寧

與劉澤同年而語其功業哉豈不身與山河等安名與金石相敝願加三思慮之無忽寄氣力綿微餘陰無幾感恩懷德不覺狂言鈇鉞之誅甘之如薺寶應覽書大怒或謂寶應曰虞公病勢漸篤言多錯謬寶應意乃小釋亦爲寄有民望且優容之及寶應敗走夜至蒲田顧謂其子扞秦曰早從虞公計不至今日扞秦但泣而已寶應既擒凡諸賓客微有交涉者皆伏誅唯寄以先識免禍初沙門慧標涉獵有才思及寶應

起兵作五言詩以送之曰送馬猶臨水離旗稍引風好看今夜月當入紫微宮寶應得之甚悅慧標賫以示寄寄一覽便止正色無言標退寄謂所親曰標公既以此始必以此終後竟坐是誅文帝尋勑都督章昭達以理發遣令寄還朝及至即日引見謂寄曰管寧無恙其慰勞之懷若此頃之文帝謂到仲舉曰衡陽王既出閤雖未置府僚然須得一人旦夕遊處兼掌書記宜求宿士有行業者仲舉未知所對文帝曰吾自

得之乃手勑用寄寄入謝文帝曰所以暫屈卿遊藩者非止以文翰相煩乃令以師表相事也尋兼散騎常侍聘齊寄辭老疾不行除國子博士頃之又表求解職歸鄉里文帝優旨報答許其東還仍除東揚州別駕寄又以疾辭高宗即位徵授揚州治中及尚書左丞並不就乃除東中郎建安王諮議加戎昭將軍又辭以疾不任旦夕陪列王於是特令停王府公事其有疑議就以決之但朔望牋修而已太建八年加太中大夫

將軍如故十一年卒時年七十寄少篤行造次必於仁厚雖僮豎未嘗加以聲色至於臨危執節則辭氣凜然白刃不憚也自流寓南土與兄荔隔絕因感氣病每得荔書氣輒奔劇危殆者數矣前後所居官未嘗至秩滿纔朞年數月便自求解退常曰知足不辱吾知足矣及謝病私庭每諸王爲州將下車必造門致禮命釋鞭板以几杖侍坐常出遊近寺閭里傳相告語老幼羅列望拜道左或言誓爲約者但指寄便不欺其至行所感如此所製文筆遭亂多不存

馬樞字要理扶風郿人也祖靈慶齊竟陵王錄事參軍樞數歲而父母俱喪爲其姑所養六歲能誦孝經論語老子及長博極經史尤善佛經及周易老子義梁邵陵王綸爲南徐州刺史素聞其名引爲學士綸時自講大品經令樞講維摩老子周易同日發題道俗聽者二千人王欲極觀優劣乃謂衆曰與馬學士論義必使屈伏不得空立主客於是數家學者各起問端樞乃依次剖判開其宗旨然後枝分流別轉變無窮論者拱默聽受而已綸甚嘉之將引薦於朝廷尋遇侯景之亂綸舉兵援臺乃留書二萬卷以付樞樞肆志尋覽殆將周遍乃喟然歎曰吾聞貴爵位者以巢由爲桎梏愛山林者以伊呂爲管庫束名實則芻芥柱下之言翫清虛則糠粃席上之說稽之篤論亦各從其好也然支父有讓王之介嚴子有傲帝之規千載美談所不廢也比求志之士望塗而息豈天之不惠高尚何山林之無聞甚乎乃隱乎茅山有終焉之志天

嘉元年文帝徵爲度支尚書辭不應命時樞親故並居京口每秋冬之際時往遊焉及鄱陽王爲南徐州刺史欽其高尚鄙不能致乃卑辭厚意令使者邀之前後數反樞固辭以疾門人或進曰鄱陽王待以師友非關爵位市朝之間何妨靜默樞不得已乃行王別築室以處之樞惡其崇麗乃於竹林閒自營茅茨而居焉每王公餽餉辭不獲已者率十分受一樞少屬亂離

每所居之處盜賊不入依託者常數百家自精
洞黃能視闇中物常有白鷰一雙巢其庭樹馴
狎櫩廡時集几案春來秋去幾三十年太建十
三年卒時年六十撰道覺論二十卷行於世
史臣曰沈烱仕於梁室年在知命冀郎署之薄
官止邑宰之卑職及下筆盟壇屬辭勸表激揚
旨趣信文人之偉者歟虞荔之獻箴壽沈密盡其
誠款可謂有益明時矣

列傳第十三　陳書十九

列傳第十四　陳書二十

散騎常侍姚　思廉　撰

到仲舉

韓子高

華皎

到仲舉字德言彭城武原人也祖坦齊中書侍郎父洽梁侍中仲舉無他藝業而立身耿正釋褐著作佐郎太子舍人王府主簿出爲長城令政號廉平文帝居鄉里嘗詣仲舉時天陰雨仲舉獨坐齋內聞城外有簫鼓之聲俄而文帝至

仲舉異之乃深自結託文帝又嘗因飲夜宿仲舉帳中忽有神光五采照于室內由是祇承益恭及景之亂仲舉依文帝及景平文帝爲吳興郡守以仲舉爲郡丞與潁川庾持俱爲文帝賓客文帝爲宣毅將軍以仲舉爲長史尋帶山陰令文帝嗣位授侍中參掌選事天嘉元年守都官尚書封寶安縣侯邑五百戶三年除都官尚書其年遷尚書右僕射丹陽尹參掌並如故尋改封建昌縣侯仲舉既無學術朝章非所長選舉引用皆出自袁樞性疎簡不干涉世務與朝士無所親狎但聚財酣飲而已六年秩滿解尹是時文帝積年寢疾不親御萬機尚書中事皆使仲舉斷決天康元年遷侍中尚書僕射參掌如故文帝疾甚入侍醫藥及文帝崩高宗受遺詔爲尚書令入輔仲舉與左丞王暹中書舍人劉師知殷不佞等以朝望有歸乃遣不佞矯宣旨遣高宗還東府事發師知下北獄賜死暹不

佞並付治乃以仲舉爲貞毅將軍金紫光祿大夫初仲舉子郁尚文帝妹信義長公主官至中書侍郎出爲宣城太守文帝配以士馬是年遷爲南康內史以國哀未之任仲舉既廢居私宅與郁皆不自安時韓子高在都人馬素盛郁每乘小輿蒙婦人衣與子高謀子高軍主告言其事高宗收子高仲舉及郁並付廷尉詔曰到仲舉庸劣小才坐叨顯貴受任前朝榮寵隆赫父參王政子據大邦禮盛外姻勢均戚里而肆此

驕闇淩傲百司遏密之初擅行國政排黜懿親
欺蔑台衮韓子高蕞尒細微擢自卑末入參禁
衛委以腹心蜂蠆有毒敢行反噬仲舉子高共
爲表裏陰構姦謀密爲異計安成王朕之叔父
親莫重焉受命導揚稟承顧託以朕沖弱屬當
保祐家國安危事歸宰輔伊周之重物無異議
將相舊臣咸知宗仰而率聚凶徒欲相掩襲屯
據東城進逼崇禮規樹仲舉以執國權陵斥司
徒意在專政潛結黨附方危社稷賴祖宗之靈

姦謀顯露前上虞令陸昉等具告其事並有據
驗并剋今月七日縱其凶謀領軍將軍明徹左
衛將軍衛尉卿寶安及諸公等又並知其事二
三疊迹彰於朝野反道背德事駭聞見今大憝
克殲罪人斯得並可收付廷尉肅正刑書罪止
仲舉父子及子高三人而已其餘一從曠蕩並
所不問仲舉及郁並於獄賜死時年五十一郁
諸男女以帝甥獲免

韓子高會稽山陰人也家本微賤侯景之亂寓
在京都景平文帝出守吳興子高年十六爲總
角容貌美麗狀似婦人於淮渚附部伍寄載欲
還鄉文帝見而問之曰能事我乎子高許諾子高
本名蠻子文帝改名之性恭謹勤於侍奉恒執
備身刀及傳酒炙文帝性急子高恒會意旨及
長稍習騎射頗有膽決願爲將帥及平杜龕配
以士卒文帝甚寵愛之未嘗離於左右文帝嘗
夢見騎馬登山路危欲墮子高推捧而升文帝
之討張彪也沈泰等先降文帝據有州城周文

育鎮北郭香巖寺張彪自剡縣夜還襲城文帝
自北門出倉卒闇夕軍人擾亂文育亦未測文
帝所在唯子高在側文帝乃遣子高自亂兵中
往見文育反命酬答於闇中又往慰勞衆軍文
帝散兵稍集子高引導入文育營因共立柵明
日與彪戰彪將申縉復降彪奔松山浙東平文
帝乃分麾下多配子高子高亦輕財禮士歸之
者甚衆文帝嗣位除右軍將軍天嘉元年封文
招縣子邑三百戸王琳至于柵口子高宿衛臺

內及琳平子高所統益多將士依附之者子高盡力論進文帝皆任使焉二年遷員外散騎常侍壯武將軍成州刺史及征留異隨侯安都頓桃支嶺巖下時子高兵甲精鋭別御一營單馬入陳傷項之左一髻半落異平除假節貞毅將軍東陽太守五年章昭達等自臨川征晉安子高自安泉嶺會于建安諸將中人馬最爲彊盛晉安平以功遷通直散騎常侍進爵爲伯增邑并前四百戶六年徵爲右衞將軍至都鎮領軍

府文帝不豫入侍醫藥廢帝即位遷散騎常侍右衞如故移頓于新安寺高宗入輔子高兵權過重深不自安好參訪臺閣又求出爲衡廣諸鎮光大元年八月前上虞縣令陸昉及子高軍主告其謀反高宗在尚書省因召文武在位議立皇太子子高預焉平旦入省執之送廷尉其夕與到仲舉同賜死時年三十父延慶及子弟並原宥延慶因子高之寵官至給事中山陰令

華晈晉陵曁陽人世爲小吏晈梁代爲尚書比部令史侯景之亂事景景黨王偉高祖南下文帝爲景所囚晈遇文帝甚厚景平文帝爲吳興太守以晈爲都録事軍府穀帛多以委之晈聰慧勤於簿領及文帝平杜龕仍配以人馬甲仗猶爲都録事御下分明善於撫養時兵荒之後百姓饑饉晈解衣推食多少必均因稍擢爲曁陽山陰二縣令文帝即位除開遠將軍左軍將軍天嘉元年封懷仁縣伯邑四百戶王琳東下晈隨侯瑱拒之琳平鎮湓城知江州事時南州守宰多

鄉里酋豪不遵朝憲文帝令晈以法馭之王琳奔散將卒多附於晈三年除假節通直散騎常侍仁武將軍新州刺史資監江州尋詔督尋陽太原高唐南北新蔡五郡諸軍事尋陽太守假節將軍州資監如故周迪謀反遣其兄子伏甲於船中僞稱賈人欲於湓城襲晈未發事覺晈遣人逆擊之盡獲其船仗其年晈隨都督吳明徹征迪迪平以功授散騎常侍平南將軍臨川太守進爵爲侯增封并前五百戶未拜入朝仍

授使持節都督湘巴等四州諸軍事湘州刺史
常侍將軍如故晈起自下吏善營產業湘川地
多所出所得並入朝廷粮運竹木委輸甚衆至
于油蜜脯菜之屬莫不營辦又征伐川洞多
致銅鼓生口並送于京師廢帝即位進號安南
將軍改封重安縣侯食邑一千五百戶文帝以
湘州出杉木舟使晈營造大艦金翅等二百餘
艘并諸水戰之具欲以入漢及峽韓子高誅後
晈內不自安繕甲聚徒厚禮所部守宰高宗頻

命晈送大艦金翅等推遷不至光大元年密啓
求廣州以覩時主意高宗僞許之而詔書未出
晈亦遣使句引周兵又崇奉蕭巋爲主士馬甚
盛詔乃以吳明徹爲湘州刺史實欲以輕兵襲
之是時慮晈先發乃前遣明徹率衆三萬乘金
翅直趨郢州又遣撫軍大將軍淳于量率衆五
萬乘大艦以繼之又令假節冠武將軍楊文通
別從安城步道出茶陵又令巴山太守黃法慧
別從宜陽出澧陵往掩襲出其不意并與江州

刺史章昭達郢州刺史程靈洗等參謀討賊是
時蕭巋遣水軍爲晈聲援周武又遣其弟衛國
公宇文直率衆屯魯山又遣其柱國長胡公拓
跋定人馬三萬攻圍郢州蕭巋授晈司空巴州
刺史戴僧朔衡陽內史任蠻奴巴陵內史潘智
虔岳陽太守章昭裕桂陽太守曹宣湘東太守
錢明並隷於晈又長沙太守曹慶等本隷晈下因
爲之用帝恐上流宰守並爲晈扇惑乃下詔曰
賊晈輿皂微賤特逢擢任據藩牧屬當寵寄

背斯造育興構姦謀樹立蕭氏盟約彰露鴆毒
存心志危宗社扇結邊境驅逼士庶蟻聚巴湘
豕突鄢郢逆天反地人神忿嫉征南將軍皇安
南將軍明徹郢州刺史靈洗受律專征備盡心
力撫勞驍雄舟師俱進義烈爭奮兇惡奔殄獻
捷相望重氛載廓言念泣罪思與惟新可曲赦
湘巴二州凡厥爲賊所逼制預在兇黨悉皆不
問其賊主帥節相並許開恩出首一同曠蕩先
是詔又遣司空徐度與楊文通等自安成步出

湘東以襲皎後時皎陣于巴州之白螺列舟艦與王師相持未決及聞徐度趨湘州乃率兵自巴郢因便風下戰淳于量吳明徹等募軍中小艦多賞金銀令先出當賊大艦受其拍賊艦發拍皆盡然後官軍以大艦拍之賊艦皆碎沒于中流賊又以大艦載薪因風放火俄而風轉自焚賊軍大敗皎乃與戴僧朔單舸走過巴陵不敢登城徑奔江陵拓跋定等無復船渡步趨巴陵巴陵城邑爲官軍所據乃向湘州至水口

不得濟食且盡詣軍請降俘獲萬餘人馬四千餘匹送于京師皎黨曹慶錢明潘智虔魯閑席慧略等四十餘人並誅唯任蠻奴章昭裕曹宣劉廣業獲免戴僧朔吳郡錢塘人也有膂力勇健善戰族兄右將軍僧錫甚愛之僧錫年老征討恒使僧朔領衆平王琳有功僧錫卒仍代爲南丹陽太守鎮採石從征留異侯安都於巖下出戰爲賊斫傷僧朔單刀步援以功除壯武將軍北江州刺史領南陵太守又從征周迪有功遷巴州刺史假節將軍如故至是同皎爲逆伏誅於江陵曹慶本王琳將蕭莊僞署左衛將軍吳州刺史部領亞於潘純陁琳敗文帝以配皎官至長沙太守錢明本高祖主帥後歷湘州諸郡守潘智虔純陁之子少有志氣年二十爲巴陵内史魯閑吳郡錢塘人席慧略安定人閑本張彪主帥慧略王琳部下文帝皆配于皎官至郡守並伏誅章昭裕昭達之弟劉廣業廣德之弟曹宣高祖舊臣任蠻奴嘗有密啓於朝廷由

是並獲宥

史臣曰韓子高華皎雖復瓶筲小器輿臺末品文帝鑒往古之得人救當今之急弊達聰明目之術安黎和衆之宜寄以腹心不論胄閥皎早參近昵嘗預艱虞知其無隱賞以悉力有見信之誠非可疑之地皎據有上游忠於文帝仲舉子高亦無爽於臣節者矣

列傳第十四　陳書二十

列傳第十五　陳書二十一

散騎常侍姚　思廉　撰

謝哲

蕭乾

謝嘏

張種

王固

孔奐

蕭允 弟引

謝哲字穎豫陳郡陽夏人也祖朏梁司徒父譓梁右光祿大夫哲美風儀舉止醞藉而襟情豁然爲士君子所重起家梁秘書郎累遷廣陵太守侯景之亂以母老因寓居廣陵高祖自京口渡江應接郭元建哲乃委質深被敬重高祖爲徐州刺史表哲爲長史荊州陷高祖使哲奉表於晉安王勸進敬帝承制徵爲給事黃門侍郎領步兵校尉貞陽侯僭位以哲爲通直散騎常侍侍東宮敬帝即位遷長兼侍中高祖受命遷都官尚書豫州大中正吏部尚書出爲明威將軍晉陵太守入爲中書令世祖嗣位爲太子詹事出爲明威將軍衡陽內史秩中二千石遷長沙太守將軍加秩如故還除散騎常侍中書令廢帝即位以本官領前將軍高宗爲錄尚書引爲侍中仁威將軍司徒左長史未拜光大元年卒時年五十九贈侍中中書監諡康子

蕭乾字思惕蘭陵人也祖嶷齊丞相豫章文獻王父子範梁秘書監乾容止雅正性恬簡善隸書得叔父子雲之法年九歲召補國子周易生梁司空袁昂時爲祭酒深敬重之十五舉明經釋褐東中郎湘東王法曹參軍遷太子舍人建安侯蕭正立出鎮南豫州又板錄事參軍累遷中軍宣城王中錄事諮議參軍侯景平高祖鎮南徐州引乾爲貞威將軍司空從事中郎遷中書侍郎太子家令永定元年除給事黃門侍郎是時熊曇朗在豫章周迪在臨川留異在東陽陳寶應在建晉共相連結閩中豪帥往往立砦

以自保高祖甚患之乃令乾往使諭以逆順并觀虛實將發高祖謂乾曰建晉恃嶮好爲姦宄方今天下初定難便出兵昔陸賈南征趙他歸順隨何奉使黥布來臣追想清風髣髴在目況卿坐鎮雅俗才高昔賢宜勉建功名不煩更勞師旅乾既至曉以逆順所在渠帥並率部衆開壁款附其年就除貞威將軍建安太守天嘉二年留異反陳寶應將兵助之又資周迪兵粮出寇臨川因逼建安乾單使臨郡素無士卒力不能守乃弃郡以避寶應時閩中守宰並爲寶應迫脅受其署置乾獨不爲屈徙居郊野屛絕人事及寶應平乃出詣都督章昭達昭達以狀表聞世祖甚嘉之超授五兵尚書光大元年卒謚曰靜子

謝嘏字含茂陳郡陽夏人也祖瀹齊金紫光祿大夫父舉梁中衛將軍開府儀同三司嘏風神清雅頗善屬文起家梁祕書郎稍遷太子中庶子掌東宮管記出爲建安太守侯景之亂嘏之

廣州依蕭勃承聖中元帝徵爲五兵尚書辭以道阻轉授智武將軍蕭勃以爲鎮南長史南海太守勃敗還至臨川爲周迪所留久之又度嶺之晉安依陳寶應世祖前後頻召之嘏崎嶇寇虜不能自拔及寶應平嘏方詣闕爲御史中丞江德藻所舉劾世祖不加罪責以爲給事黃門侍郎尋轉侍中天康元年以公事免尋復本職光大元年爲信威將軍中衛始興王長史遷中書令豫州大中正都官尚書領羽林監中正如故太建元年卒贈侍中中書令謚曰光子有文集行於世二子儼伸儼官至散騎常侍侍中御史中丞太常卿出監東揚州禎明二年卒於會稽贈中護軍

張種字士苗吳郡人也祖辯宋司空右長史廣州刺史父略梁太子中庶子臨海太守種少恬靜居處雅正不妄交遊傍無造請時人爲之語曰宋稱敷演梁則卷充清虛學尚種有其風仕梁王府法曹遷外兵參軍以父憂去職服闋爲

中軍宣城王府主簿種時年四十餘家貧求爲
始豐令入除中衛西昌侯府西曹掾時武陵王
爲益州刺史重選府僚以種爲征西東曹掾種
辭以母老抗表陳請爲有司所奏坐黜免侯景
之亂種奉其母東奔久之得達鄉里俄而母卒
種時年五十而毀瘠過甚又迫以凶荒未獲時
葬服制雖畢而居處飲食恒若在喪及景平司
徒王僧辯以狀奏聞起爲貞威將軍治中從事
史并爲具葬禮葬訖種方即吉僧辯又以種年

老傍無胤嗣賜之以妾及居處之具貞陽侯僭
位除廷尉卿太子中庶子敬帝即位爲散騎常
侍遷御史中丞領前軍將軍高祖受禪爲太府
卿天嘉元年除左民尚書二年權監吳郡尋徵
復本職遷侍中領步兵校尉以公事免白衣兼
太常卿俄而即眞廢帝即位加領右軍將軍未
拜改領弘善宮衛尉又領揚東揚二州大中正
高宗即位重爲都官尚書領左驍騎將軍遷中
書令驍騎中正並如故以疾授金紫光祿大夫

種沈深虛靜而識量宏博時人皆以爲宰相之
器僕射徐陵甞抗表讓位於種曰臣種器懷沈
密文史優裕東南貴秀朝庭親賢克壯其猷宜
居左執其爲時所推重如此大建五年卒時年七
十贈特進謚曰元子種仁恕寡欲雖歷居顯位
而家產屢空終日晏然不以爲病太建初女爲
始興王妃以居處僻陋特賜宅一區又累賜無
錫嘉興縣侯秩甞於無錫見有重囚在獄天寒
呼出曝日遂失之世祖大笑而不深責有集十

四卷種弟稜亦清靜有識度官至司徒左長史
太建十一年卒時年七十贈光祿大夫種族子
稚才齊護軍孫冲之少孤介特立仕爲尚書金
部郎中遷右丞建康令太舟卿揚州別駕從事史
兼散騎常侍使于周還爲司農廷尉卿所歷並
以清白稱

王固字子堅左光祿大夫通之弟也少清正頗
涉文史以梁武帝甥封莫口亭侯舉秀才起家
梁祕書郎遷太子洗馬掌東宮管記丁所生母

憂去職服闋除丹陽尹承侯景之亂奔于荊州
梁元帝承制以爲相國戶曹屬掌管記尋聘于
西魏魏人以其梁氏外戚待之甚厚承聖元年
還太子中庶子尋爲貞威將軍安南長史尋陽
太守荊州陷固之鄱陽隨兄質度東嶺居信安
縣紹泰元年徵爲侍中不就永定中移居吳郡
世祖以固清靜且欲申以婚姻天嘉二年至都
拜國子祭酒三年遷中書令四年又爲散騎常
侍國子祭酒其年以固女爲皇太子妃禮遇甚

重廢帝即位授侍中金紫光祿大夫時高宗輔
政固以廢帝外戚妳媼恒往來禁中頗宣密旨
事洩比將伏誅高宗以固本無兵權且居處清
潔止免所居官禁錮太建二年隨例爲招遠將
軍宣惠豫章王諮議參軍遷太中大夫太常卿
南徐州大中正七年卒官時年六十三贈金
紫光祿大夫喪事所須隨由資給至德二年改
葬謚曰恭子固清虛寡欲居喪以孝聞又崇信
佛法及丁所生母憂遂終身蔬食夜則坐禪晝

誦佛經兼習成實論義而於玄言非所長嘗聘
于西魏因宴饗之際請停殺一羊羊於固前跪
拜又宴於昆明池魏人以南人嗜魚大設罟網
固以佛法呪之遂一鱗不獲子寬官至司徒左
長史侍中

孔奐字休文會稽山陰人也曾祖琇之齊左民
尚書吳興太守祖琇太子舍人尚書三公郎父
稚孫梁寧遠枝江公主簿無錫令奐數歲而孤
爲叔父虔孫所養好學善屬文經史百家莫

不通涉沛國劉顯時稱學府每共奐討論深相
歎服乃執奐手曰昔伯喈墳素悉與仲宣吾當
希彼蔡君足下無愧王氏所保書籍尋以相付
州舉秀才射策高第起家揚州主簿宣惠湘東
王行參軍並不就又除鎮西湘東王外兵參軍
入爲尚書倉部郎中遷儀曹侍郎時左民郎沈
炯爲飛書所謗將陷重辟事連臺閣人懷憂懼
奐廷議理之竟得明白丹陽尹何敬容以奐剛
正請補功曹史出爲南昌侯相值侯景亂不之

官京城陷朝士並被拘縶或薦奐於賊帥侯子鑒子鑒命脫桎梏厚遇之令掌書記時景軍士悉恣其凶威子鑒景之腹心委任又重朝士見者莫不卑俯屈折奐獨敖然自若無所下或諫奐曰當今亂世人思苟免獯羯無知豈可抗之以義奐曰吾性命有在雖未能死豈可取媚凶醜以求全乎時賊徒剝掠子女拘逼士庶奐每保持之得全濟者甚衆尋遭母憂哀毀過禮時天下喪亂皆不能終三年之喪唯奐及吴國張

種在寇亂中守持法度並以孝聞及景平司徒王僧辯先下辟書引奐爲左西曹掾又除丹陽尹丞梁元帝於荆州即位徵奐及沈炯並令西上僧辯累表請留之帝手勑報僧辯曰孔沈二士今且借公其爲朝廷所重如此仍除太尉從事中郎僧辯爲揚州刺史又補揚州治中從事史時侯景新平每事草創憲章故事無復存者奐博物彊識甄明故實問無不知儀注體式牋表書翰皆出於奐高祖作相除司徒右長史遷

給事黄門侍郎齊遣東方老蕭軌等來寇軍至後湖都邑搔擾又四方壅隔粮運不繼三軍取給唯在京師乃除奐爲貞威將軍建康令時累歲兵荒戶口流散勍敵忽至徵求無所高祖剋日決戰乃令奐多營麥飯以荷葉裹之一宿之閒得數萬裹軍人旦食訖弃其餘因而決戰遂大破賊高祖受禪遷太子中庶子永定二年除晉陵太守晉陵自宋齊以來舊爲大郡雖經寇擾猶爲全實前後二千石多行侵暴奐清白自

守妻子並不之官唯以單船臨郡所得秩俸隨即分贍孤寡郡中大悅號曰神君曲阿富人殷綺見奐居處素儉乃餉衣一襲氈被一具奐曰太守身居美祿何爲不能辦此但民有未周不容獨享温飽耳勞卿厚意幸勿爲煩初世祖在吴中聞奐善政及踐祚徵爲御史中丞領揚州大中正奐性剛直善持理多所糾劾朝廷甚敬憚之深達治體每所敷奏上未嘗不稱善百司滯事皆付奐決之遷散騎常侍領步兵校尉中

書舍人掌詔誥揚東揚二州大中正天嘉四年
重除御史中丞尋爲五兵尚書常侍中正如故
時世祖不豫臺閣衆事竝令僕射到仲舉共奐
決之及世祖疾篤奐與高宗及仲舉并吏部尚
書袁樞中書舍人劉師知等入侍醫藥世祖嘗
謂奐等曰今三方鼎峙生民未乂四海事重宜
須長君朕欲近則晉成遠隆殷法卿等須遵此
意奐乃流涕歔欷而對曰陛下御膳違和痊復
非久皇太子春秋鼎盛聖德日躋安成王介弟

之尊足爲周旦阿衡宰輔若有廢立之心臣等
愚誠不敢聞詔世祖曰古之遺直復見於卿天
康元年乃用奐爲太子詹事二州中正如故世
祖崩廢帝即位除散騎常侍國子祭酒光大二
年出爲信武將軍南中郎康樂侯長史尋陽太
守行江州事高宗即位進號仁威將軍雲麾始
興王長史餘竝如故奐在職清儉多所規正高
宗嘉之賜米五百斛并累降勅書殷勤勞問太
建三年徵爲度支尚書領右軍將軍五年改領

太子中庶子與左僕射徐陵參掌尚書五條事
六年遷吏部尚書七年加散騎常侍八年改加
侍中時有事北討剋復淮泗徐豫酋長降附相
繼封賞選叙紛紜重疊奐應接引進門無停賓
加以鑒識人物詳練百氏凡所甄拔衣冠縉紳
莫不悅伏性耿介絕請託雖儲副之尊公侯之
重溺情相及終不爲屈始興王叔陵之在湘州
累諷有司固求台鉉奐曰衮章之職本以德舉
未必皇枝因抗言於高宗高宗曰始興那忽望

公且朕兒爲公須在鄱陽王後奐曰臣之所見
亦如聖旨後主時在東宮欲以江摠爲太子詹
事令管記陸瑜言之於奐奐謂瑜曰江有潘陸
之華而無園綺之實輔弼儲宮竊有所難瑜具
以白後主後主深以爲恨乃自言於高宗高宗
將許之奐乃奏曰江摠文華之人今皇太子文
華不少豈藉於摠如臣愚見願選敦重之才以
居輔導帝曰即如卿言誰當居此奐曰都官尚
書王廓世有懿德識性敦敏可以居之後主時

亦在側乃曰廓王泰之子不可居太子詹事奐又奏曰宋朝范曄即范泰之子亦爲太子詹事前代不疑後主固爭之帝卒以揔爲詹事由是忤旨其梗正如此初後主欲官其私寵以屬奐奐不從及右僕射陸繕遷職高宗欲用奐已草詔訖爲後主所抑遂不行九年遷侍中中書令領左驍騎將軍揚東揚豐三州大中正十一年轉太常卿侍中中正並如故十四年遷散騎常侍金紫光祿大夫領前軍將軍未拜改領弘範宮衛尉至德元年卒時年七十贈散騎常侍本官如故有集十五卷彈文四卷子紹薪紹忠紹

忠字孝揚亦有才學官至太子洗馬儀同鄱陽王東曹掾

蕭允字升佐蘭陵人也曾祖思話宋征西將軍開府儀同三司尚書右僕射封陽穆公祖惠蒨散騎常侍太府卿左民尚書父介梁侍中都官尚書允少知名風神凝遠通達有識鑒容止醞藉動合規矩起家邵陵王法曹參軍轉湘東王主簿遷太子洗馬侯景攻陷臺城百僚奔散允獨整衣冠坐于宮坊景軍人敬而弗之逼也尋出居京口時寇賊縱橫百姓波駭衣冠士族四出奔散允獨不行人問其故允答曰夫性命之道自有常分豈可逃而獲免乎但患難之生皆生於利苟不求利禍從何生方今百姓爭欲奮臂而論大功一言而取卿相亦何事於一書生哉莊周所謂畏影避迹吾弗爲也乃閉門靜處并日而食卒免於患侯景平後高祖鎮南徐州以書召之允又辭疾永定中侯安都爲南徐州刺

史躬造其廬以申長幼之敬天嘉三年徵爲太子庶子三年除稜威將軍丹陽尹丞五年兼侍中聘于周還拜中書侍郎大匠卿高宗即位遷黃門侍郎五年出爲安前晉安王長史六年晉安王爲南豫州允復爲王長史時王尚少未親民務故委允行府州事入爲光祿卿允性敦重未嘗以榮利干懷及晉安出鎮湘州又苦攜允允少與蔡景歷善景歷子徵脩父黨之敬聞允將

行乃詣允曰公年德竝高國之元老從容坐鎮旦夕自爲列曹何爲方復辛苦在外允答曰已許晉安豈可忘信其恬於榮勢如此至德三年除中衛豫章王長史累遷通直散騎常侍光勝將軍司徒左長史安德宮少府鎮衛鄱陽王出鎮會稽允又爲長史帶會稽郡丞行經延陵季子廟設蘋藻之薦託爲異代之交爲詩以叙意辭理清典後主嘗問蔡徵曰卿世與蕭允相知此公志操何如徵曰其清虛玄遠殆不可測至於文章可得而言因誦允詩以對後主嗟賞久之其年拜光祿大夫及隋師濟江允遷于關右是時朝士至長安者例竝授官唯允與尚書僕射謝伷辭以老疾隋文帝義之竝厚賜錢帛尋以疾卒於長安時年八十四弟引

引字外休方正有器局望之儼然雖造次之間必由法度性聰敏博學善屬文釋褐著作佐郎轉西昌矦儀同府主簿矦景之亂梁元帝爲荊州刺史朝士多往歸之引曰諸王力爭禍患

方始今日逃難未是擇君之秋吾家再世爲始興郡遺愛在民正可南行以存家門耳於是與弟彤及宗親等百餘人奔嶺表時始興人歐陽頠爲衡州刺史引往依焉頠後遷爲廣州病死子紇領其衆引每疑紇有異因事規正由是情禮漸疎及紇舉兵反時京都士人岑之敬公孫挺等竝皆惶駭唯引恬然謂之敬等曰管幼安袁曜卿亦但安坐耳君子正身以明道直己以行義亦復何憂懼乎及章昭達平番禺引始北還高宗召引問嶺表事引具陳始末帝甚悅即日拜金部侍郎引善隸書爲當時所重高宗嘗披奏事指引署名曰此字筆勢翩翩似鳥之欲飛引謝曰此乃陛下假其羽毛耳又謂引曰我每有所忿見卿輒意解何也引曰此自陛下不遷怒臣何預此恩太建七年加戎昭將軍九年除中衛始興王諮議參軍兼金部侍郎引性抗直不事權貴左右近臣無所造請高宗每欲遷用輒爲用事者所裁及呂梁覆師戎儲空匱乃

轉引爲庫部侍郎掌知營造弓弩稍箭等事
引在職一年而器械充牣頻加中書侍郎貞威
將軍黃門郎十二年吏部侍郎缺所司屢舉王
寬謝嘏等帝並不用乃中詔用引時廣州刺史
馬靖甚得嶺表人心而兵甲精練每年深入俚
洞又數有戰功朝野頗生異議高宗以引悉嶺
外物情且遣引觀靖審其舉措諷令送質引奉
密旨南行外託收督賧物既至番禺靖即悟旨
盡遣兒弟下都爲質還至贛水而高宗崩後主

即位轉引爲中庶子以疾去官明年京師多盜
乃復起爲貞威將軍建康令時殿內隊主吳璡
及宦官李善度蔡脫兒等多所請屬引一皆不
許引族子密時爲黃門郎諫引曰李蔡之勢在
位皆畏憚之亦宜小爲身計引曰吾之立身
自有本末亦安能爲李蔡改行就令不平不過
解職耳吳璡竟作飛書李蔡證之坐免官卒於
家時年五十八子德言最知名引宗族子弟多
以行義知名弟彤以恬靜好學官至太子中庶子

南康王長史密字士機幼而聰敏博學有文詞
祖琛梁特進父遊少府卿密太建八年兼散騎
常侍聘于齊歷位黃門侍郎太子中庶子散騎
常侍

史臣曰謝王張蕭咸以清淨爲風文雅流譽雖
更多難終克成名奐謇諤在公英飆振俗詳其
行事抑古之遺愛矣固之蔬菲禪悅斯乃出俗
者焉猶且致紲於黜免有懼於傾覆是知上官
博陸之權勢閻鄧梁竇之震動吁可畏哉

列傳第十六　陳書二十二

散騎常侍姚　思廉　撰

陸子隆

錢道戢

駱牙

陸子隆字興世吳郡吳人也祖敞之梁嘉興令父悛封氏令子隆少慷慨有志功名起家東宮直後侯景之亂於鄉里聚徒是時張彪爲吳郡太守引爲將帥彪徙鎮會稽子隆隨之及世祖討彪彪將沈泰吳寶眞申縉等皆降而子隆力戰敗績世祖義之復使領其部曲板爲中兵參軍歷始豐永興二縣令世祖嗣位子隆領甲仗宿衞尋隨侯安都拒王琳於沌口王琳平授左中郎將天嘉元年封益陽縣子邑三百戶出爲高唐郡太守二年除明威將軍廬陵太守時周迪據臨川反東昌縣人脩行師應之率兵以攻子隆其鋒甚盛子隆設伏於外仍閉門偃甲示之以弱及行師至腹背擊之行師大敗因乞降

子隆許之送于京師四年周迪引陳寶應復出臨川子隆隨都督章昭達討迪迪退走因隨昭達踰東興嶺討陳寶應軍至建安以子隆監郡寶應據建安之湖際以拒官軍子隆與昭達各據一營昭達先與賊戰不利亡其鼓角子隆聞之率兵來救大破賊徒盡獲昭達所亡羽儀甲仗晉安平子隆功最遷假節都督武州諸軍事將軍如故尋改封朝陽縣伯邑五百戶廢帝即位進號智武將軍加員外散騎常侍餘如故華皎據湘州反以子隆居其心腹皎深患之頻遣使招誘子隆不從皎因遣兵攻之又不能剋及皎敗於郢州子隆出兵以襲其後因與王師相會授持節通直散騎常侍都督武州諸軍事進爵爲侯增邑并前七百戶尋遷都督荊信祐三州諸軍事宣毅將軍荊州刺史持節常侍如故是時荊州新置治于公安城池未固子隆脩建城郭綏集夷夏甚得民和當時號爲稱職三年吏民詣都上表請立碑頌美功績詔許之太建元

年進號雲麾將軍二年卒時年四十七贈散騎
常侍謚曰威子之武嗣之武年十六領其舊軍
隨吳明徹北伐有功官至王府主簿弘農太守
仍隷明徹明徹於呂梁敗績之武逃歸爲人所
害時年二十二子隆弟子才亦有幹略從子隆
征討有功除南平太守封始興縣子邑三百戸
從吳明徹北伐監安州鎮于宿預除中衞始興
王諮議參軍遷飆猛將軍信州刺史太建十三
年卒時年四十二贈員外散騎常侍

錢道戢字子韜吳興長城人也父景深梁漢壽令
道戢少以孝行著聞及長頗有幹略高祖微時
以從妹妻焉從平盧子略於廣州除濱江令高
祖輔政遣道戢隨世祖平張彪于會稽以功拜
直閤將軍除員外散騎常侍假節東徐州刺史
封永安縣侯邑五百戸仍領甲卒三千隨侯安
都鎮防梁山尋領錢塘餘杭二縣令永定三年
隨世祖鎮于南晥口天嘉元年又領剡令鎮于
縣之南巖尋爲臨海太守鎮巖如故侯安都之
討留異也道戢帥軍出松陽以斷其後異平以
功拜持節通直散騎常侍輕車將軍都督東西
二衡州諸軍事衡州刺史領始興內史光大元
年增邑并前七百戸高宗即位徵歐陽紇入朝
紇疑懼乃舉兵來攻衡州道戢與戰却之及都
督章昭達率兵討紇以道戢爲步軍都督由間
道斷紇之後紇平除左衞將軍太建二年又隨
昭達征蕭巋於江陵道戢別督衆軍與陸子隆
焚靑泥舟艦仍爲昭達前軍攻安蜀城降之以

功加散騎常侍仁武將軍增邑并前九百戸其
年遷仁威將軍吳興太守未行改授使持節都
督郢巴武三州諸軍事郢州刺史王師北討道
戢與儀同黃法𣰰圍歷陽歷陽城平因以道戢
鎮之以功加雲麾將軍增邑并前一千五百戸
其年十一月遘疾卒時年六十三贈本官謚曰
肅子邈嗣

駱牙字旗門吳興臨安人也祖祕道梁安成王
田曹參軍父裕鄱陽嗣王中兵參軍事牙年十

二宗人有善相者云此郎容貌非常必將遠致
梁大淸末世祖嘗避地臨安牙母陵覩世祖儀
表知非常人賓待甚厚及世祖爲吳興太守引
牙爲將帥因從平杜龕張彪等毎戰先鋒陷
陣勇冠衆軍以功授直閤將軍太平二年以母
憂去職世祖鎮會稽起爲山陰令永定三年除
安東府中兵參軍出鎮冶城尋從世祖拒王琳
於南皖世祖即位授假節威虜將軍員外散騎
常侍封常安縣侯邑五百戶尋爲臨安令遷越

州刺史餘竝如故初牙母之卒也于時飢饉兵
荒卂至是始葬詔贈牙母常安國太夫人謚曰恭
遷牙爲貞威將軍晉陵太守三年以平周迪之
功遷冠軍將軍臨川内史太建三年授安遠將
軍衡陽内史未拜徙爲桂陽太守八年還朝遷
散騎常侍入直殿省十年授豐州刺史餘竝如
故至德二年卒時年五十七贈安遠將軍廣州
刺史子義嗣

史臣曰陸子隆錢道戢或擧門願從或舊里齒樹
勲有統領之才充師旅之寄至於受任藩屏功
績竝著美矣駱牙識眞有奉知世祖天授之德
蓋張良之亞歟牙母智深先覺符柏谷之禮君
子知鑒識弘遠其在茲乎

列傳第十六　陳書二十二

列傳第十七　陳書二十三

散騎常侍姚　思廉　撰

沈君理

王瑒

陸繕

沈君理字仲倫吳興人也祖僧旻梁左民尚書父巡素與高祖相善梁太清中爲東陽太守侯景平後元帝徵爲少府卿荆州陷蕭詧署金紫光祿大夫君理美風儀博涉經史有識鑒起家

湘東王法曹參軍高祖鎮南徐州巡遣君理自東陽謁于高祖高祖器之命尚會稽長公主辟爲府西曹掾稍遷中衞豫章王從事中郎尋加明威將軍兼尚書吏部侍郎遷給事黃門侍郎監吳郡高祖受禪拜駙馬都尉封永安亭侯出爲吳郡太守是時兵革未寧百姓荒弊軍國之用咸資東境君理招集士卒脩治器械民下悅附深以幹理見稱世祖嗣位徵爲侍中遷守左民尚書未拜爲明威將軍丹陽尹天嘉三年重授左民尚書領步兵校尉尋改前軍將軍四年侯安都徙鎮江州以本官監南徐州六年出爲仁威將軍東陽太守天康元年以父憂去職君理因自請往荆州迎喪柩朝議以在位重臣難令出境乃遣長兄君嚴往焉及還將葬詔贈巡侍中領軍將軍謚曰敬子其年起君理爲信威將軍左衞將軍又起爲持節都督東衡衡二州諸軍事仁威將軍東衡州刺史領始興内史又起爲明威將軍中書令前後奪情者三竝不就

太建元年服闋除太子詹事行東宮事遷吏部尚書二年高宗以君理女爲皇太子妃賜爵望蔡縣侯邑五百戶四年加侍中五年遷尚書右僕射領吏部侍中如故其年有疾輿駕親臨視九月卒時年四十九詔贈侍中太子少傅喪事所須隨由資給重贈翊左將軍開府儀同三司侍中如故謚曰貞憲君理子遵儉早卒以弟君高子遵禮爲嗣君理第五叔邁亦方正有幹局仕梁爲尚書金部郎永定中累遷中書侍郎

天嘉中歷太僕廷尉出爲鎮東始興王長史會稽郡丞行東揚州事光大元年除尚書吏部郎太建元年遷爲通直散騎常侍侍東宮二年卒時年五十二贈散騎常侍君理第六弟君高字季高少知名性剛直有吏能以家門外戚早居清顯歷太子舍人洗馬中舍人高宗司空府從事中郎廷尉卿太建元年東境大水百姓飢弊乃以君高爲貞威將軍吳令尋除太子中庶子尚書吏部郎衞尉卿出爲宣遠將軍平南長沙王長史南海太守行廣州事以女爲王妃固辭不行復爲衞尉卿八年詔授持節都督廣等十八州諸軍事寧遠將軍平越中郎將廣州刺史嶺南俚獠世相攻伐君高本文吏無武幹推心撫御甚得民和十年卒于官時年四十七贈散騎常侍謚曰祁子

王瑒字子璵司空沖之第十二子也沈靜有器局美風儀擧止醞藉梁大同中起家祕書郎遷太子洗馬元帝承制徵爲中書侍郎直殿省仍

掌相府管記出爲東宮內史遷太子中庶子丁所生母憂歸于丹陽江陵陷梁敬帝承制除仁威將軍尚書吏部郎中貞陽侯僭位以敬帝爲太子授瑒散騎常侍侍東宮尋遷長史兼侍中高祖入輔以爲司徒左長史永定元年遷守五兵尚書世祖嗣位授散騎常侍領太子庶子侍東宮遷領左驍騎將軍太子中庶子常侍侍中如故瑒爲侍中六載父沖嘗爲瑒辭領中庶子世祖顧謂沖曰所以久留瑒於承華政欲使太子微有瑒風法耳廢帝嗣位以侍中領左驍騎將軍光大元年以父憂去職高宗即位太建元年復除侍中領左驍騎將軍遷度支尚書領羽林監出爲信威將軍雲麾始興王長史行州府事未行遷中書令尋加散騎常侍除吏部尚書常侍如故瑒性寬和及居選職務在清靜謹守文案無所抑揚尋授尚書右僕射未拜加侍中遷左僕射參掌選事侍中如故瑒兄弟三十餘人居家篤睦每歲時饋遺遍及近親敦誘諸弟並稟

其規訓太建六年卒時年五十四贈侍中特進
護軍將軍喪事隨所資給謚曰光子瑒第十三
弟瑜字子珪亦知名美容儀早歷清顯年五十
官至侍中永定元年使於齊以陳郡袁憲爲副
齊以王琳之故執而囚之齊文宣帝每行載死
囚以從齊人呼曰供御囚每有他怒則召殺之
以快其意瑜及憲並危殆者數矣齊僕射楊遵
彥憫其無辜每救護之天嘉二年還朝詔復侍
中頃之卒時年四十贈本官謚曰貞子

陸繕字士繻吳郡吳人也祖惠曉齊太常卿父
倕梁御史中丞繕幼有志尚以雅正知名起家
梁宣惠武陵王法曹參軍承聖中授中書侍郎
掌東宮管記江陵陷繕微服遁還京師紹泰元
年除司徒右長史御史中丞以父任所終固辭
不就高祖引繕爲司徒司馬遷給事黃門侍郎
領步兵校尉通直散騎常侍兼侍中永定元年
遷侍中時留異擁割東陽新安人向文政與異
連結因據本郡朝廷以繕爲貞威將軍新安太

守世祖嗣位徵爲太子中庶子領步兵校尉掌
東宮管記繕儀表端麗進退閑雅世祖使太子
諸王咸取則焉其趨步躡履皆令習繕規矩除
尚書吏部郎中步兵如故仍侍東宮陳寶應平
後出爲貞毅將軍建安太守秩滿爲散騎常侍
御史中丞猶以父之所終固辭不許乃權換廨
宇徙居之太建初遷度支尚書侍中太子詹事
行東宮事領揚州大中正及太子親莅庶政解
行事加散騎常侍改加侍中遷尚書右僕射尋

遷左僕射參掌選事侍中如故更爲尚書僕射
領前將軍重授左僕射領揚州大中正別敕令
與徐陵等七人參議政事十二年卒時年六十
三贈侍中特進金紫光祿大夫謚曰安子太子
以繕東宮舊臣特賜祖奠繕子辯惠年數歲詔
引入殿內辯惠應對進止有父風高宗因賜名
辯惠字敬仁去繕兄子見賢亦方雅高宗爲揚
州牧乃以爲治中從事史深被知遇歷給事黃
門侍郎長沙鄱陽二王長史帶尋陽太守少府

卿太建十年卒時年五十贈廷尉卿謚曰平子
史臣曰夫衣冠雅道廊廟嘉猷諒以操履敦脩
局宇詳正經曰容止可觀詩言其儀罔忒彼三
子者其有斯風焉

列傳第十七　　陳書二十三

列傳第十八　　陳書二十四

散騎常侍姚　思廉　撰

周弘正　弟弘直　弘直子確

袁憲

周弘正字思行汝南安城人也晉光祿大夫顗之九世孫也祖顒齊中書侍郎領著作父寶始梁司徒祭酒弘正幼孤及弟弘讓弘直俱爲叔父侍中護軍捨所養年十歲通老子周易捨每與談論輒異之曰觀汝神情穎晤清理警發後世知名當出吾右河東裴子野深相賞納請以女妻之十五召補國子生仍於國學講周易諸生傳習其義以季春入學孟冬應舉學司以其日淺弗之許焉博士到洽議曰周郎年未弱冠便自講一經雖曰諸生實堪師表無俟策試起家梁太學博士晉安王爲丹陽尹引爲主簿出爲鄴令丁母憂去職服闋歷曲阿安吉令普通中初置司文義郎直壽光省以弘正爲司義侍郎大通二年梁昭明太子薨其嗣華容公不得

立乃以晉安王爲皇太子弘正乃奏記曰竊聞捴謙之象起於羲軒爻畫揖讓之源生於堯舜禪受其來尚矣可得而詳焉夫以廟堂汾水殊途而同歸稷契巢許異名而一貫出者稱爲元首處者謂之外臣莫不內外相資表裏成治斯蓋萬代同規百王不易者也暨于三王之世澆以陵夷各親其親各子其子乃至七國爭雄劉項競逐皇漢扇其俗有晉揚其波謙讓之道廢多歷年所矣夫文質遞變澆淳相革還樸反古今也其時伏惟明大王殿下天挺將聖聰明神武百辟冠冕四海歸仁是以皇上發德音下明詔以大王爲國之儲副乃天下之本焉雖復夏啓周誦漢儲魏兩此數君者安足爲大王道哉意者願聞殿下抗目夷上仁之義執子臧大賢之節逃玉輿而弗乘弃萬乘如脫屣庶改澆競之俗以大吳國之風古有其人今聞其語能行之者非殿下而誰能使無爲之化復興於遂古讓王之道不墜於來葉豈不盛歟豈不盛歟弘正陋學書生義慚

稽古家自汝頴世傳忠烈先人決曹掾燕抗辭
九諫高節萬乘正色三府雖盛德之業將絕而
狂直之風未墜是以敢布腹心肆其愚瞽如使
芻言野説少陳於聽覽縱復委身烹鼎之下絕
命肺石之上雖死之日猶生之年其抗直守正皆
此類也累遷國子博士時於城西立士林館弘
正居以講授聽者傾朝野焉弘正啓梁武帝周
易疑義五十條又請釋乾坤二繫曰臣聞易稱
立象以盡意繫辭以盡言然後知聖人之情幾

可見矣自非含微體極盡化窮神豈能通志成
務探賾致遠而宣尼比之桎梏絕韋編於漆字
軒轅之所聽瑩遺玄珠於赤水伏惟陛下一日
萬機匪勞神於瞬息凝心妙本常自得於天眞
聖智無以隱其幾深明神無以淪其不測至若
爻畫之苞於六經文辭之窮於兩繫名儒劇談
以歷載鴻生抵掌以終年莫有試遊其藩未嘗
一見其涘自制旨降談裁成易道析至微於秋
毫渙曾冰於幽谷臣親承音旨職司宣授後進

誂誂不無傳業但乾坤之蘊未剖繫表之妙莫
詮使一經深致尚多所惑臣不涯庸淺輕率短
陋謹與受業諸生清河張譏等三百一十二人
於乾坤二繫象爻未啓伏願聽覽之閑曲垂提
訓得使微臣鑽仰成其篤習後昆好事專門有
奉自惟多幸懽沐道於堯年肄業終身不知老
之將至天尊不聞而冒陳請冰谷寘懷罔識攸
厝詔答曰設卦觀象事遠文高作繫表言辭深
理奧東魯絕編之思西伯幽憂之作事逾三古

人更七聖自商瞿稟承子庸傳授篇簡湮沒歲
月遼遠田生表菑川之譽梁丘擅琅邪之學代
郡范生山陽王氏人藏荊山之寶各盡玄言之
趣説或去取意有詳略近搢紳之學咸有稽疑
隨答所問已具別解知與張譏等三百一十二
人須釋乾坤文言及二繫萬機小暇試當討論弘
正博物知玄象善占候大同末嘗謂弟弘讓曰國家
厄運數年當有兵起吾與汝不知何所逃之及梁
武帝納侯景弘正謂弘讓曰亂階此矣京城陷

弘直爲衡陽內史元帝在江陵遺弘直書曰適
有都信賢兄博士平安但京師搢紳無不附逆
王克已爲家臣陸緬身充卒伍唯有周生確乎不
拔言及西軍潺湲掩淚恒思吾至如望歲焉松柏
後凋一人而已王僧辯之討侯景也弘正與弘
讓自拔迎軍僧辯得之甚喜即日啓元帝元帝
手書與弘正曰獲醜逆亂寒暑亟離海內相識
零落略盡韓非之智不免秦獄劉歆之學猶弊
亡新音塵不嗣每以耿灼常欲訪山東而尋子

雲問關西而求伯起遇有今信力附相聞遅比
來郵慰其延佇仍遣使迎之謂朝士曰晉氏平
吳喜獲二陸今我破賊亦得兩周今古一時足
爲連類及弘正至禮數甚優朝臣無與比者授
黃門侍郎直侍中省俄遷左民尚書尋加散騎
常侍元帝嘗著金樓子曰余於諸僧重招提琰
法師隱士重華陽陶貞白士大夫重汝南周弘
正其於義理淸轉無窮亦一時之名士也及侯
景平僧辯啓送祕書圖籍勅弘正讎校時朝議

遷都朝士家在荆州者皆不欲遷唯弘正與僕
射王裒言於元帝曰若東脩以上諸士大夫微
見古今者知帝王所都本無定處無所與疑至
如黔首萬姓若未見輿駕入建鄴謂是列國諸
王未名天子今宜赴百姓之心從四海之望時
荆陝人士咸云王周皆是東人志願東下恐非
良計弘正面折之曰若東人勸東謂爲非計君
等西人欲西豈成良策元帝乃大笑之竟不還
都及江陵陷弘正遁圍而出歸於京師敬帝以

爲大司馬王僧辯長史行揚州事太平元年授侍
中領國子祭酒遷太常卿都官尚書高祖受禪授
太子詹事天嘉元年遷侍中國子祭酒往長安
迎高宗三年自周還詔授金紫光祿大夫加金
章紫綬領慈訓太僕廢帝嗣位領都官尚書摠
知五禮事仍授太傅長史加明威將軍高宗即位
遷特進重領國子祭酒豫州大中正加扶太建
五年授尚書右僕射祭酒中正如故尋勅侍東
宮講論語孝經太子以弘正朝廷舊臣德望素

重於是降情屈禮横經請益有師資之敬焉弘正特善玄言兼明釋典雖碩學名僧莫不請質疑滯六年卒于官時年七十九詔曰追遠襃德抑有恒規故尚書右僕射領國子祭酒豫州大中正弘正識宇凝深藝業通備辭林義府國老民宗道映庠門望高禮閣卒然殂殞朕用惻然可贈侍中中書監喪事所須量加資給便出臨哭謚曰簡子所著周易講疏十六卷論語疏十一卷莊子疏八卷老子疏五卷孝經疏兩卷集

二十卷行于世子墳官至吏部郎弘正二弟弘讓弘直弘讓性簡素博學多通天嘉初以白衣領太常卿光禄大夫加金章紫綬

弘直字思方幼而聰敏解褐梁太學博士稍遷西中郎湘東王外兵記室參軍與東海鮑泉南陽宗懍平原劉緩沛郡劉縠同掌書記入為尚書儀曹郎湘東王出鎮江荊二州累除録事諮議參軍帯柴桑當陽二縣令及梁元帝承制授假節英果將軍世子長史尋除智武將軍衡陽内史遷貞毅將軍平南長史長沙内史行湘州府州事湘濱縣侯邑六百戸歷邵陵零陵太守雲麾將軍昌州刺史王琳之舉兵也弘直在湘州琳敗乃還朝天嘉中歷國子博士廬陵王長史尚書左丞領羽林監中散大夫祕書監掌國史遷太常卿光禄大夫加金章紫綬太建七年遇疾且卒乃遺疏勅其家曰吾今年已來筋力減耗可謂衰矣而好生之情曾不自覺唯務行樂不知老之將至今時制云及將同朝露七十

餘年頗經稱足啓手告全差無遺恨氣絶已後便買市中見材材必須小形者使易提挈斂以時服古人通制但下見先人必須備禮可著單衣裙衫故履既應侍養宜備紛帨或逢善友又須香烟棺内唯安白布手巾麤香爐而已其外一無所用卒于家時年七十六有集二十卷子確

確字士潛美容儀寛大有行檢博涉經史篤好玄言世父弘正特所鍾愛解褐梁太學博士司徒祭酒晉安王主簿　高祖受禪除尚書殿中郎

累遷安成王限內記室高宗即位授東宮通事
舍人丁毋憂去職及歐陽紇平起爲中書舍人
命於廣州慰勞服闋爲太常卿歷太子中庶子
尚書左丞太子家令以父憂去職尋起爲貞威
將軍吳令確固辭不之官至德元年授太子左
衛率中書舍人遷散騎常侍加貞威將軍信州
南平王府長史行揚州事爲政平允稱爲良吏
遷都官尚書禎明初遘疾卒于官時年五十九
詔贈散騎常侍太常卿官給喪事

袁憲字德章尚書左僕射樞之弟也幼聰敏好
學有雅量梁武帝脩建庠序別開五館其一館
在憲宅西憲常招引諸生與之談論每有新議
出人意表同輩咸嗟服焉大同八年武帝撰孔
子正言章句詔下國學宣制旨義憲時年十四
被召爲國子正言生謁祭酒到溉溉目而送之
愛其神彩在學一歲國子博士周弘正謂憲父
君正曰賢子今茲欲策試不君正曰經義猶淺
未敢令試居數日君正遣門下客岑文豪與憲

候弘正會弘正將登講坐弟子畢集乃延憲入
室授以麈尾令憲樹義時謝岐何妥在坐弘正
謂曰二賢雖窮奧賾得無憚此後生耶何謝於
是遞起義端深極理致憲與往復數番酬對閑
敏弘正謂妥曰恣卿所問勿以童稚相期時學
衆滿堂觀者重沓而憲神色自若辯論有餘弘
正請起數難終不能屈因告文豪曰卿還咨袁
吳郡此郎已堪見代爲博士矣時生徒對策多
行賄賂文豪請具束脩君正曰我豈能用錢爲

兒買第耶學司銜之及憲試爭起劇難憲隨問
抗答剖析如流到溉顧憲曰袁君正其有後矣
及君正將之吳郡溉祖道於征虜亭謂君正曰
昨策生蕭敏孫徐孝克非不解義至於風神器
局去賢子遠矣尋舉高第以貴公子選尚南
沙公主即梁簡文之女也大同元年釋褐祕書
郎太清二年遷太子舍人侯景寇逆憲東之吳
郡尋丁父憂哀毀過禮敬帝承制徵授尚書
殿中郎高祖作相除司徒戶曹永定元年授中

書侍郎兼散騎常侍與黃門侍郎王瑜使齊數年不遣天嘉初乃還四年詔復中書侍郎直侍中省太建元年除給事黃門侍郎仍知太常事二年轉尚書吏部侍郎尋除散騎常侍侍東宮三年遷御史中丞領羽林監時豫章王叔英不奉法度逼取人馬憲依事劾奏叔英由是坐免黜自是朝野皆嚴憚焉憲詳練朝章尤明聽斷至有獄情未盡而有司具法者即伺閑暇常為上言之其所申理者甚衆嘗陪醼承香閣賓退之後

高宗留憲與衛尉樊俊徙席山亭談宴終日高宗目憲而謂俊曰袁家故為有人其見重如此五年入為侍中六年除吳郡太守以父任固辭不拜改授明威將軍南康內史九年秩滿除散騎常侍兼吏部尚書尋而為真憲以久居清顯累表自求解任高宗曰諸人在職屢有謗書卿處事已多可謂清白別相甄錄且勿致辭十三年遷右僕射參掌選事先是憲長兄簡懿子為左僕射至是憲為右僕射臺省內目簡懿為大僕

射憲為小僕射朝廷榮之及高宗不豫憲與吏部尚書毛喜俱受顧命始興王叔陵之肆逆也憲指麾部分預有力焉後主被瘡病篤執憲手曰我兒尚幼後事委卿憲曰羣情喁喁冀聖躬康復後事之旨未敢奉詔以功封建安縣伯邑四百戶領太子中庶子餘竝如故尋除侍中信威將軍太子詹事至德元年太子加元服二年行釋奠之禮憲於是表請解職後主不許給扶二人進號雲麾將軍置佐史皇太子頗不率

典訓憲手表陳諫凡十條皆援引古今言辭切直太子雖外示容納而心无悛改後主欲立寵姬張貴妃子始安王為嗣嘗從容言之吏部尚書蔡徵順旨稱賞憲厲色折之曰皇太子國家儲嗣億兆宅心卿是何人輕言廢立夏竟廢太子為吳興王後主知憲有規諫之事歎曰袁德章實骨鯁之臣即日詔為尚書僕射禎明元年隋軍來伐隋將賀若弼進燒宮城北掖門宮衛皆散走朝士稍各引去惟憲衛侍左右後主

謂憲曰我從來待卿不先餘人今日見卿可謂歲寒知松柏後凋也後主遑遽將避匿憲正色曰北兵之入必無所犯大事如此陛下安之臣願陛下正衣冠御前殿依梁武見侯景故事後主不從因下榻馳去憲從後堂景陽殿入後主投下井中憲拜哭而出京城陷入于隋隋授使持節昌州諸軍事開府儀同三司昌州刺史開皇十四年詔授晉王府長史十八年卒時年七十贈大將軍安城郡公謚曰簡長子承家仕

隋至祕書丞國子司業

史臣曰梁元帝稱士大夫中重汝南周弘正信哉斯言也觀其雅量標舉尤善玄言亦一代之國師矣袁憲風格整峻徇義履道韓子稱為人臣委質心無有二憲弗渝終始良可嘉焉

列傳第十九　　陳書二十五

散騎常侍姚思廉　撰

裴忌

孫瑒

裴忌字無畏河東聞喜人也祖髦梁中散大夫父之平倜儻有志略召補文德主帥梁普通中衆軍北伐之平隨都督夏侯亶克定渦潼以功封費縣侯會衡州部民相聚寇抄詔以之平為假節超武將軍都督衡州五郡征討諸軍事及

之平至即皆平殄梁武帝甚嘉賞之元帝承聖中累遷散騎常侍右衛將軍晉陵太守世祖即位除光祿大夫慈訓宮衛尉並不就乃築山穿池植以卉木居處其中有終焉之志天康元年卒贈仁威將軍光祿大夫謚曰信子忌少聰敏有識量頗涉史傳為當時所稱解褐梁豫章王法曹參軍侯景之亂忌招集勇力隨高祖征討累功為寧遠將軍及高祖誅王僧辯僧辯弟僧智舉兵據吳郡高祖遣黃他率衆攻之僧智出兵於西昌門拒戰他與相持不能克高祖謂忌曰三吳奧壤舊稱饒沃雖凶荒之餘猶為殷盛而今賊徒扇聚天下搖心非公無以定之宜善思其策忌乃勒部下精兵輕行倍道自錢塘直趣吳郡夜至城下鼓譟薄之僧智疑大軍至輕舟奔杜龕忌入據其郡高祖嘉之表授吳郡太守高祖受禪徵為左衛將軍天嘉初出為持節南康內史時義安太守張紹賓據郡反世祖以忌為持節都督嶺北諸軍事率衆討平之還除

散騎常侍司徒左長史五年授雲麾將軍衛尉卿封東興縣侯邑六百戶及華晈稱兵上流高宗時為錄尚書輔政盡命衆軍出討委忌總知中外城防諸軍事及晈平高宗即位太建元年授東陽太守改封樂安縣侯邑一千戶四年入為太府卿五年轉都官尚書吳明徹督衆軍北伐詔忌以本官監明徹軍淮南平授軍師將軍豫州刺史忌善於綏撫甚得民和改授使持節都督譙州諸軍事譙州刺史未及之官會明徹

受詔進討彭汴以忠爲都督與明徹掎角俱進呂梁軍敗陷于周周授上開府隋開皇十四年卒於長安時年七十三

孫瑒字德璉吴郡吴人也祖文惠齊越騎校尉清遠太守父循道梁中散大夫以雅素知名瑒少倜儻好謀略博涉經史尤便書翰起家梁輕車臨川嗣王行參軍累遷爲安西邵陵王水曹中兵參軍事王出鎮郢州瑒盡室隨府甚被賞遇太清之難授假節宣猛將軍軍主王僧辯之

討侯景也王琳爲前軍琳與瑒同門乃表薦爲戎昭將軍宜都太守仍從僧辯救徐文盛於武昌會郢州陷乃留軍鎮巴陵脩戰守之備俄而侯景兵至日夜攻圍瑒督所部兵悉力拒戰賊衆奔退瑒從大軍沿流而下及克姑孰瑒力戰有功除員外散騎常侍封富陽縣侯邑一千戶尋授假節雄信將軍衡陽内史未及之官仍遷衡州平南府司馬破黄洞蠻賊有功除東莞太守行廣州刺史尋除智武將軍監湘州事敬帝嗣位授持節仁威將軍巴州刺史高祖受禪王琳立梁永嘉王蕭莊於郢州徵瑒爲太府卿加通直散騎常侍及王琳入寇以瑒爲使持節散騎常侍都督郢荆巴武湘五州諸軍事安西將軍郢州刺史揔留府之任周遣大將史寧率衆四萬乘虚奄至瑒助防張世貴舉外城以應之所失軍民男女三千餘口周軍又起土山高梯日夜攻逼因風縱火燒其内城南面五十餘樓時瑒兵不滿千人乘城拒守瑒親自撫巡行酒

賦食士卒皆爲之用命周人苦攻不能克乃矯授瑒柱國郢州刺史封萬戶郡公瑒僞許以緩之而潛修戰具樓雉器械一朝嚴設周人甚憚焉及聞大軍敗王琳乘勝而進周兵乃解瑒於是盡有中流之地集其將士而謂之曰吾與王公陳力協義同獎梁室亦已勤矣今時事如此天可違乎遂遣使奉表詣闕天嘉元年授使持節散騎常侍安南將軍湘州刺史封定襄縣侯邑一千戶瑒懷不自安乃固請入朝徵爲散騎

常侍中領軍未拜而世祖從容謂瑒曰昔朱買臣願爲本郡卿豈有意乎仍改授持節安東將軍吳郡太守給鼓吹一部及將之鎮乘輿幸近畿餞送鄉里榮之秩滿徵拜散騎常侍中護軍鼓吹如故留異之反東陽詔瑒督舟師進討異平遷鎮右將軍常侍鼓吹竝如故頃之出爲使持節安東將軍建安太守光大中以公事免尋起爲通直散騎常侍高宗即位以瑒功名素著深委任焉太建四年授都督荆信二州諸軍事

安西將軍荆州刺史出鎮公安瑒增脩城池懷服邊遠爲隣境所憚居職六年又以事免更爲通直散騎常侍及吳明徹軍敗呂梁授使持節督緣江水陸諸軍事鎮西將軍給鼓吹一部尋授散騎常侍都督荆郢巴武湘五州諸軍事郢州刺史持節將軍鼓吹竝如故十二年坐壇場交通抵罪後主嗣位復除通直散騎常侍兼起部尚書尋除中護軍復爵邑入爲度支尚書領步兵校尉俄加散騎常侍遷侍中祠部尚書後

主頻幸其第及著詩賦述勳德之美展君臣之意焉又爲五兵尚書領右軍將軍侍中如故以年老累乞骸骨優詔不許禎明元年卒官時年七十二後主臨哭盡哀贈護軍將軍侍中如故給鼓吹一部朝服一具衣一襲喪事量加資給諡曰桓子瑒事親以孝聞於諸弟甚篤睦性通泰有財物散之親友其自居處頗失於奢豪家庭院穿築極林泉之致歌鍾舞女當世罕儔賓客塡門軒蓋不絕及出鎮郢州乃合十餘船爲大

舫於中立亭池植荷芰每良辰美景賓僚竝集泛長江而置酒亦一時之勝賞焉常於山齋設講肆集玄儒之士冬夏資奉爲學者所稱而處己率易不以名位驕物時興皇寺朗法師該通釋典瑒每造講筵時有抗論法侶莫不傾心又巧思過人爲起部尚書軍國器械多所創立有鑒識男女婚姻皆擇素貴及卒尚書令江總爲其誌銘後主又題銘後四十字遣左民尚書蔡徵宣敕就宅鐫之其詞曰秋風動竹煙水驚波

幾人樵徑何處山阿今時日月宿昔綺羅天長
路遠地久雲多功臣未勒此意如何時論以爲
榮瑒二十二子咸有父風世子讓早卒第二子
訓頗知名歷臨湘令直閤將軍高唐太守陳亡
入隋

史臣曰在梁之季寇賊實繁高祖建義杖旗將
寧區夏裴忌早識攀附每預戎麾摧鋒却敵立
功者數矣孫瑒有文武幹略見知時主及行軍
用兵師司馬之法至於戰勝攻取屢著勳庸加

以好施接物士咸慕向然性不循恒頗以罪免
蓋亦陳湯之徒焉

列傳第十九　陳書二十五

列傳第二十　陳書二十六

散騎常侍姚　思廉　撰

徐陵　子儉　弟孝克

徐陵字孝穆東海郯人也祖超之齊鬱林太守梁員外散騎常侍父摛梁戎昭將軍太子左衛率贈侍中太子詹事謚貞子母臧氏嘗夢五色雲化而爲鳳集左肩上已而誕陵焉時寶誌上人者世稱其有道陵年數歲家人攜以候之寶誌手摩其頂曰天上石麒麟也光宅惠雲法師

每嗟陵早成就謂之顏回八歲能屬文十二通莊老義旣長博涉史籍縱橫有口辯梁普通二年晉安王爲平西將軍寧蠻校尉父摛爲王諮議王又引陵參寧蠻府軍事大通二年王立爲皇太子東宮置學士陵充其選稍遷尚書度支郎出爲上虞令御史中丞劉孝儀與陵先有隙風聞劾陵在縣贓汙因坐免久之起爲南平王府行參軍遷通直散騎侍郎梁簡文在東宮撰長春殿義記使陵爲序又令於少傅府述所製

莊子義尋遷鎮西湘東王中記室參軍太清二年兼通直散騎常侍使魏魏人授館宴賓是日甚熱其主客魏收嘲陵曰今日之熱當由徐常侍來陵卽答曰昔王肅至此爲魏始制禮儀今我來聘使卿復知寒暑收大慙及侯景寇京師陵父摛先在圍城之內陵不奉家信便蔬食布衣若居憂恤會齊受魏禪梁元帝承制於江陵復通使於齊陵累求復命終拘留不遣陵乃致書於僕射楊遵彥曰夫一言所感凝暉照於魯

陽一志冥通飛泉涌於疏勒況復元首康哉股肱良哉隣國相聞風教相期者也天道窮剝鍾亂本朝情計馳惶公私哽懼而骸骨之請徒淹歲寒顛沛之祈空盈卷軸是所不圖也非所仰望也執事不聞之乎昔分鼇命鳥之世觀河拜洛之年則有日烏流災風禽騁暴天傾西北地缺東南盛旱坼三川長波含五嶽我大梁應金圖而有亢纂玉鏡而猶屯何則聖人不能爲時斯固窮通之恒理也至如荆州刺史湘東王機

神之本無寄名言陶鑄之餘猶爲堯舜雖復六代
之舞陳於揔章九州之歌登於司樂虞夔拊石
晉曠調鍾未足須此英聲無以宣其盛德者也
若使郊禋楚翼齋非祀夏之君戡定艱難便是
匡周之霸豈徒豳王徙雍朞月爲都姚帝遷河
周年成邑方今越常藐藐馴雉北飛肅脊茫茫
風牛南偃吾君之子含識知歸而答旨云何所
投身斯其未喻一也又晉熙等郡皆入貴朝去
我尋陽經塗何幾至於鎗鎗曉漏的的宵烽隔

溆浦而相聞臨高臺而可望泉流寶盌遥憶溢
城峯號香鑪依然廬嶽日者鄱陽嗣王治兵匯
派屯戍淪波朝夕殘書春秋方物吾無從以躡
屩彼何路而齊鑣豈其然乎斯不然矣又近者
邵陵王通和此國郢中上客雲聚魏都鄴下名
卿風馳江浦豈盧龍之徑於彼新開銅駝之街
於我長閉何彼途甚易非勞於五丁我路爲難
如登於九折地不私載何其爽歟而答旨云還
路無從斯所未喻二也晉熙廬江義陽安陸皆

云款附非復危邦計彼中途便當靜晏自斯以
北桴鼓不鳴自此以南封疆未壹如其境外脫殞
輕軀幸非邊吏之羞何在匹夫之命又此賓遊
通無貨殖忝非韓起聘鄭私買玉環吳札過徐
躬要寶劒由來宴錫凡厥囊裝行役淹留皆已
虛罄散有限之微財供無期之久客斯可知矣
且據圖刎首愚者不爲運斧全身庸流所鑒何
則生輕一髮自重千鈞不以貫盜明矣骨肉不
任充鼎俎皮毛不足入貨財盜有道焉吾無憂

矣又公家遣使脫有資須本朝非隆平之時遊
客豈皇華之勢輕裝獨宿非勞聚櫜之儀微騎
間行寧望輶軒之禮歸人將從私具驢騾緣道
亭郵唯希蔬粟若曰留之無煩於執事遣之有
費於官司或以顛沛爲言或云資裝可懼固非
通論皆是外篇斯所未喻三也又若以吾徒應
還侯景侯景凶逆殲我國家天下含靈人懷憤
厲既不獲投身社稷衞難乘輿四冢磔蚩尤千
刀剸王莽安所謂俛首頓膝歸奉寇讎珮弭腰

韃爲其皂隸日者通和方敦曩睦凶人狙詐遂
駭狼心頗疑宋萬之誅彌懼荀罃之請所以奔
蹄勁角專恣憑陵凡我行人偏膺讎憾政復菹
筋醢骨抽舌探肝於彼凶情猶當未雪海內之
所知也君侯之所具焉又聞本朝公主都人士
女風行雨散東播西流京邑丘墟蕪蓬蕭瑟
偃師還望咸爲草萊霸陵回首俱沾霜露此又
君之所知也彼以何義爭免寇讎我以何親爭歸
委質昔鉅平貴將懸重於陸公叔向名流深知

於鬷蔑吾雖不敏常慕前脩不圖明庶有懷翻
其以此量物昔魏氏將亡羣凶挺爭諸賢戮力
想得其朋爲葛榮之黨邪爲邢杲之徒邪如曰
不然斯所未喻四也假使吾徒還爲凶黨侯景
生於趙代家自幽恒居則台司行爲連率山川
形勢軍國彝章不勞請箸爲籌使當屈指能算
景以逋逃小醜羊豕同羣身寓江皐家留河朔
春舂井井如鬼如神其不然乎抑又君之所知
也且夫宮闈祕事竝若雲霄英俊訏謨寧非帷

幄或陽驚以定策或焚藁而奏書朝廷之士猶
難參預羈旅之人何階耳目至於禮樂沿革刑
政寬猛則謳歌已遠萬舞成風不知手之舞之
足之蹈之也安在摇其牙齒爲間諜者哉若謂
復命西朝終奔東虜雖齊梁有隔尉候奚殊豈
以河曲之難浮而曰江關之可濟河橋馬度寧
非宋典之姦關路雞鳴皆曰田文之客何其通
敝乃爾相妨斯所未喻五也又兵交使在雖著
前經儻同徇僕之尤追肆寒山之怒則凡諸元

帥竝釋縲囚爰及偏裨同無翦馘乃至鍾儀見
赦朋笑遵途襄老蒙歸虞哥引路吾等張旝拭
玉脩好尋盟涉泗浮河郊勞至于贈賄公
恩既被賓敬無違今者何愆翻蒙貶責若以此
爲言斯所未喻六也若曰祅氛永久喪亂悠然
哀我奔波存其形魄固已銘茲厚德戴此洪恩
譬渤澥而俱深方嵩華而猶重但山梁飲啄非
有意於籠樊江海飛浮本無情於鍾鼓況吾等
營魄已謝餘息空留悲默爲生何能支久是則

雖蒙養護更天天年若以此爲言斯所未喻七
也若云逆豎殲夷當聽反命高軒繼路飛蓋相
隨未解其言何能善謔夫屯亨治亂豈有意於
前期謝常侍今年五十有一吾今年四十有四
介已知命賓又杖鄉計彼侯生肩隨而已豈銀
臺之要彼未從師金竈之方吾知其決政恐南
陽菊水竟不延齡東海桑田無由可望若以此
爲言斯所未喻八也足下清襟勝託書囿文林
凡自洪荒終乎幽厲如吾今日寧有其人爰至

春秋微宜商略夫宗姬殄墜霸道昏凶或執政
之多門或陪臣之涼德故臧孫有禮翻囚與國
之賓周伯無愆空怒天王之使遷箕卿於兩館
縶驥子於三年斯匪貪亂之風邪寧當今之高
例也至於雙崤且帝四海爭雄或構趙而侵燕
或連韓而謀魏身求盟於楚殿躬奪璧於秦庭
輸寶鼎以託齊王馳安車而誘梁客其外膏脣
販舌分路揚鑣無罪無辜如兄如弟逮乎中陽
受命天下同規巡省諸華無聞幽辱及三方之

霸也孫甘言以娬媚曹屈詐以羈縻旍軫歲到
於句吳冠蓋年馳於庸蜀則客嘲殊險賓戲已
深共盡遊談誰云猜忤若使搜求故實脫有前
蹤恐是叔世之姦謀而非爲邦之勝略也抑又
聞之雲師火帝澆淳乃異其風龍躍麟驚王霸
雖殊其道莫不崇君親以銘物敦敬養以治民
預有邦司曾無隆替吾奉違溫凊仍屬亂離寇
虜猖狂公私播越蕭軒靡御王舫誰持瞻望鄉
關何心天地自非生憑廩竹源出空桑行路含

情猶其相愍常謂擇官而仕非曰孝家擇事而
趨非云忠國況乎欽承有道驂駕前王郎吏明
經鴟鳶知禮巡省方化咸問高年東序西膠皆
尊耆老吾以圭璋玉帛通聘來朝屬世道之屯
期鍾生民之否運兼年累載無申元直之祈銜
泣吞聲長對公閭之怒情禮之訴將同逆鱗忠
孝之言皆應齰舌是所不圖也非所仰望也且
天倫之愛何得忘懷妻子之情誰能無累夫以
清河公主之貴餘姚書佐之家莫限高卑皆被

驅略自東南醜虜抄販饑民臺署郎官俱餒墻
壁況吾生離死別多歷暄寒孀室嬰兒何可言
念如得身還鄉土躬自推求猶冀提攜俱免凶
虐夫四聰不達華陽君所謂亂臣百姓無寃孫
叔敖稱爲良相足下高才重譽參贊經綸非豹
非貔聞詩聞禮而中朝大議曾未矜論清禁嘉
謀安能相及諤諤非周舍容容類胡廣何其無
諍臣哉歲月如流平生何幾晨看旅鴈心赴江
淮昏望牽牛情馳揚越朝千悲而掩泣夜萬緒

而回腸不自知其爲生不自知其爲死也足下
素挺詞鋒兼長理窟匡丞相解頤之說樂令君
清耳之談向所諮疑誰能曉喻若鄙言爲謬來
旨必通分請灰釘甘從斧鑊何但規規默默齰
舌低頭而已哉若一理存焉猶希矜眷何必期
令我等必死齊都足趙魏之黃塵加幽并之片
骨遂使東平拱樹長懷向漢之悲西洛孤墳恒
表思鄉之夢千祈以屢哽慟增深遵彥音不報
書及江陵陷齊送貞陽侯蕭淵明爲梁嗣乃遣

陵隨還太尉王僧辯初拒境不納淵明往復致
書皆陵詞也及淵明之入僧辯得陵大喜接待饋
遺其禮甚優以陵爲尚書吏部郎掌詔誥其年
高祖率兵誅僧辯仍進討韋載時任約徐嗣徽
乘虛襲石頭陵感僧辯舊恩乃往赴約及約等
平高祖釋陵不問尋以爲貞威將軍尚書左丞
紹泰二年又使于齊還除給事黃門侍郎祕書
監高祖受禪加散騎常侍左丞如故天嘉初除
太府卿四年遷五兵尚書領大著作六年除散

騎常侍御史中丞時安成王諱爲司空以帝弟
之尊勢傾朝野直兵鮑僧叡假王威權抑塞辭
訟大臣莫敢言者陵聞之乃爲奏彈導從南臺
官屬引奏案而入世祖見陵服章嚴肅若不可
犯爲斂容正坐陵進讀奏版時安成王殿上侍
立仰視世祖流汗失色陵遣殿中御史引王下
殿遂劾免侍中中書監自此朝廷肅然天康元
年遷吏部尚書領大著作陵以梁末以來選授
多失其所於是提舉綱維綜覈名實時有冒進

求官諠競不已者陵乃爲書宣示曰自古吏部
尚書者品藻人倫簡其才能尋其門冑逐其大
小量其官爵梁元帝承侯景之凶荒王太尉接
荆州之禍敗爾時喪亂無復典章故使官方窮
此紛雜永定之時聖朝草創干戈未息亦無條
序府庫空虛賞賜懸乏白銀難得黃札易營權
以官階代於錢絹義存撫接無計多少致令員
外常侍路上比肩諮議參軍市中無數豈是朝
章應其如此今衣冠禮樂日富年華何可猶作

舊意非理望也所見諸君多踰本分猶言大屈
未喻高懷若問梁朝朱領軍异亦爲卿相此不
踰其本分邪此是天子所拔非關選序梁武帝
云世間人言有目色我特不目色范悌宋文帝
亦云人世豈無運命每有好官缺輒憶羊玄保
此則清階顯職不由選也秦有車府令趙高直
至丞相漢有高廟令田千秋亦爲丞相此復可
爲例邪既忝衡流應須粉墨所望諸賢深明鄙
意自是衆咸服焉時論比之毛玠廢帝即位高

宗入輔謀黜異志者引陵預其議高宗纂曆封
建昌縣侯邑五百戶太建元年除尚書右僕射
三年遷尚書左僕射陵抗表推周弘正王勱等
高宗召陵入內殿曰卿何爲固辭此職而舉人
乎陵曰周弘正從陛下西還舊藩長史王勱太
平相府長史張種帝鄉賢戚若選賢與舊臣宜
居後固辭累日高宗苦屬之陵乃奉詔及朝議
北伐高宗曰朕意已決卿可舉元帥衆議咸以
中權將軍淳于量位重共署推之陵獨曰不然

吳明徹家在淮左悉彼風俗將略人才當今亦
無過者於是爭論累日不能決都官尚書裴忌
曰臣同徐僕射陵應聲曰非但明徹良將裴忌
即良副也是日詔明徹爲大都督令忌監軍事
遂克淮南數十州之地高宗因置酒舉杯屬陵
曰賞卿知人陵避席對曰定策出自聖衷非臣
之力也其年加侍中餘竝如故七年領國子祭
酒南徐州大中正以公事免侍中僕射尋加侍
中給扶又除領軍將軍八年加翊右將軍太子

詹事置佐史俄遷右光祿大夫餘竝如故十年
重爲領軍將軍尋遷安右將軍丹陽尹十三年
爲中書監領太子詹事給鼓吹一部侍中將軍
右光祿中正如故陵以年老累表求致仕高宗
亦優之乃詔將作爲造大齋令陵就第攝事後
主即位遷左光祿大夫太子少傅餘如故至德
元年卒時年七十七詔曰愼終有典抑乃舊章
令德可甄諒宜追遠侍中安右將軍左光祿大
夫太子少傅南徐州大中正建昌縣開國侯陵

弱齡學尚登朝秀穎業高名輩文曰詞宗朕近
歲承華特相引狎雖多臥疾方期克壯奄然殞
逝震悼于懷可贈鎭右將軍特進其侍中左光
祿鼓吹侯如故并出舉哀喪事所須量加資給
謚曰章陵器局深遠容止可觀性又清簡無所
營樹祿俸與親族共之太建中食建昌邑邑戶
送米至于水次陵親戚有貧匱者皆令取之數
日便盡陵家尋致乏絕府僚怪而問其故陵云
我有車牛衣裳可賣餘家有可賣不其周給如

此少而崇信釋教經論多所精解後主在東宮
令陵講大品經義學名僧自遠雲集每講筵商
較四座莫能與抗目有青睛時人以爲聰惠之相
也自有陳創業文檄軍書及禪授詔策皆陵所
製而九錫尤美爲一代文宗亦不以此矜物未
嘗詆訶作者其於後進之徒接引無倦世祖高
宗之世國家有大手筆皆陵草之其文頗變舊
體緝裁巧密多有新意每一文出手好事者已
傳寫成誦遂被之華夷家藏其本後逢喪亂多

散失存者三十卷有四子儉份儀傳
儉一名衆幼而脩立勤學有志操汝南周弘正
重其爲人妻以女梁太清初起家豫章王府行
參軍侯景亂陵使魏未反儉時年二十一攜老
幼避于江陵梁元帝聞其名召爲尚書金部郎
中嘗侍宴賦詩元帝歎賞曰徐氏之子復有文
矣江陵陷復還於京師永定初爲太子洗馬遷
鎭東從事中郎天嘉三年遷中書侍郎太建初
廣州刺史歐陽紇舉兵反高宗令儉持節喻旨

紇初見儉盛列仗衞言辭不恭儉曰呂嘉之事誠當已遠將軍獨不見周迪陳寶應乎轉禍爲福未爲晚也紇默然不荅懼儉沮其衆不許入城置儉於孤園寺遣人守衞累旬不得還紇嘗出見儉儉謂之曰將軍業已舉事儉須還報天子儉之性命雖在將軍將軍成敗不在於儉幸不見留紇於是乃遣儉從閒道馳還高宗乃命章昭達率衆討紇仍以儉悉其形勢勑儉監昭達軍紇平高宗嘉之賜奴婢十人米五百斛除

鎮北鄱陽王諮議參軍兼中書舍人累遷國子博士大匠卿餘並如故尋遷黃門侍郎轉太子中庶子加通直散騎常侍兼尚書左丞以公事免尋起爲中衞始興王限外諮議參軍兼中書舍人又爲太子中庶子遷貞威將軍太子左衞率舍人如故後主立授和戎將軍宣惠晉熙王長史行丹陽郡國事俄以父憂去職尋起爲和戎將軍累遷尋陽內史爲政嚴明盜賊靜息遷散騎常侍襲封建昌侯入爲御史中丞儉性公

平無所阿附尚書令江揔望重一時亦爲儉所糾劾後主深委任焉又領右軍禎明二年卒份少有父風年九歲爲夢賦陵見之謂所親曰吾幼屬文亦不加此解褐爲祕書郎轉太子舍人累遷豫章王主簿太子洗馬出爲海鹽令甚有治績秩滿入爲太子洗馬份性孝悌陵嘗遇疾甚篤份燒香泣涕跪誦孝經晝夜不息如此者三日陵疾豁然而愈親戚皆謂份孝感所致太建二年卒時年二十二儀少聰警以周易生舉高

第爲祕書郎出爲烏傷令禎明初遷尚書殿中郎尋兼東宮學士陳亡入隋開皇九年隱于錢塘之赭山煬帝召爲學士尋除著作郎大業四年卒

孝克陵之第三弟也少爲周易生有口辯能談玄理既長遍通五經博覽史籍亦善屬文而文不逮義深太清初起家爲太學博士性至孝遭父憂殆不勝喪事所生母陳氏盡就養之道梁末侯景寇亂京邑大飢餓死者十八九孝克養

毋饘粥不能給妻東莞臧氏領軍將軍臧盾之
女也甚有容色孝克乃謂之曰今飢荒如此供養
交闕欲嫁卿與富人望彼此俱濟於卿意如何
臧氏弗之許也時有孔景行者為侯景將富於
財孝克密因媒者陳意景行多從左右逼而迎
之臧涕泣而去所得穀帛悉以供養孝克又剃
髮為沙門改名法整兼乞食以充給焉臧氏亦
深念舊恩數私致饋餉故不乏絕後景行戰死
臧伺孝克於途中累日乃見謂孝克曰往日之

事非為相負今既得脫當歸供養孝克默然無
答於是歸俗更為夫妻後東遊居于錢塘之佳
義里與諸僧討論釋典遂通三論每日二時講
且講佛經晚講禮傳道俗受業者數百人天嘉
中除剡令非其好也尋復去職太建四年徵為
祕書丞不就乃蔬食長齋持菩薩戒晝夜講誦
法華經高宗甚嘉其操行六年除國子博士遷
通直散騎常侍兼國子祭酒尋為真孝克每侍
宴無所食噉至席散當其前膳羞損減高宗密

記以問中書舍人管斌斌不能對自是斌以意伺
之見孝克取珍果內紳帶中斌當時莫識其意
後更尋訪方知還以遺母斌以實啓高宗嗟歎
良久乃勑所司自今宴享孝克前饌並遣將還
以餉其母時論美之至德中皇太子入學釋奠
百司陪列孝克發孝經題後主詔皇太子北面
致敬禎明元年入為都官尚書自晉以來尚書
官僚皆攜家屬居省省在臺城內下舍門中有
閤道東西跨路通于朝堂其第一即都官之省

西抵閤道年代久遠多有鬼怪每昏夜之際無
故有聲光或見人著衣冠從井中出須臾復沒
或門閤自然開閉居省者多死亡尚書周確卒
於此省孝克代確便即居之經涉兩載妖變皆
息時人咸以為貞正所致孝克性清素而好施
惠故不免飢寒後主勑以石頭津稅給之孝克
悉用設齋寫經隨得隨盡二年為散騎常侍侍
東宮陳亡隨例入關家道壁立所生母患欲粳
米為粥不能常辦母亡之後孝克遂常噉麥有

遺粳米者孝克對而悲泣終身不復食之焉開皇十年長安疾疫隋文帝聞其名行召令於尚書都堂講金剛般若經尋授國子博士後侍東宮講禮傳十九年以疾卒時年七十三臨終正坐念佛室內有非常異香氣隣里皆驚異之子萬載仕至晉安王功曹史太子洗馬

史臣曰徐孝穆挺五行之秀稟天地之靈聰明特達籠罩今古及締構興王遭逢泰運位隆朝宰獻替謀猷蓋亮直存矣孝克砥身厲行養親逾禮亦參閔之志歟

列傳第二十　陳書二十六

散騎常侍姚　思廉　撰

江總

姚察

江總字總持濟陽考城人也晉散騎常侍統之十世孫五世祖湛宋左光祿大夫開府儀同三司忠簡公祖蒨梁光祿大夫有名當代父紑本州迎主簿少居父憂以毀卒在梁書孝行傳總七歲而孤依于外氏幼聰敏有至性舅吳平光侯蕭勱名重當時特所鍾愛嘗謂總曰爾操行殊異神采英拔後之知名當出吾右及長篤學有辭采家傳賜書數千卷總晝夜尋讀未嘗輟手年十八解褐宣惠武陵王府法曹參軍中權將軍丹陽尹何敬容開府置佐史並以貴冑充之仍除敬容府主簿遷尚書殿中郎梁武帝撰正言始畢製述懷詩總預同此作帝覽總詩深降嗟賞仍轉侍郎尚書僕射范陽張纘度支尚書琅邪王筠都官尚書南陽劉之遴並高才碩學總時年少有名纘等雅相推重為忘

年友會之遴嘗酬總詩其略曰上位居崇禮寺署隣栖息忌聞曉騶唱毋畏晨光施高談意未窮晤對賞無極探急共遨遊休沐忘退食曷用銷鄙吝枉趾覯顏色下上數千載揚搉吐胷臆其為通人所欽挹如此遷太子洗馬又出為臨安令還為中軍宣城王府限內錄事參軍轉太子中舍人及魏國通好勑以總及徐陵攝官報聘總以疾不行侯景寇京都詔以總權兼太常卿守小廟臺城陷總避難崎嶇累年至會稽郡憩於龍華寺乃製修心賦略序時事其辭曰太清四年秋七月避地于會稽龍華寺此伽藍者余六世祖宋尚書右僕射州陵侯元嘉二十四年之所構也侯之王父晉護軍將軍彪昔莅此邦卜居山陰都陽里貽厥子孫有終焉之志寺域則宅之舊基左江右湖面山背壑東西連跨南北紆縈聊與苦節名僧同銷日用曉脩經戒夕覽圖書寢處風雲憑棲水月不意華戎莫辨朝市傾淪以此傷情情可知矣啜泣濡翰豈攄鬱結

庶後生君子憫余此槩焉嘉南斗之分次肇東越之靈秘表檜風於韓什箸鎮山於周記蘊大禹之金書鐫暴秦之在字太史來而探冗鍾離去而開笥信竹箭之爲珍何珷玞之罕値奉盛德之鴻祀寓安禪之古寺實豫章之舊圖成黄金之勝地遂寂默之幽心若鏡中而遠尋面曾阜之超忽迩平湖之迥深山條偃蹇水葉侵淫挂猿朝落飢鼯夜吟葉叢藥苑桃蹊橘林捎雲拂日結晴生陰保自然之雅趣鄙人間之荒雜

望島嶼之邅回面江源之重沓泛流月之夜迥曳光煙之曉匝風引蜩而嘶譟雨鳴林而脩颸鳥稍狎而知來雲無情而自合爾迺野開靈塔地築禪居喜園迢遰樂樹扶踈經行籍草宴坐臨渠持戒振錫度影甘蔬堅固之林可喻寂滅之場贅如曩曲終而悲起非木落而悲始豈降志而辱身不露才而揚巳鍾風雨之如晦倦鷄鳴之聒耳幸避地而高棲憑調御之遺旨折四辯之微言悟三乘之妙理遣十纏之繫縛祛五

惑之塵滓久遺榮於勢利庶忘累於妻子感意氣於疇日寄知音於來祀何遠客之可悲知自憐其何已揔第九舅蕭勃先據廣州揔又自會稽往依焉梁元帝平侯景徵揔爲明威將軍始興内史以郡秩米八百斛給揔行裝會江陵陷遂不行揔自此流寓嶺南積歲天嘉四年以中書侍郎徵還朝直侍中省累遷司徒右長史掌東宮管記給事黄門侍郎領南徐州大中正授太子中庶子通直散騎常侍東宮中正如故遷左

民尚書轉太子詹事中正如故以與太子爲長夜之飲養良娣陳氏爲女太子微行揔舍上怒免之尋爲侍中領左驍騎將軍復爲左民尚書領左軍將軍未拜又以公事免尋起爲散騎常侍明烈將軍司徒左長史遷太常卿後主即位除祠部尚書又領左驍騎將軍參掌選事轉散騎常侍吏部尚書尋遷尚書僕射參掌如故至德四年加宣惠將軍量置佐史尋授尚書令給鼓吹一部加扶餘竝如故策曰於戲夫文昌政

本司會治經章彪謂之樞機李固方之斗極況其五曹斯綜百揆是諧同冢宰之司專臺閣之任惟爾道業標峻寓量弘深勝範清規風流以爲准的辭宗學府衣冠以爲領袖故能師長六官具瞻允塞明府八座儀形載遠其端朝握揆朕所望焉往欽哉懋建爾徽猷亮采我邦國可不慎歟禎明二年進號中權將軍京城陷入隋爲上開府開皇十四年卒於江都時年七十六摠嘗自敘其略曰歷升清顯備位朝列不邀世

利不涉權幸嘗撫躬仰天太息曰莊青翟位至丞相無迹可紀趙元叔爲上計吏光乎列傳官陳以來未嘗逢迎一物干預一事悠悠風塵流俗之士頗致怨憎榮枯寵辱不以介意太建之世權移羣小謟嫉作威屢被摧黜奈何命也後主昔在東朝留意文藝夙荷昭晉恩紀契闊嗣位之日時寄謬隆儀形天府釐正庶績八法六典無所不統昔晉武帝策荀公曾曰周之冢宰今之尚書令也況復才未半古尸素若茲晉太

尉陸玩云以我爲三公知天下無人矣軒冕儻來之一物豈是預要乎弱歲歸心釋教年二十餘入鍾山就靈曜寺則法師受菩薩戒暮齒官陳與攝山布上人遊欵深悟苦空更復練戒運善於心行慈於物頗知自勵而不能蔬菲尚染塵勞以此負愧平生耳摠之自敘時人謂之實錄摠篤行義寬和溫裕好學能屬文於五言七言尤善然傷於浮豔故爲後主所愛幸多有側篇好事者相傳諷翫于今不絕後主之世摠當

權宰不持政務但日與後主遊宴後庭共陳暄孔範王瑗等十餘人當時謂之狎客由是國政日頹綱紀不立有言之者輒以罪斥之君臣昏亂以至于滅有文集三十卷並行於世焉長子溢字深源頗有文辭性傲誕恃勢驕物雖近屬故友不免詆欺歷官著作佐郎太子舍人洗馬中書黃門侍郎太子中庶子入隋爲秦王文學第七子漼駙馬都尉祕書郎隋給事郎直祕書省學士

姚察字伯審吳興武康人也九世祖信吳太常
卿有名江左察幼有至性事親以孝聞六歲誦
書萬餘言弱不好弄博弈雜戲初不經心勤苦
厲精以夜繼日年十二便能屬文父上開府僧
坦知名梁武代二宮禮遇優厚每得供賜皆回
給察兄弟爲遊學之資察並用聚蓄圖書由是
聞見日博年十三梁簡文帝時在東宮盛脩文
義即引於宣猷堂聽講論難爲儒者所稱及簡
文嗣位尤加禮接起家南海王國左常侍兼司

文侍郎除南郡王行參軍兼尚書駕部郎值梁
室喪亂於金陵隨二親還鄉里時東土兵荒人
飢相食告糴無處察家口既多並採野蔬自給
察每崎嶇艱阻求請供養之資糧粒恒得相繼
又常以己分減推諸弟妹乃至故舊之絕者皆相
分卹自甘唯藜藿而已在亂離之間篤學不廢
元帝於荊州即位父隨朝士例往赴西臺元帝
授察原鄉令時邑境蕭條流亡不反察輕其賦
役勸以耕種於是戶口殷盛民至今稱焉中書

侍郎領著作杜之偉與察深相眷遇表用察佐
著作仍撰史永定初拜始興王府功曹參軍尋
補嘉德殿學士轉中衛儀同始興王府記室參軍
吏部尚書徐陵時領著作復引爲史佐及陵讓官
致仕等表並請察製焉陵見歎曰吾弗逮也太建
初補宣明殿學士除散騎侍郎左通直尋兼通直
散騎常侍報聘于周江左耆舊先在關右者咸
相傾慕沛國劉臻竊於公館訪漢書疑事十餘
條並爲剖析皆有經據臻謂所親曰名下定無

虛士著西聘道里記所敘事甚詳使還補東宮
學士于時濟陽江總吳國顧野王陸瓊從弟瑜
河南褚玠北地傅縡等皆以才學之美晨夕娛
侍察每言論製述咸爲諸人宗重儲君深加禮
異情越羣僚宮內所須方幅手筆皆付察立草
又數令共野王遞相策問恒蒙賞激遷尚書祠
部侍郎此曹職司郊廟昔魏王肅奏祀天地設
宮縣之樂八佾之舞爾後因循不革梁武帝以
爲事人禮縟事神禮簡古無宮縣之文陳初承

用莫有損益高宗欲設備樂付有司立議以梁
武帝爲非時碩學名儒朝端在位者咸希上旨
竝即注同察乃博引經籍獨違羣議據梁樂爲是
當時驚駭莫不歎服僕射徐陵因改同察議其
不順時隨俗皆此類也拜宣惠宜都王中録事
參軍帶東宮學士歷仁威淮南王平南建安王二
府諮議參軍丁内憂去職俄起爲戎昭將軍知
撰梁史事固辭不免後主纂業勑兼東宮通事
舍人將軍知撰史如故又勑專知優冊謚議等

文筆至德元年除中書侍郎轉太子僕餘竝
如故初梁季淪没察父僧垣入于長安察蔬食布
衣不聽音樂至是凶問因聘使到江南時察母
韋氏喪制適除後主以察羸瘠慮加毀頓乃密
遣中書舍人司馬申就宅發哀仍勑申專加譬
抑尒後又遣申宣旨誡喻曰知比哀毀過禮甚
用爲憂卿迥然一身宗奠是寄毀而滅性聖教
所不許宜微自遣割以存禮制憂懷既深故有
此及尋以忠毅將軍起兼東宮通事舍人察志

在終喪頻有陳讓竝抑而不許又推表其略曰
臣私門釁禍併罹殃罰偷生晷漏兾申情禮而
尪疹相仍茸菜穢質非復人流將畢苦壞豈期
朝恩曲覃被之纓紱尋斯寵服彌見慙靦且宮
闈祕奥趨奏便繁寧可以玆荒毀所宜叨預伏
願至德孝治矜其理奪使殘魂喘息以遂餘生
詔答曰省表具懷卿行業淳深聲譽素顯理徇
情禮未膺刀筆但參務承華良所期寄允玆抑
奪不得致辭也俄勑知著作郎事服闋除給事

黃門侍郎領著作察既累居憂服兼齋素日久
自免憂後因加氣疾後主嘗別召見見察柴瘠
過甚爲之動容乃謂察曰朝廷惜卿卿宜自惜
既蔬菲歲久可停持長齋又遣度支尚書王瑗
宣旨重加慰喻令從晚食手勑曰卿羸瘠如此
齋菲累年不宜一飯有乖將攝若從所示甚爲
佳也察雖奉此勑而猶敦宿誓又詔授祕書監
領著作如故乃累進讓竝優答不許察在祕書
省大加删正又奏撰中書表集拜散騎常侍尋

授度支尚書㕍月遷吏部尚書領著作並如故
察旣博極墳素尤善人物至於姓氏所起枝葉
所分官職姻娶輿衰高下舉而論之無所遺失
且澄鑒之職時人久以梓匠相許及遷選部雅
允朝望初吏部尚書蔡徵移中書令後主方擇
其人尚書令江揔等咸共薦察勅答曰姚察非
唯學藝優博亦是操行清脩與選難才今得之
矣乃神筆草詔讀以示察察辭讓甚切別日召
入論選事察垂涕拜請曰臣東皋賤族身才庸

近情忘遠致念絕脩途頃來忝竊久知逾分特
以東朝攀奉恩紀謬加今日叨濫非由才舉縱
陛下特外庸薄其如朝序何臣九世祖信名高
往代當時纔居選部自後罕有繼蹤臣遭逢成
擢沐浴恩造累致非據毋切妨賢臣雖無識頗
知審己言行所踐無期榮貴豈意銓衡之重妄
委非才且皇明御歷事高昔代羽儀世胄帷幄
名臣若授受得宜方爲稱職臣夙陶教義必知
不可後主曰選衆之舉僉議所歸昔毛玠雅量

淸恪盧毓心平體正王蘊銓量得地山濤舉不
失才就卿而求必兼此矣且我與卿雖君臣禮
隔情分殊常藻鏡人倫良所期寄亦以無慙則
揔也察自居顯要甚勵淸潔且廩錫以外一不
交通嘗有私門生不敢厚餉止送南布一端花
綀一匹察謂之曰吾所衣著止是麻布蒲綀此
物於吾無用旣欲相款接幸不煩爾此人遜請
猶冀受納察勵色驅出因此伏事者莫敢饋遺
滅入隋開皇九年詔授祕書丞別勅成梁陳二

代史又勅於朱華閣長參文帝知察蔬菲別日
乃獨召入內殿賜菓菜乃指察謂朝臣曰聞姚
察學行當今無比我平陳唯得此一人十三年
襲封北絳郡公察往歲之聘周也因得與父僧
垣相見將別之際絕而復蘇至是承襲愈更
悲感見者莫不爲之歔欷察幼年嘗就鍾山明
慶寺尚禪師受菩薩戒及官陳祿俸皆捨寺起
造井追爲禪師樹碑文甚遒麗及是遇見梁國
子祭酒蕭子雲書此寺禪齋詩覽之愴然乃用

蕭韻述懷爲詠詞又哀切法俗益以此稱之丁後母杜氏喪解職在服制之中有白鳩巢于戶上仁壽二年詔曰前祕書丞北絳郡開國公姚察强學待問博極羣典脩身立德白首不渝雖在哀疚宜奪情禮可員外散騎常侍封如故又勑侍晉王昭讀煬帝初在東宮數被召見訪以文籍即位之始詔授太子內舍人餘並如故車駕巡幸恒侍從焉及改易衣冠刪正朝式切問近對察一人而已年七十四大業二年終于東都遺命薄葬務從率儉其略曰吾家世素士自有常法吾意斂以法服並宜用布土周於身又恐汝等不忍行此必不爾須松板薄棺纔可周身土周於棺而已葬日止麤車即送厝舊塋北吾在梁世當時年十四就鍾山明慶寺尚禪師受菩薩戒自爾深悟苦空頗知回向矣嘗得留連山寺一去忘歸及仕陳代諸名流遂許與聲價兼時主恩遇宦途遂至通顯自入朝來又蒙恩渥既牽纏人世素志弗從且吾習蔬菲五十

餘年既歷歲時循而不失瞑目之後不須立靈置一小牀每日設清水六齋日設齋食菓菜任家有無不須別經營也初察願讀一藏經並已究竟將終曾無痛惱但西向坐正念云一切空寂其後身體柔軟顏色如恒兩宮悼惜賵賻甚厚察性至孝有人倫鑒識沖虛謙遜不以所長矜人終日恬靜唯以書記爲樂於墳籍無所不覩每有製述多用新奇人所未見咸重富博且專志著書白首不倦手自抄撰無時蹔輟尤好研覈古今諟正文字精采流贍雖老不衰兼諳識內典所撰寺塔及衆僧文章特爲綺密在位多所稱引一善可錄無不賞薦若非分相干咸以理遣盡心事上知無不爲侍奉機密未嘗洩漏且任遇已隆衣冠攸屬深懷退靜避於聲勢清潔自處貲產每虛或有勸營生計笑而不答穆於親屬篤於舊故所得祿賜咸充周卹後主所製文筆卷軸甚多乃別寫一本付察有疑悉令刊定察亦推心奉上事在無隱後主嘗從

容謂朝士曰姚察達學洽聞手筆典裁求之於古猶難輩匹在於今世足爲師範且訪對甚詳明聽之使人忘倦察每製文筆敕便索本上曰我於姚察文章非唯翫味無已故是一宗匠徐陵名高一代每見察製述尤所推重嘗謂子儉曰姚學士德學無前汝可師之也尚書令江揔與察尤篤厚善每有製作必先以簡察然後施用揔爲詹事時嘗製登宮城五百字詩當時副君及徐陵以下諸名賢並同此作徐公後謂江曰我

所和弟五十韻寄弟集内及江編次文章無復察所和本述徐此意謂察曰高才碩學庶光拙文今須公所和五百字用偶徐侯章也察謙遜未付江曰若不得公此製僕詩亦須弃本復乖徐公所寄豈得見令兩失察不獲已乃寫本付之爲通人推挹例皆如此所著漢書訓纂三十卷說林十卷西聘玉璽建康三鍾等記各一卷悉窮該博并文集二十卷並行於世察所撰梁陳史雖未畢功隋文帝開皇之時遣内史舍人

虞世基索本且進上今在内殿梁陳二史本多是察之所撰其中序論及紀傳有所闕者臨亡之時仍以體例誡約子思廉博訪撰續思廉泣涕奉行思廉在陳爲衡陽王府法曹參軍轉會稽王主簿入隋補漢王府行參軍掌記室尋除河間郡司法大業初内史侍郎虞世基奏思廉踵成梁陳二代史自爾以來稍就補續

史臣曰江揔持清標簡貴加潤以辭采及師長六官雅允朝望史臣先臣稟茲令德光斯百行

可以厲風俗可以厚人倫至於九流七略之書名山石室之記汲郡孔堂之書玉箱金板之文莫不窮研旨奥遍探坎井故道冠人師搢紳以爲準的既歷職貴顯國典朝章古今疑議後主皆取先臣斷決焉

列傳第二十一　陳書二十七

散騎常侍姚　思廉　撰

世祖九王　高宗二十九王

後主十一子

世祖十三男沈皇后生廢帝始興王伯茂嚴淑
媛生鄱陽王伯山晉安王伯恭潘容華生新安
王伯固劉昭華生衡陽王伯信王充華生廬陵
王伯仁張脩容生江夏王伯義韓脩華生武陵
王伯禮江貴妃生永陽王伯智孔貴妃生桂陽

王伯謀其伯固犯逆別有傳二男早卒本書無名
始興王伯茂字鬱之世祖第二子也初高祖兄
始興昭烈王道談仕於梁世為東宮直閤將軍
侯景之亂領弩手二千援臺於城中中流矢卒
紹泰二年追贈侍中使持節都督南兗州諸軍
事南兗州刺史封義興郡公謚曰昭烈高祖受
禪重贈驃騎大將軍太傅揚州牧改封始興郡
王邑二千戶王生世祖及高宗高宗以梁承聖
末遷于關右至是高祖遙以高宗襲封始興嗣

王以奉昭烈王祀永定三年六月高祖崩是月
世祖入纂帝位時高宗在周未還世祖以本宗
乏饗其年十月下詔曰日者皇基肇建封樹枝
戚朕親地攸在特啓大邦弟頊嗣承門祀雖土
宇開建薦饗莫由重以遭家不造閔凶夙遘儲
貳遐隔轜車未返猥以眇身膺茲景命式循龜
鼎冰谷載懷今既入奉大宗事絕藩裸始興國
廟蒸嘗無主瞻言霜露感尋慟絕其徙封嗣王
頊為安成王封第二子伯茂為始興王以奉昭

烈王祀賜天下為父後者爵一級庶申罔極之
情永保山河之祚舊制諸王受封未加戎號者
不置佐史於是尚書八座奏曰夫增崇徽號飾
表車服所以闡彰厥德下變民望第二皇子新
除始興王伯茂體自尊極神姿明穎王暎麟
趾蘭芬綺歲清暉美譽日茂月外道鬱平河
聲超袞植皇情追感聖性天深以本宗闕緒纂
承藩嗣雖珪社是膺而戎章未襲豈所以光崇
睿哲寵樹皇枝臣等參議宜加寧遠將軍置佐

史詔曰可尋除使持節都督南琅邪彭城二郡諸軍事彭城太守天嘉二年進號宣惠將軍揚州刺史伯茂性聰敏好學謙恭下士又以太子母弟世祖深愛重之是時征北軍人於丹徒盜發晉郗曇墓大獲晉右將軍王羲之書及諸名賢遺跡事覺其書並沒縣官藏于祕府世祖以伯茂好古多以賜之由是伯茂大工草隸甚得右軍之法三年除鎮東將軍開府儀同三司東揚州刺史廢帝即位時伯茂在都劉師知等矯

詔出高宗也伯茂勸成之師知等誅後高宗恐伯茂扇動朝廷光大元年乃進號中衛將軍令入居禁中專與廢帝遊處是時四海之望咸歸高宗伯茂深不平日夕憤怨數肆惡言高宗以其無能不以為意及建安人蔣裕與韓子高等謀反伯茂並陰豫其事二年十一月皇太后令黜廢帝為臨海王其日又下令曰伯茂輕薄爰自弱齡辜負嚴訓彌肆凶狡常以次居介弟宜秉國權不涯年德逾逞狂躁圖為禍亂扇動宮闈要招麤險觖望臺閣嗣君喪道由此亂階是諸凶德咸作謀主允宜蘩彼司甸刑斯劇人言念皇支尚懷悲懣可特降為溫麻侯宜加禁止別遣就第不意如此言增泫歎時六門之外有別館以為諸王冠婚之所名為婚第至是命伯茂出居之於路遇盜殞于車中時年十八

鄱陽王伯山字靜之世祖第三子也偉容儀舉止閑雅喜慍不形於色世祖深器之初高祖時天下草創諸王受封儀注多闕及伯山受封世

祖欲重其事天嘉元年七月丙辰尚書八座奏曰臣聞本枝惟允宗周之業以弘盤石既建皇漢之基斯遠故能協宣五運規範百王式固靈根克隆卜世第三皇子伯山發睿德於齠年表歧姿於丱日光昭丹掖暉映青闈而玉圭未秉金錫靡駕豈所以敦序維翰建樹藩戚臣等參議宜封鄱陽郡王詔曰可乃遣散騎常侍度支尚書蕭睿持節兼太宰告于太廟又遣五兵尚書王質持節兼太宰告于太社其年十月上臨

軒策命之曰於戲夫建樹藩屏翼獎王室欽若
前典咸必由之惟爾夙挺珪璋生知孝敬令德
茂親僉譽所集啓建大邦寔惟倫序是用敬遵
民瞻錫此圭瑞往欽哉其勉樹聲業永保宗社
可不慎歟策訖敕令王公已下並醼於王第仍
授東中郎將吴郡太守六年爲緣江都督平北
將軍南徐州刺史天康元年進號鎮北將軍高
宗輔政不欲令伯山處邊光大元年徙爲鎮東
將軍東揚州刺史太建元年徵爲中衛將軍中

領軍六年又爲征北將軍南徐州刺史尋爲征
南將軍江州刺史十一年入爲護軍將軍加開
府儀同三司仍給鼓吹幷扶後主即位進號中
權大將軍至德四年出爲持節都督東揚豐三
州諸軍事東揚州刺史加侍中餘並如故禎明
元年丁所生母憂去職明年起爲鎮衛大將軍
開府儀同三司給班劒十人三年正月薨時年
四十伯山性寛厚美風儀又於諸王最長後主
深敬重之毎朝廷有冠婚饗醼之事恒使伯山

爲主及丁所生母憂居喪以孝聞後主嘗幸吏
部尚書蔡徵宅因往弔之伯山號慟殆絶因起爲
鎮衛將軍仍謂羣臣曰鄱陽王至性可嘉又是
西第之長豫章已兼司空其亦須遷太尉
未及發詔而伯山薨尋值陳亡遂無贈諡長子
君範太建中拜鄱陽國世子尋爲貞威將軍晉
陵太守未襲爵而隋師至是時宗室王侯在都
者百餘人後主恐其爲變乃並召入令屯朝堂
使豫章王叔英揔督之而又陰爲之備及六軍

敗績相率出降因從後主入關至長安隋文帝
並配于隴右及河西諸州各給田業以處之初
君範與尚書僕射江揔友善至是揔贈君範書
五言詩以敘他鄉離別之意辭甚酸切當世文
士咸諷誦之大業二年隋煬帝以後主第六女
女嫺爲貴人絶愛幸因召陳氏子弟盡還京師
隨才敘用由是並爲守宰遍於天下其年君範
爲溫令

晉安王伯恭字肅之世祖第六子也天嘉六年

立爲晉安王尋爲平東將軍吳郡太守置佐史時伯恭年十餘歲便留心政事官曹治理太建元年入爲安前將軍中護軍遷中領軍尋爲中衞將軍揚州刺史以公事免四年起爲安左將軍尋爲鎮右將軍特進給扶六年出爲安南將軍南豫州刺史九年入爲安前將軍祠部尚書十一年進號軍師將軍尚書右僕射十二年遷僕射十三年遷左僕射十四年出爲安南將軍湘州刺史未拜至德元年爲侍中中衞將軍光祿

大夫丁所生母憂去職禎明元年起爲中衞將軍右光祿大夫置佐史扶並如故三年入關隋大業初爲成州刺史太常卿

衡陽王伯信字孚之世祖第七子也天嘉元年衡陽獻王昌自周還朝於道薨其年世祖立伯信爲衡陽王奉獻王祀尋爲宣惠將軍丹陽尹置佐史太建四年爲中護軍六年爲宣毅將軍揚州刺史尋加侍中散騎常侍十一年進號鎮前將軍太子詹事餘並如故禎明元年出爲鎮南將軍西衡州刺史三年隋軍濟江與臨汝侯方慶並爲東衡州刺史王勇所害事在方慶傳

廬陵王伯仁字壽之世祖第八子也天嘉六年立爲廬陵王太建初爲輕車將軍置佐史七年遷冠軍將軍中領軍尋爲平北將軍南徐州刺史十二年爲翊左將軍中領軍禎明元年加侍中國子祭酒領太子中庶子三年入關卒于長安長子番先封湘濱侯隋大業中爲資陽令

江夏王伯義字堅之世祖第九子也天嘉六年

立爲江夏王太建初爲宣惠將軍東揚州刺史置佐史尋爲宣毅將軍持節散騎常侍都督合霍二州諸軍事合州刺史十四年徵爲侍中忠武將軍金紫光祿大夫禎明三年入關遷于瓜州於道卒長子元基先封湘濱侯隋大業中爲穀熟縣令

武陵王伯禮字用之世祖第十子也天嘉六年立爲武陵王太建初爲雲旗將軍持節都督吳興諸軍事吳興太守在郡恣行暴掠驅録民下

逼奪財貨前後委積百姓患之太建九年爲有司所劾上曰王年少未達治道皆由佐史不能匡弼所致特降軍號後若更犯必致之以法有司不言與同罪十一年春被代徵還伯禮遂遷延不發其年十月散騎常侍御史中丞徐君敷奏曰臣聞車屨不俟君命之通規夙夜匪懈臣子之恒節謹案雲旗將軍持節都督吴興諸軍事吴興太守武陵王伯禮早擅英猷夙馳令問惟良寄重枌鄉是屬聖上愛育黔黎留情政本

共化求瘼早赴皇心遂復稽緩歸驂取移凉燠遲回去鷁空淹載路淑愼未彰違情斯在繩愆檢迹以爲懲誡臣等參議以見事免伯禮所居官以王還第謹以白簡奏聞詔曰可禎明三年入關隋大業中爲散騎侍郎臨洮太守

永陽王伯智字策之世祖第十二子也少敦厚有器局博涉經史太建中立爲永陽王尋爲侍中加明威將軍置佐史尋加散騎常侍累遷尚書左僕射出爲使持節都督東揚曹二州諸軍事平東將軍領會稽内史至德二年入爲侍中翊左將軍加特進禎明三年入關隋大業中爲岐州司馬遷國子司業

桂陽王伯謀字深之世祖第十三子也太建中立爲桂陽王七年爲明威將軍置佐史尋爲信威將軍丹陽尹十年加侍中出爲持節都督吴興諸軍事東中郎將吴興太守十一年加散騎常侍至德元年薨子鄲嗣大業中爲番禾令

高宗四十二男柳皇后生後主彭貴人生始興

王叔陵曹淑華生豫章王叔英何淑儀生長沙王叔堅宜都王叔明魏昭容生建安王叔卿錢貴妃生河東王叔獻劉昭儀生新蔡王叔齊袁昭容生晋熙王叔文義陽王叔達新會王叔坦王姬生淮南王叔彪巴山王叔雄吴姬生始興王叔重徐姬生尋陽王叔儼淳于姬生岳陽王叔愼王脩華生武昌王叔虞韋脩容生湘東王叔平施姬生臨賀王叔敖沅陵王叔興曾姬生陽山王叔宣楊姬生西陽王叔穆申婕好生南安王叔

儉南郡王叔澄岳山王叔韶太原王叔匡袁姬生新興王叔純吳姬生巴東王叔謨劉姬生臨江王叔顯秦姬生新寧王叔隆新昌王叔榮其皇子叔叡叔忠叔引叔毅叔訓叔武叔虞叔封等八人並未及封叔陵犯逆別有傳三子早卒本書無名

豫章王叔英字子烈高宗第三子也少寬厚仁愛天嘉元年封建安侯太建元年改封豫章王仍爲宣惠將軍都督東揚州諸軍事東揚州刺

史五年進號平北將軍南豫州刺史十一年爲鎮前將軍江州刺史後主即位進號征南將軍尋加開府儀同三司中衛大將軍餘並如故四年進號驃騎大將軍禎明元年給鼓吹一部班劒十人其年遷司空三年隋師濟江叔英知石頭軍戍事尋令入屯朝堂及六軍敗績降于隋將韓擒虎其年入關隋大業中爲涪陵太守長子弘至德元年拜豫章國世子

長沙王叔堅字子成高宗第四子也母本吳中酒家隸高宗微時嘗往飲遂與通及貴召拜淑儀叔堅少傑黠凶虐使酒尤好數術卜筮祝禁鎔金琢玉並究其妙天嘉中封豐城侯太建元年立爲長沙王仍爲東中郎將吳郡太守四年爲宣毅將軍江州刺史置佐史七年進號雲麾將軍郢州刺史未拜轉爲平越中郎將廣州刺史尋爲平北將軍合州刺史八年復爲平西將軍郢州刺史十一年入爲翊左將軍丹陽尹初叔堅與始興王叔陵並招聚賓客各爭權寵甚

不平每朝會鹵簿不肯爲先後必分道而趨左右或爭道而鬭至有死者及高宗弗豫叔堅叔陵等並從後主侍疾叔陵陰有異志乃命典藥吏曰切藥刀甚鈍可礪之及高宗崩倉卒之際又命其左右於外取劒左右弗悟乃取朝服所佩木劒以進叔陵怒叔堅在側聞之疑有變伺其所爲及翌日小斂叔陵袖剉藥刀趨進斫後主中項後主悶絕于地皇太后與後主乳母樂安君吳氏俱以身捍之獲免叔堅自後扼叔陵

擒之并奪其刀將殺之問後主曰即盡之爲待也後主不能應叔陵舊多力須臾自奮得脫出雲龍門入于東府城召左右斷青溪橋道放東城囚以充戰士又遣人往新林追其所部兵馬仍自被甲著白布帽登城西門招募百姓是時衆軍並緣江防守臺內空虛叔堅乃白太后使太子舍人司馬申以後主命召蕭摩訶令討之即日擒其將戴溫譚騏驎等送臺斬于尚書閤下持其首徇于東城叔陵恇擾不知所爲乃盡

殺其妻妾率左右數百人走趨新林摩訶追之斬于丹陽郡餘黨悉擒其年以功進號驃騎將軍開府儀同三司揚州刺史尋遷司空將軍刺史如故是時後主患創不能視事政無小大悉委叔堅決之於是勢傾朝廷叔堅因肆驕縱事多不法後主由是踈而忌之孔範管斌施文慶之徒並東宮舊臣日夜陰持其短至德元年乃詔令即本號用三司之儀出爲江州刺史未發尋有詔又以爲驃騎將軍重爲司空實欲去其

權勢叔堅不自安稍怨望乃爲左道厭魅以求福助刻木爲偶人衣以道士之服施機關能拜跪晝夜於日月下醮之祝詛於上其年冬有人上書告其事案驗並實後主召叔堅囚于西省將殺之其夜令近侍宣敕數之以罪叔堅對曰臣之本心非有他故但欲求親媚耳臣既犯天憲罪當萬死臣死之日必見叔陵願宣明詔責於九泉之下後主感其前功乃赦之特免所居官以王還第尋起爲侍中鎮左將軍二年又給

鼓吹油幢車三年出爲征西將軍荊州刺史四年進號中軍大將軍開府儀同三司禎明二年秩滿還都三年入關遷于瓜州更名叔賢賢素貴不知家人生產至是與妃沈氏酤酒以傭保爲事隋大業中爲遂寧郡太守

建安王叔卿字子弼高宗第五子也性質直有材器容貌甚偉太建四年立爲建安王授東中郎將東揚州刺史七年爲雲麾將軍郢州刺史置佐史九年進號平南將軍湘州刺史後主即

位進號安南將軍又爲侍中鎮右將軍中書令遷中書監禎明三年入關隋大業中爲都官郎上黨通守

宜都王叔明字子昭高宗第六子也儀容美麗舉止和弱狀似婦人太建五年立爲宜都王尋授宣惠將軍置佐史七年授東中郎將東揚州刺史尋爲輕車將軍衞尉卿十三年出爲使持節雲麾將軍南徐州刺史又爲侍中翊右將軍至德四年進號安右將軍禎明三年入關隋大

業中爲鴻臚少卿

河東王叔獻字子恭高宗第九子也性恭謹聰敏好學太建五年立爲河東王七年授宣毅將軍置佐史尋爲散騎常侍軍師將軍都督南徐州諸軍事南徐州刺史十二年薨年十三贈侍中中撫將軍司空謚曰康簡子孝寬嗣孝寬以至德元年襲爵河東王禎明三年入關隋大業中爲汶城令

新蔡王叔齊字子肅高宗第十一子也風彩明贍博涉經史善屬文太建七年立爲新蔡王尋爲智武將軍置佐史出爲東中郎將東揚州刺史至德二年入爲侍中將軍佐史如故禎明元年除國子祭酒侍中將軍佐史如故三年入關隋大業中爲尚書主客郎

晉熙王叔文字子才高宗第十二子也性輕險好虛譽頗涉書史太建七年立爲晉熙王尋爲侍中散騎常侍宣惠將軍置佐史進號輕車將軍揚州刺史至德元年授持節都督江州諸軍

事江州刺史二年遷信威將軍督湘衡武桂四州諸軍事湘州刺史禎明二年秩滿徵爲侍中宣毅將軍佐史如故未還而隋軍濟江破臺城隋漢東道行軍元帥秦王至于漢口時叔文自湘州還朝至巴州乃率巴州刺史畢寶等請降致書於秦王曰竊以天無二日晦明之序不差土無二王尊卑之位乃別今車書混壹文軌大同敢披丹款申其屈膝秦王得書因遣行軍吏部柳莊與元帥府僚屬等往巴州迎勞叔文叔

文於是與畢寶荆州刺史陳紀及文武將吏赴
于漢口秦王並厚待之置于賔館隋開皇九年
三月衆軍凱旋文帝親幸温湯勞之叔文與陳
紀周羅睺荀法尚等幷諸降人見于路次數日
叔文從後主及諸王侯將相幷乘輿服御天文
圖籍等並以次行列仍以鐵騎圍之隨晉王秦
王等獻凱而入列于廟庭明日隋文帝坐于廣
陽門觀叔文又從後主至朝堂南文帝使内史
令李德林宣旨責其君臣不能相弼以致喪亡

後主與其羣臣並慙懼拜伏莫能仰視叔文獨
欣然而有自得之志旬有六日乃上表曰昔在
巴州已先送款乞知此情望異常例文帝雖嫌
其不忠而方欲懷柔江表乃授開府拜宜州
刺史

淮南王叔彪字子華高宗第十三子也少聰惠
善屬文太建八年立爲淮南王尋位侍中仁威
將軍置佐史禎明三年入關卒于長安

始興王叔重字子厚高宗第十四子也性質朴
無伎藝高宗崩始興王叔陵爲逆誅死其年立
叔重爲始興王以奉昭烈王後至德元年爲仁
威將軍揚州刺史置佐史二年加使持節都督
江州諸軍事江州刺史禎明三年入關隋大業
中爲太府少卿卒

尋陽王叔儼字子思高宗第十三子也性凝重
舉止方正後主即位立爲尋陽王至德元年爲
侍中仁武將軍置佐史禎明三年入關尋卒

岳陽王叔慎字子敬高宗第十六子也少聰敏

十歲能屬文太建十四年立爲岳陽王時年十
一至德四年拜侍中智武將軍丹陽尹是時後
主尤愛文章叔慎與衡陽王伯信新蔡王叔齊
等日夕陪侍每應詔賦詩恒被嗟賞禎明元年
出爲使持節都督湘衡桂武四州諸軍事智武
將軍湘州刺史三年隋師濟江破臺城前刺史
晉熙王叔文還至巴州與巴州刺史畢寶荆州刺史陳
紀並降隋行軍元帥清河公楊素兵下荆門別
遣其將龐暉將兵略地南至湘州城内將士莫

有固志克日請降叔慎乃置酒會文武僚吏酒酣叔慎歎曰君臣之義盡於此乎長史謝基伏而流涕湘州助防遂興侯正理在坐乃起曰主辱臣死諸君獨非陳國之臣乎今天下有難實是致命之秋也縱其無成猶見臣節青門之外有死不能今日之機不可猶豫後應者斬衆咸許諾乃刑牲結盟仍遣人詐奉降書於龐暉暉信之克期而入叔慎伏甲待之暉令數百人屯于城門自將左右數十人入于廳事俄而伏兵

發縛暉以徇盡擒其黨皆斬之叔慎坐于射堂招合士衆數日之中兵至五千人衡陽太守樊通武州刺史鄔居業皆請赴難未至隋遣中牟公薛冑爲湘州刺史聞龐暉死乃益請兵隋又遣行軍摠管劉仁恩救之未至薛冑兵次鵝羊山叔慎遣正理及樊通等拒之因大合戰自旦至于日昃隋軍迭息迭戰而正理兵少不敵於是大敗冑乘勝入城生擒叔慎是時鄔居業率其衆自武州來赴出橫橋江聞叔慎敗績乃頓于新康口隋摠管劉仁恩兵亦至橫橋據水置營相持信宿因合戰居業又敗仁恩虜叔慎正理居業及其黨與十餘人秦王斬之于漢口叔慎時年十八

義陽王叔達字子聰高宗第十七子也太建十四年立爲義陽王尋拜仁武將軍置佐史禎明元年除丹陽尹三年入關隋大業中爲內史至絳郡通守

巴山王叔雄字子猛高宗第十八子也太建十

四年立爲巴山王禎明三年入關卒于長安

武昌王叔虞字子安高宗第十九子也太建十四年立爲武昌王尋爲壯武將軍置佐史禎明三年入關隋大業中爲高死令

湘東王叔平字子康高宗第二十子也至德元年立爲湘東王禎明三年入關隋大業中爲湖蘇令

臨賀王叔敖字子仁高宗第二十一子也至德元年立爲臨賀王尋爲仁武將軍置佐史禎明

三年入關隋大業初拜儀同三司
陽山王叔宣字子通高宗第二十二子也至德
元年立爲陽山王禎明三年入關隋大業中爲
涇城令
西陽王叔穆字子和高宗第二十三子也至德
元年立爲西陽王禎明三年入關卒于長安
南安王叔儉字子約高宗第二十四子也至德
元年立爲南安王禎明三年入關卒于長安
南郡王叔澄字子泉高宗第二十五子也至德
元年立爲南郡王禎明二年入關隋大業中爲

靈武令
沅陵王叔興字子推高宗第二十六子也至德
元年立爲沅陵王禎明三年入關隋大業中爲
給事郎
岳山王叔韶字子欽高宗第二十七子也至德
元年立爲岳山王尋爲智武將軍置佐史四年
除丹陽尹禎明三年入關卒于長安
新興王叔純字子共高宗第二十八子也至德

元年立爲新興王禎明三年入關隋大業中爲
河北令
巴東王叔謨字子軌高宗第二十九子也至德
四年立爲巴東王禎明三年入關隋大業中爲
岍陽令
臨江王叔顯字子明高宗第三十子也至德四
年立爲臨江王禎明三年入關隋大業中爲鶉
觚令
新會王叔坦字子開高宗第三十一子也至德
四年立爲新會王禎明三年入關隋大業中爲

涉令
新寧王叔隆字子遠高宗第三十二子也至德
四年立爲新寧王禎明三年入關卒于長安
新昌王叔榮字子徹高宗第三十三子也禎明
二年立爲新昌王三年入關隋大業中爲內
黃令
太原王叔匡字子佐高宗第三十四子也禎明
二年立爲太原王三年入關隋大業中爲壽

光令
後主二十二男張貴妃生皇太子深會稽王莊孫姬生吳興王胤高昭儀生南平王嶷呂淑媛生永嘉王彥邵陵王兢龔貴嬪生南海王虔錢塘王恬張淑華生信義王祗徐淑儀生東陽王恮孔貴人生吳郡王蕃其皇子揔觀明綱統沖洽緝綽威辯十一人竝未及封

皇太子深字承源後主第四子也少聰惠有志操容止儼然雖左右近侍未嘗見其喜慍以母

張貴妃故特爲後主所愛至德元年封始安王邑二千戶尋爲軍師將軍揚州刺史置佐史禎明二年皇太子胤廢後主乃立深爲皇太子三年隋師濟江六軍敗績隋將韓擒虎自南掖門入百僚逃散深時年十餘歲閉閤而坐舍人孔伯魚侍焉隋軍排閤而入深使宣令勞之曰軍旅在途不乃勞也軍人咸敬焉其年入關隋大業中爲枹罕太守

吳興王胤字承業後主長子也太建五年二月乙丑生于東宮母孫姬因產卒沈皇后哀而養之以爲己子時後主年長未有胤嗣高宗因命以爲嫡孫其日下詔曰皇孫初誕國祚方熙思與羣臣共同斯慶內外文武賜帛各有差爲父後者賜爵一級十年封爲永康公後主即位立爲皇太子胤性聰敏好學執經肄業終日不倦博通大義兼善屬文至德二年躬出太學講孝經講畢又釋奠於先聖先師其日設金石之樂於太學王公卿士及太學生竝預宴是時張貴

妃孔貴嬪竝愛幸沈皇后無寵而近侍左右數於東宮往來太子亦數使人至后所後主疑其怨望甚惡之而張孔二貴妃又日夜構成后及太子之短孔範之徒又於外合成其事禎明二年廢爲吳興王仍加侍中中衞將軍三年入關卒于長安

南平王嶷字承嶽後主第二子也方正有器局年數歲風釆舉動有若成人至德元年立爲南平王尋除信武將軍南琅邪彭城二郡太守置

佐史遷揚州刺史進號鎮南將軍尋爲使持節
都督郢荊湘三州諸軍事征西將軍郢州刺史
未行而隋軍濟江禎明三年入關卒于長安
永嘉王彥字承懿後主第三子也至德元年立
爲永嘉王尋爲忠武將軍南徐州刺史進號安
南將軍授散騎常侍使持節都督江巴東衡三
州諸軍事平南將軍江州刺史未行隋師濟江
禎明三年入關隋大業中爲襄武令
南海王虔字承恪後主第五子也至德元年立

爲南海王尋爲武毅將軍置佐史進號軍師將
軍禎明二年出爲平北將軍南徐州刺史三年
入關隋大業中爲涿令
信義王祗字承敬後主第六子也至德元年立
爲信義王尋爲壯武將軍置佐史授使持節都
督智武將軍琅邪彭城二郡太守禎明三年入
關隋大業中爲通議郎
邵陵王兢字承檢後主第七子也禎明元年立
爲邵陵王邑一千戶尋爲仁武將軍置佐史三

年入關隋大業中爲國子監丞
會稽王莊字承肅後主第八子也容貌蕞陋性
嚴酷數歲左右有不如意輒刻刺其面或加燒
爇以毋張貴妃有寵後主甚愛之至德四年立
爲會稽王尋爲翊前將軍置佐史除使持節都
督揚州諸軍事揚州刺史禎明三年入關隋大
業中爲會昌令
東陽王恮字承厚後主第九子也禎明二年立
爲東陽王邑一千戶未拜三年入關隋大業中

爲通議郎
吳郡王蕃字承廣後主第十子也禎明二年封
吳郡王三年入關隋大業中爲涪城令
錢塘王恬字承惔後主第十一子也禎明二年
立爲錢塘王邑一千戶三年入關卒于長安
江左自西晉相承諸王開國並以戶數相差爲
大小三品大國置上中下三將軍又置司馬一
人次國置中下二將軍小國置將軍一人餘官
亦准此爲差高祖受命自永定訖于禎明唯衡

陽王昌特加殊寵至五千戶自餘大國不過二千戶小國即千戶而舊史殘缺不能別知其國戶數故綴其遺事附于此

史臣曰世祖高宗後主竝建藩屏以樹懿親固乃本根隆斯盤石鄱陽王伯山有風釆德器亦一代令藩矣岳陽王叔慎屬社稷傾危情哀家國竭誠赴敵志不圖生嗚呼古之忠烈致命斯之謂也

列傳第二十二　陳書二十八

列傳第二十三　　陳書二十九

散騎常侍姚　思廉　撰

宗元饒

司馬申

毛喜

蔡徵

宗元饒南郡江陵人也少好學以孝敬聞仕梁世解褐本州主簿遷征南府行參軍仍轉外兵參軍及司徒王僧辯幕府初建元饒與沛國劉

師知同爲主簿高祖受禪除晉陵令入爲尚書功論郎使齊還爲廷尉正遷太僕卿領本邑大中正中書通事舍人尋轉廷尉卿加通直散騎常侍兼尚書左丞時高宗初即位軍國務廣事無巨細一以咨之臺省號爲稱職遷御史中丞知五禮事時合州刺史陳裒贓汙狼藉遣使就渚斂魚又於六郡乞米百姓甚苦之元饒劾奏曰臣聞建旟求瘼實寄廉平褰帷恤隱本資仁恕如或貪汙是肆徵賦無猒天網雖踈茲焉弗漏謹案鍾陵縣開國侯合州刺史臣裒因藉多幸預逢抽擢爵由恩被官以私加無德無功坐尸榮貴譙肥之地久淪非所皇威剋復物仰仁風新邦用輕彌俟寬惠應斯作牧其寄尤重爰降曲恩祖行宣室親承規誨事等言提雖廉潔之懷誠無素蓄而稟茲嚴訓可以厲精遂乃擅行賦斂專肆貪取求粟不猒愧王沈之出賑徵魚無限異羊續之懸枯寘以嚴科實惟明憲臣等參議請依旨免裒所應復除官其應禁錮及

後選左降本資悉依免官之法詔可其奏吳興太守武陵王伯禮豫章內史南康嗣王方泰並驕蹇放橫元饒案奏之皆見削黜元饒性公平善持法諳曉故事明練治體吏有犯法政不便民及於名教不足者隨事糾正多所裨益遷貞威將軍南康內史以秩米三千餘斛助民租課存問高年拯救乏絕百姓甚賴焉以課最入朝詔加散騎常侍荊雍湘巴武五州大中正尋以本官重領尚書左丞又爲御史中丞歷左民尚

書右衛將軍領前將軍遷吏部尚書太建十三
年卒時年六十四詔贈侍中金紫光祿大夫官
給喪事
司馬申字季和河內溫人也祖慧遠梁都水使
者父玄通梁尚書左民郎申早有風槩十四便善
弈棊嘗隨父候吏部尚書到仲舉時梁州刺史
陰子春領軍朱异在焉子春素知申即於坐所
呼與爲對申每有妙思异觀而奇之因引申遊
處梁邵陵王爲丹陽尹以申爲主簿屬太清之

難父母俱沒因此自誓菜食終身梁元帝承制
起爲開遠將軍遷鎮西外兵記室參軍及侯景
寇郢州申隨都督王僧辯據巴陵每進籌策皆
見行用僧辯歎曰此生要鞬汗馬或非所長若
使撫衆守城必有奇績僧辯之討陸納也申在
軍中于時賊衆奄至左右披靡申躬蔽僧辯蒙
楯而前會裴之橫救至賊乃退僧辯顧申而笑
曰仁者必有勇豈虛言哉除散騎侍郎紹泰初遷
儀同侯安都從事中郎高祖受禪除安東臨川

王諮議參軍天嘉三年遷征北諮議參軍兼廷
尉監五年除鎮東諮議參軍兼起部郎出爲戎
昭將軍江乘令甚有治績入爲尚書金部郎遷
左民郎以公事免太建初起爲貞威將軍征南
鄱陽王諮議參軍九年除秣陵令在職以清能
見紀有白雀巢于縣庭秩滿頃之預東宮賓客
尋兼東宮通事舍人遷員外散騎常侍舍人如
故及叔陵之肆逆也事既不捷出據東府申馳
召右衛蕭摩訶帥兵先至追斬之因入城中收

其府庫後主深嘉之以功除太子左衛率封文
始縣伯邑四百戶兼中書通事舍人尋遷右衛
將軍加通直散騎常侍以疾還第就加散騎常
侍右衛舍人如故至德四年卒後主嗟悼久之
下詔曰愃終追遠欽若舊則闔棺定謚抑乃前
典故散騎常侍右衛將軍文始縣開國伯申忠
肅在公清正立己治繁處約投軀殉義朕任寄
情深方康庶績奄然化往傷惻于懷可贈侍中
護軍將軍進爵爲侯增邑爲五百戶謚曰忠給

朝服一具衣一襲剋日舉哀喪事所須隨由資給及葬後主自製誌銘辭情傷切卒章曰嗟乎天不與善殲我良臣其見幸如此申歷事三帝內掌機密至於倉卒之間軍國大事指麾斷決無有滯留子琇嗣官至太子舍人

毛喜字伯武滎陽陽武人也祖稱梁散騎侍郎父栖忠梁尚書比部侍郎中權司馬喜少好學善草隸起家梁中衛西昌侯行參軍尋遷記室參軍高祖素知於喜及鎮京口命喜與高宗俱

往江陵仍勅高宗曰汝至西朝可諮稟毛喜喜與高宗同謁梁元帝即以高宗爲領直喜爲尚書功論侍郎及江陵陷喜及高宗俱遷關右世祖即位喜自周還進和好之策朝廷乃遣周弘正等通聘及高宗反國喜於郢州奉迎又遣喜入關以家屬爲請周冢宰宇文護執喜手曰能結二國之好者卿也仍迎柳皇后及後主還天嘉三年至京師高宗時爲驃騎將軍仍以喜爲府諮議參軍領中記室府朝文翰皆喜詞也世

祖嘗謂高宗曰我諸子皆以伯爲名汝諸兒宜用叔爲稱高宗以訪于喜喜即條牒自古名賢杜叔英虞叔卿等二十餘人以啓世祖世祖稱善世祖崩廢帝沖昧高宗錄尚書輔政僕射到仲舉等知朝望有歸乃矯太后令遣高宗還東府當時疑懼無敢措言喜即馳入謂高宗曰陳有天下日淺海內未夷兼國禍併鍾萬邦危懼皇太后深惟社稷至計令王入省方當共康庶績比德伊周今日之言必非太后之意宗社之

重願加三思以喜之愚須更聞奏無使姦賊得肆其謀竟如其策右衛將軍韓子高始與仲舉通謀其事未發喜請高宗曰宜簡選人馬配與子高并賜鐵炭使脩器甲高宗驚曰子高謀反即欲收執何爲更如是邪喜答曰山陵始畢邊寇尚多而子高受委前朝名爲杖順然甚輕狷恐不時授首脫其稽誅或愆王度宜推心安誘使不自疑圖之一壯士之力耳高宗深然之卒行其計高宗即位除給事黃門侍郎兼中書舍人典

軍國機密高宗將議北伐敕喜撰軍制凡十三條詔頒天下文多不載尋遷太子右衛率右衛將軍以定策功封東昌縣侯邑五百戶又以本官行江夏武陵桂陽三王府國事太建三年丁母憂去職詔追贈喜母庾氏東昌國太夫人賜布五百匹錢三十萬官給喪事又遣員外散騎常侍杜緬圖其墓田高宗親與緬案圖指畫其見重如此尋起爲明威將軍右衛舍人如故改授宣遠將軍義興太守尋以本號入爲御史中丞

服闋加散騎常侍五兵尚書參掌選事及衆軍北伐得淮南地喜陳安邊之術高宗納之即日施行又問喜曰我欲進兵彭汴於卿意如何喜對曰臣實才非智者安敢預兆未然竊以淮左新平邊甿未乂周氏始吞齊國難與爭鋒豈以弊卒疲兵復加深入且弃舟檝之工踐車騎之地去長就短非吳人所便臣愚以爲不若安民保境寢兵復約然後廣募英奇順時而動斯久長之術也高宗不從後吳明徹陷周高宗謂喜曰

卿之所言驗於今矣十二年加侍中十二年授散騎常侍丹陽尹遷吏部尚書常侍如故及高宗崩叔陵構逆敕中庶子陸瓊宣旨令南北諸軍皆取喜處分賊平又加侍中增封并前九百戶至德元年授信威將軍永嘉內史加秩中二千石初高宗委政於喜喜亦勤心納忠多所匡益數有諫諍事並見從由是十餘年閒江東狹小遂稱全盛唯略地淮北不納喜謀而吳明徹竟敗高宗深悔之謂袁憲曰不用毛喜計遂令

至此朕之過也喜既益親乃言無回避而皇太子好酒德每共幸人爲長夜之宴喜嘗爲言高宗以誡太子太子陰患之至是稍見疏遠初後主爲始興王所傷及瘡愈而自慶置酒於後殿引江揔以下展樂賦詩醉而命喜于時山陵初畢未及踰年喜見之不懌欲諫而後主已醉喜升階陽爲心疾仆于階下移出省中後主醒乃疑之謂江揔曰我悔召毛喜知其無疾但欲阻我懽宴非我所爲故姦詐耳乃與司馬申謀

曰此人負氣吾欲將乞鄱陽兄弟聽其報讎可乎對曰終不爲官用願如聖旨傳綽爭之曰不然若許報讎欲置先皇何地後主曰當乞一小郡勿令見人事耳乃以喜爲永嘉內史喜至郡不受俸秩政弘清靜民吏便之遇豐州刺史章大寶舉兵反郡與豐州相接而素無備禦喜乃修治城隍嚴飾器械又遣所部松陽令周磻領千兵援建安賊平授南安內史禎明元年徵爲光祿大夫領左驍騎將軍喜在郡有惠政乃徵入

朝道路追送者數百里其年道病卒時年七十二有集十卷子處沖嗣官至儀同從事中郎中書侍郎

蔡徵字希祥侍中中撫軍將軍景歷子也幼聰敏精識彊記年六歲詣梁吏部尚書河南褚翔翔字仲舉嗟其穎悟七歲丁母憂居喪如成人禮繼母劉氏性悍忌視之不以道徵供侍益謹初無怨色徵本名覽景歷以爲有王祥之性更名徵字希祥梁承聖初高祖爲南徐州刺史召補迎主簿尋授太學博士天嘉初遷始興王府法曹行參軍歷外兵參軍事尚書主客郎所居以幹理稱太建初遷太子少傅丞新安王主簿通直散騎侍郎晉安王功曹史太子中舍人兼東宮領直中舍人如故丁父憂去職服闋襲封新豐縣侯授戎昭將軍鎮右新安王諮議參軍至德二年遷廷尉卿尋爲吏部郎遷太子中庶子中書舍人掌詔誥尋授左民尚書與僕射江揔知撰五禮事尋加寧遠將軍後主器其材幹任寄日重遷吏部尚書安右將軍每十日一往東宮於

太子前論述古今得喪及當時政務又勑以廷尉寺獄事無大小取徵議決俄有勑遣徵收募兵士自爲部曲徵善撫卹得物情旬月之閒衆近一萬徵位望既重兼聲勢熏灼物議咸忌憚之尋徙爲中書令將軍如故中令清簡無事或云徵有怨言事聞後主大怒收奪人馬將誅之有固諫者獲免禎明三年隋軍濟江後主以徵有幹用權知中領軍徵日夜勤苦備盡心

力後主嘉焉謂曰事寧有以相報及決戰於鍾山南崗勑徵守宮城西北大營尋令督衆軍戰事城陷隨例入關徵美容儀有口辯多所詳究至於士流官宦皇家戚屬及當朝制度憲章儀軌戶口風俗山川土地問無不對然性頗便佞進取不能以退素自業初拜吏部尚書啓後主借鼓吹後主謂所司曰鼓吹軍樂有功乃授蔡徵不自量揆忝我朝章然其父景歷既有締構之功宜且如所啓拜訖即追還徵不脩廉隅皆

此類也隋文帝聞其敏贍召見顧問言輒會旨然累年不調久之除太常丞歷尚書民部儀曹郎轉給事卒時年六十七子翼治尚書官至司徒屬德教學士入隋爲東宮學士

史臣曰宗元饒夙夜匪懈濟務益時司馬申清恪在朝攻苦立行加之以忠節美矣毛喜深達事機匡贊時主蔡徵聰敏才贍而擅權自躓惜哉

列傳第二十三　陳書二十九

列傳第二十四　　陳書三十

散騎常侍姚　思廉　撰

蕭濟

陸瓊 子從典

顧野王

傅縡 章華

蕭濟字孝康東海蘭陵人也少好學博通經史諮梁武帝左氏疑義三十餘條尚書僕射范陽張纘太常卿南陽劉之遴並與濟討論纘等莫能抗對解褐梁祕書郎遷太子舍人預平矦景之功封松陽縣矦邑五百戸及高祖作鎮徐方以濟為明威將軍征北長史承聖二年徵為中書侍郎轉通直散騎常侍世祖為會稽太守又以濟為宣毅府長史遷司徒左長史世祖即位授侍中尋遷太府卿丁所生母憂不拜濟毗佐二主恩遇甚篤賞賜加於凡等歷守蘭陵陽羨臨津臨安等郡所在皆著聲績太建初入為五兵尚書與左僕射徐陵特進周弘正度支尚書王瑒

孫

散騎常侍袁憲俱侍東宮復為司徒長史尋授度支尚書領羽林監遷國子祭酒領羽林如故加金紫光禄大夫兼安德宮衛尉尋遷仁威將軍揚州長史高宗嘗勅取揚州曹事躬自省覽見濟條理詳悉文無滯害乃顧謂左右曰我本期蕭長史長於經傳不言精練繁劇乃至於此遷祠部尚書加給事中復為金紫光禄大夫未拜而卒時年六十六詔贈本官官給喪事

陸瓊字伯玉吳郡吳人也祖完梁琅邪彭城二郡丞父雲公梁給事黃門侍郎掌著作瓊幼聰惠有思理六歲為五言詩頗有詞采大同末雲公受梁武帝詔校定棊品到溉朱异以下並集瓊時年八歲於客前覆局由是京師號曰神童异言之武帝有勅召見瓊風神警亮進退詳審帝甚異之十一丁父憂毀瘠有至性從祖襄歎曰此兒必荷門基所謂一不為少及矦景作逆攜母避地于縣之西鄉勤苦讀書晝夜無怠遂博學善屬文永定中州舉秀才天嘉元年為寧

遠始興王府法曹行參軍尋以本官兼尚書外
兵郎以文學轉兼殿中郎滿歲爲眞瓊素有令
名深爲世祖所賞及討周迪陳寶應等都官符
及諸大手筆竝中勑付瓊遷新安王文學掌東
宮管記及高宗爲司徒妙簡僚佐吏部尚書徐
陵薦瓊於高宗曰新安王文學陸瓊見識優敏
文史足用進居郎署歲月過淹左西掾缺允膺
茲選階次小踰其屈滯已積乃除司徒左西掾
尋兼通直散騎常侍聘齊太建元年重以本官

掌東宮管記除太子庶子兼通事舍人轉中書
侍郎太子家令長沙王爲江州刺史不循法度
高宗以王年少授瓊長史行江州府國事帶尋
陽太守瓊以母老不欲遠出太子亦固請留之
遂不行累遷給事黃門侍郎領羽林監轉太子
中庶子領步兵校尉又領大著作撰國史後主
即位直中書省掌詔誥俄授散騎常侍兼度支
尚書領揚州大中正至德元年除度支尚書參
掌詔誥并判廷尉建康二獄事初瓊父雲

公奉梁武帝勑撰嘉瑞記瓊述其旨而續焉自
永定訖于至德勒成一家之言遷吏部尚書著
作如故瓊詳練譜諜雅鑒人倫先是吏部尚書
宗元饒卒右僕射袁憲舉瓊高宗未之用也至
是居之號爲稱職後主甚委任焉瓊性謙儉不
自封植雖位望日隆而執志愈下園池室宇無
所改作車馬衣服不尚鮮華四時祿俸皆散之
宗族家無餘財暮年深懷止足思避權要恒謝
病不視事俄丁母憂去職初瓊之侍東宮也母

隨在官舍後主賞賜優厚及喪柩還鄉詔加賻
贈并遣謁者黃長貴持冊奠祭後主又自製誌
銘朝野榮之瓊哀慕過毀以至德四年卒時年
五十詔贈領軍將軍官給喪事有集二十卷行
於世長子從宜仕至武昌王文學第三子從典
從典字由儀幼而聰敏八歲讀沈約集見回文研銘
援筆擬之便有佳致年十三作柳賦其詞
甚美瓊時爲東宮管記宮僚竝一時俊偉瓊示
以此賦咸奇其異才從父瑜特所賞愛及瑜將

終冢中墳籍皆付從典從典乃集瑜文爲十卷仍製集序其文甚工從典篤好學業博涉羣書於班史尤所屬意年十五本州舉秀才解褐著作佐郎轉太子舍人時後主賜僕射江摠并其父瓊詩摠命從典爲謝啓俄頃便就文華理暢摠甚異焉尋授信義王文學轉太子洗馬又遷司徒左西掾兼東宮學士丁父憂去職尋起爲德教學士固辭不就後主勑留一員以待從典俄屬金陵淪沒隨例遷關右仕隋爲給事郎兼東宮

學士又除著作佐郎右僕射楊素奏從典續司馬遷史記迄于隋其書未就値隋末喪亂寓居南陽郡以疾卒時年五十七

顧野王字希馮吳郡吳人也祖子喬梁東中郎武陵王府參軍事父烜信威臨賀王記室兼本郡五官掾以儒術知名野王幼好學七歲讀五經略知大旨九歲能屬文嘗製日賦領軍朱异見而奇之年十二隨父之建安撰建安地記二篇長而遍觀經史精記嘿識天文地理蓍龜占

候蟲篆奇字無所不通梁大同四年除太學博士遷中領軍臨賀王府記室參軍宣成王爲揚州刺史野王及琅邪王褒並爲賓客王甚愛其才野王又好丹青善圖寫王於東府起齋乃令野王畫古賢命王褒書贊時人稱爲二絕及侯景之亂野王丁父憂歸本郡乃召募鄉黨數百人隨義軍援京邑野王體素清羸裁長六尺又居喪過毀殆不勝衣及杖戈被甲陳君臣之義逆順之理抗辭作色見者莫不壯之京城陷野

王逃會稽尋往東陽與劉歸義合軍據城拒賊侯景平太尉王僧辯深嘉之使監海鹽縣高祖作宰爲金威將軍安東臨川王府記室參軍尋轉府諮議參軍天嘉元年勑補撰史學士尋加招遠將軍光大元年除鎮東鄱陽王諮議參軍太建二年遷國子博士後主在東宮野王兼東宮管記本官如故六年除太子率更令尋領大著作掌國史知梁史事兼東宮通事舍人時宮僚有濟陽江摠吳國陸瓊北地傅縡吳興姚察並以

才學顯著論者推重焉遷黃門侍郎光祿卿知
五禮事餘官並如故十三年卒時年六十三詔
贈祕書監至德二年又贈右衛將軍野王少以
篤學至性知名在物無過辭失色觀其容貌似
不能言及其勵精力行皆人所莫及第三弟充
國早卒野王撫養孤幼恩義甚厚其所撰著玉
篇三十卷輿地志三十卷符瑞圖十卷顧氏譜
傳十卷分野樞要一卷續洞冥紀一卷玄象表一卷
並行於世又撰通史要略一百卷國史紀傳二
百卷未就而卒有文集二十卷

傅縡字宜事北地靈州人也父彝梁臨沂令縡
幼聰敏七歲誦古詩賦至十餘萬言長好學能
屬文梁太清末攜母南奔避難俄丁母憂在兵
亂之中居喪盡禮哀毀骨立士友以此稱之後
依湘州刺史蕭循循頗好士廣集墳籍縡肆志
尋閱因博通羣書王琳聞其名引為府記室琳
敗隨琳將孫瑒還都時世祖使顏晃賜瑒雜物瑒
託縡啓謝詞理優洽文無加點晃還言之世祖

尋召為撰史學士除司空府記室參軍遷驃騎
安成王中記室撰史如故縡篤信佛教從興皇
惠朗法師受三論盡通其學時有大心暠法師
著无諍論以詆之縡乃為明道論用釋其難其
略曰無諍論言比有弘三論者雷同訶詆恣言罪
狀歷毀諸師非斥衆學論中道而執偏心語忘懷
而競獨勝方學數論更為讎敵讎敵既構諍鬭大
生以此之心而成罪業罪業不止豈不重增生死
大苦聚集答曰三論之興為日久矣龍樹創其

源除內學之偏見提婆揚其旨蕩外道之邪執
欲使大化流而不擁玄風闡而無墜其言曠其
意遠其道博其流深斯固龍象之騰驤鯤鵬之
摶運蹇乘決羽豈能觖望其間哉頃代澆薄時
無曠士苟習小學以化蒙心漸染成俗遂迷正
路唯競穿鑿各肆營造枝葉徒繁本源日翳一
師解釋復異一師更改舊宗各立新意同學之
中取寤復別如是展轉添糅倍多揔而用之心
無的准擇而行之何者為正豈不渾沌傷竅嘉

樹弊牙雖復人說非馬家握靈虵以無當之危同畫地之餅矣其於失道不亦宜乎攝山之學則不如是守一遵本無改作之過約文申意杜臆斷之情言無預說理非宿構覩緣尒乃應見敵然後動縱橫絡驛忽悅杳冥或彌綸而不窮或消散而無所煥乎有文章蹤朕不可得深乎不可量即事而非遠凡相酬對隨理詳覈有何嫉詐干犯諸師且諸師所說爲是可毀爲不可毀若可毀者毀故爲衰若不可毀毀自不及法

師何獨蔽護不聽毀乎且教有大小備在聖誥大乘之文則指斥小道今弘大法寧得不言大乘之意耶斯則褒貶之事從弘放學與奪之辭依經議論何得見佛說而信順在我語而忤逆無諍平等心如是耶且忿恚煩惱凡夫恒性失理之徒率皆有此豈可以三脩未愜六師懷恨而蘊涅槃妙法永不宣揚但冀其忿憤之心既極恬淡之寤自成耳人面不同其心亦異或有辭意相反或有心口相符豈得必謂他人說中

道而心偏執己行無諍外不違而內平等雠敵鬭訟豈我事焉罪業聚集鬬諍者所畏耳無諍論言攝山大師誘進化導則不如此即習行於無諍者也導悟之德既往淳一之風已澆競勝之心呵毀之曲盛於茲矣吾願息諍以通道讓勝以忘德何必排拂異家生其恚怒者乎若以中道之心行於成實亦能不諍若以偏著之心說於中論亦得有諍固知諍與不諍偏在一法答曰攝山大師實無諍矣但法師所賞未衷其

節彼靜守幽谷寂尒無爲凡有訓勉莫匪同志從容語嘿物無間然故其意雖深其言甚約今之敷暢地勢不然處王城之隅居聚落之內呼吸顧望之客脣吻縱橫之士奮鋒穎勵羽翼明目張膽被堅執銳騁異家衒別解窺伺間隙邀冀長短與相酬對捔其輕重豈得默默無言唯唯應命必須掎摭同異發擿玭瑕忘身而弘道忤俗而通教以此爲病益知未達若令大師當此之地亦何必默巳而爲法師所貴耶法師又

言吾願息諍以通道讓勝以忘德道德之事不
止在諍與不諍讓與不讓也此語直是人閒所
重法師慕而言之竟未知勝若爲可讓也若他
人道高則自勝不勞讓矣他人道劣則雖讓而
無益矣欲讓之辭將非虛設中道之心無處不
可成實三論何事致乖但須息守株之解除膠
柱之意是事皆中也來旨言諍與不諍偏在一
法何爲獨褒無諍耶詎非矛楯無諍論言邪正
得失勝負是非必生於心矣非謂所說之法而

有定相論勝劣也若異論是非以偏著爲失言無
是無非消彼得失以此論爲勝妙者他論所不
及此亦爲失也何者凡心所破豈無心於能破
則勝負之心不忘寧不存勝者乎斯則矜我爲
得弃他之失即有取捨大生是非便是增諍
答曰言爲心使心受言詮和合根塵鼓動
風氣故成語也事必由心實如來說至於心造
僞以使口口行詐以應心外和而內險言隨而
意逆求利養引聲名入道之人在家之士斯輩

非一聖人所以曲陳教誡深致防以杜說見在之
殃咎敘將來之患害此文明著甚於日月猶有
忘愛軀冒峻制蹈湯炭甘齏粉必行而不顧也
豈能悅無諍之作而回首革音耶若弘道之人
宣化之士心知勝也口言勝也心知劣也口言
劣也亦無所苞藏亦無所忌憚但直心而行之
耳他道雖劣聖人之教也己德雖優亦聖人之
教也我勝則聖人勝他劣則聖人劣聖人之優
劣蓋根緣所宜亦於彼於此何所厚薄哉雖復

終日按劍極夜擊柝瞋目以爭得失作氣以求勝
負在誰處乎有心之與無心徒欲分別虛空耳何
意不許我論說而使我謙退此謂鷦鵬已翔於寥
廓而虞者猶窺藪澤而求之嗟乎丈夫當弘斯道
矣無諍論言無諍之道通於內外子所言須諍者此
用末而救本失本而營末者也今爲子言之何
則若依外典尋書契之前至淳之世朴質其心
行不言之教當于此時民至老死不相往來而
各得其所復有何諍乎固知本來不諍是物之

眞矣答曰諍與無諍不可偏執本之與末又安
可知由來不諍寧知非末於今而諍何驗非本
夫居後而望前則爲前居前而望後則爲後而
前後之事猶如彼此彼呼此爲彼此呼彼爲彼
彼此之名的居誰處以此言之萬事可知矣本
末前後是非善惡可恒守邪何得自信聰明廢
他耳目夫水泡生滅火輪旋轉入牢穽受羈紲
生憂畏起煩惱其失何哉不與道相應而起諸
見故也相應者則不然無爲也無不爲也善惡
不能偕而未曾離善惡生死不能至亦終然在
生死故得永離而任放焉是以聖人念繞桎之
不脫愍黏膠之難離故殷勤教示備諸便巧希
向之徒涉求有類雖驎角難成象形易失寧得
不跬歸遐路勉勵短晨且當念已身之善惡莫
揣他物而欲分別而言我聰明我知見我計校我
思惟以此而言亦爲疎矣他人者實難測或可是
夫眞尒亦可是聖人俯同時俗所宜見果報所應
覩安得肆胷衿盡情性而生譏誚乎正應虛已

而遊乎世俛仰於電露之間耳明月在天衆水
咸見清風至林羣籟畢響吾豈逆物哉不入鮑
魚不甘腐鼠吾豈同物哉誰能知我共行斯路
浩浩乎堂堂乎豈復見有諍爲非無諍爲是此
則諍者自諍無諍者自無諍吾俱取而用之寧
勞法師費功夫點筆紙但申於無諍弟子疲脣
舌消晷漏唯對於明道戲論哉糟粕哉必欲且
考眞僞蹔觀得失無過依賢聖之言檢行藏之
理始終研究表裏綜覈使浮辭無所用詐道自
然消請待後筵以觀其妙矣尋以本官兼通直
散騎侍郎使齊還除散騎侍郎鎮南始興王諮
議參軍兼東宮管記歷太子庶子僕兼管記如
故後主即位遷祕書監右衛將軍兼中書通事
舍人掌詔誥縡爲文典麗性又敏速雖軍國大
事下筆輒成未嘗起草沈思者亦無以加焉甚
爲後主所重然性木彊不持檢操負才使氣陵
侮人物朝士多銜之會施文慶沈客卿以便佞
親幸專制衡軸而縡益踈文慶等因共譖縡受

高驪使金後主收縡下獄縡素剛因憤恚乃於獄中上書曰夫君人者恭事上帝子愛下民省嗜慾遠諂佞未明求衣日旰忘食是以澤被區宇慶流子孫陛下頃來酒色過度不虔郊廟之神專媚淫昏之鬼小人在側宦豎弄權惡忠直若仇讎視生民如草芥後宮曳綺繡廄馬餘菽粟百姓流離殭尸蔽野貨賄公行帑藏損耗神怒民怨衆叛親離恐東南王氣自斯而盡書奏後主大怒頃之意稍解遣使謂縡曰我欲赦卿卿能改過不縡對曰臣心如面臣面可改則臣

心可改後主於是益怒令宦者李善慶窮治其事遂賜死獄中時年五十五有集十卷行於世

時有吳興章華字仲宗家世農夫至華獨好學與士君子遊處頗覽經史善屬文侯景之亂乃遊嶺南居羅浮山寺專精習業歐陽頠爲廣州刺史署爲南海太守及歐陽紇敗乃還京師太建中高宗使吏部侍郎蕭引喻廣州刺史馬靖令入子爲質引奏華與俱行使還而高宗崩後主即位朝臣以華素無伐閱競排詆之乃除大市令既雅非所好乃辭以疾鬱鬱不得志禎明初上書極諫其大略曰昔高祖南平百越北誅逆虜世祖東定吳會西破王琳高宗克復淮南辟地千里三祖之功亦至勤矣陛下即位于今五年不思先帝之艱難不知天命之可畏溺於嬖寵惑於酒色祠七廟而不出拜妃嬪而臨軒老臣宿將棄之草莽諂佞讒邪昇之朝廷今疆埸日蹙隋軍壓境陛下如不改絃易張臣見麋鹿復遊於姑蘇臺矣書奏後主大怒即日命

斬之

史臣曰蕭濟陸瓊俱以才學顯著顧野王博極羣典傅縡聰警特達並一代之英靈矣然縡不能循道進退遂寘極網悲夫

列傳第二十四　陳書三十

散騎常侍姚思廉　撰

蕭摩訶
任忠
樊毅 弟猛
魯廣達

蕭摩訶字元胤蘭陵人也祖靚梁右將軍父諒梁始興郡丞摩訶隨父之郡年數歲而父卒其姑夫蔡路養時在南康乃收養之稍長果毅有勇力侯景之亂高祖赴援京師路養起兵拒高祖摩訶時年十三單騎出戰軍中莫有當者及路養敗摩訶歸于侯安都安都遇之甚厚自此常隸安都征討及任約徐嗣徽引齊兵爲寇高祖遣安都北拒齊軍於鍾山龍尾及北郊壇安都謂摩訶曰卿驍勇有名千聞不如一見摩訶對曰今日令公見矣及戰安都墜馬被圍摩訶獨騎大呼直衝齊軍齊軍披靡因稍解去安都乃免天嘉初除本縣令以平留異歐陽紇之功累

遷巴山太守太建五年衆軍北伐摩訶隨都督吳明徹濟江攻秦郡時齊遣大將尉破胡等率衆十萬來援其前隊有蒼頭犀角大力之號皆身長八尺膂力絕倫其鋒甚銳又有西域胡妙於弓矢弦無虛發衆軍尤憚之及將戰明徹謂摩訶曰若殪此胡則彼軍奪氣君有關張之名可斬顏良矣摩訶曰願示其形狀當爲公取之明徹乃召降人有識胡者云胡著絳衣樺皮裝弓兩端骨弭明徹遣人覘伺知胡在陣乃自酌酒以飲摩訶摩訶飲訖馳馬衝齊軍胡挺身出陣前十餘步彀弓未發摩訶遙擲銑鋧正中其額應手而仆齊軍大力十餘人出戰摩訶又斬之於是齊軍退走以功授明毅將軍員外散騎常侍封廉平縣伯邑五百戶尋進爵爲侯轉太僕卿餘如故七年又隨明徹進圍宿預擊走齊將王康德以功除晉熙太守九年明徹進軍呂梁與齊人大戰摩訶率七騎先入手奪齊軍大旗齊衆大潰以功授持節武毅將軍譙州刺史

及周武帝滅齊遣其將宇文忻率衆爭呂梁戰於龍晦時忻有精騎數千摩訶領十二騎深入周軍縱橫奮擊斬馘甚衆及周遣大將軍王軌來赴結長圍連鏁於呂梁下流斷大軍還路摩訶謂明徹曰聞王軌始鏁下流其兩頭築城今尚未立公若見遣擊之彼必不敢相拒水路未斷賊勢不堅彼城若立則吾屬且爲虜矣明徹乃奮髯曰搴旗陷陣將軍事也長筭遠略老夫事也摩訶失色而退一旬之間周兵益至摩訶

又請於明徹曰今求戰不得進退無路若潛軍突圍未足爲恥願公率步卒乘馬輿徐行摩訶領鐵騎數千驅馳前後必當使公安達京邑明徹曰弟之此計乃良圖也然老夫受脤專征不能戰勝攻取今被圍逼慼慚寘無地且步軍旣多吾爲捴督必須身居其後相率兼行弟馬軍宜須在前不可遲緩摩訶因率馬軍夜發先是周軍長圍旣合又於要路下伏數重摩訶選精騎八十率先衝突自後衆騎繼焉比旦達淮南

高宗詔徵還授右衞將軍十一年周兵寇壽陽摩訶與樊毅等衆軍赴援無功而還十四年高宗崩始興王叔陵於殿內手刃後主傷而不死叔陵奔東府城時衆心猶預莫有討賊者東宮舍人司馬申啓後主馳召摩訶入見受勑乃率馬步數百先趣東府城西門屯軍叔陵惶遽自城南門而出摩訶勒兵追斬之以功授散騎常侍車騎大將軍封綏遠郡公邑三千戶叔陵素所蓄聚金帛累巨萬後主悉以賜之尋改授侍

中驃騎大將軍加左光祿大夫舊制三公黃閤聽事置鴟尾後主特賜摩訶開黃閤門施行馬聽事寢堂並置鴟尾仍以其女爲皇太子妃會隋捴管賀若弼鎮廣陵窺覦江左後主委摩訶備禦之任授南徐州刺史餘並如故禎明三年正月元會徵摩訶還朝賀若弼乘虛濟江襲京口摩訶請兵逆戰後主不許及若弼進軍鍾山摩訶又請曰賀若弼懸軍深入聲援猶遠且其壘塹未堅人情惶懼出兵掩襲必大克之後主又

不許及隋軍大至將出戰後主謂摩訶曰公可爲我一決摩訶曰從來行陣爲國爲身今日之事兼爲妻子後主多出金帛頒賞諸軍令中領軍魯廣達陳兵白土崗居衆軍之南偏鎮東大將軍任忠次之護軍將軍樊毅都官尚書孔範次之摩訶軍最居北衆軍南北亘二十里首尾進退各不相知賀若弼初謂未戰將輕騎登山觀望形勢及見衆軍因馳下置陣廣達首率所部進薄弼軍屢却俄而復振更分軍趣北突諸將孔

範出戰兵交而走諸將支離陣猶未合騎卒潰散駐之弗止摩訶無所用力焉爲隋軍所執及京城陷賀若弼置後主於德教殿令兵衞守摩訶請弼曰今爲囚虜命在斯須願得一見舊主死無所恨弼哀而許之摩訶入見後主俯伏號泣仍於舊廚取食而進之辭訣而出守衞者皆不能仰視其年入隋授開府儀同三司尋從漢王諒詣并州同諒作逆伏誅時年七十三摩訶訥於語言恂恂長者至於臨戎對寇志氣奮發

所向無前年未弱冠隨侯安都在京口性好射獵無日不畋遊及安都東征西伐戰勝攻取摩訶功寔居多子世廉少警俊敢勇有父風性至孝及摩訶凶終服闋後追慕彌切其父時賓故脫有所言及世廉對之哀慟不自勝言者爲之歔欷終身不執刀斧時人嘉焉摩訶有騎士陳智深者勇力過人以平叔陵之功爲巴陵內史摩訶之戮也其妻子先已籍沒智深收摩訶屍手自殯斂哀感行路君子義之潁川陳禹亦隨

摩訶征討聰敏有識量涉獵經史解風角兵書頗能屬文便騎射官至王府諮議

任忠字奉誠小名蠻奴汝陰人也少孤微不爲鄉黨所齒及長譎詭多計略膂力過人尤善騎射州里少年皆附之梁鄱陽王蕭範爲合州刺史聞其名引置左右侯景之亂忠率鄉黨數百人隨晉熙太守梅伯龍討景將王貴顯於壽春每戰却敵會土人胡通聚衆寇抄範命忠與主帥梅思立并軍討平之仍隨範世子嗣率衆入援

會京城陷旋戍晉熙侯景平授蕩寇將軍王琳
立蕭莊署忠爲巴陵太守琳敗還朝遷明毅將
軍安湘太守仍隨侯瑱進討巴湘累遷豫寧太
守衡陽内史華皎之舉兵也忠預其謀及皎平
高宗以忠先有密啓於朝廷釋而不問太建初
隨章昭達討歐陽紇於廣州以功授直閤將軍
遷武毅將軍廬陵内史秩滿入爲右軍將軍五年
衆軍北伐忠將兵出西道擊走齊歷陽王高景
安於大峴逐北至東關仍克其東西二城進軍

蘄譙並拔之徑趨合肥入其郛進克霍州以功
授員外散騎常侍封安復縣侯邑五百户吕梁
之喪師也忠全軍而還尋詔忠都督壽陽新蔡
霍州緣淮衆軍進號寧遠將軍霍州刺史入爲
左衛將軍十一年加北討前軍事進號平北將
軍率衆歩騎趣秦郡十二年遷使持節散騎常
侍都督南豫州諸軍事平南將軍南豫州刺史
增邑并前一千五百户仍率歩騎趣歷陽周遣
王延貴率衆爲援忠大破之生擒延貴後主嗣

位進號鎮南將軍給鼓吹一部入爲領軍將軍
加侍中改封梁信都郡公邑三千戸出爲吴興
内史加秩中二千石及隋兵濟江忠自吴興入
赴屯軍朱雀門後主召蕭摩訶以下於内殿定
議忠執議曰兵家稱客主異勢客貴速戰主貴
持重宜且益兵堅守宮城遣水軍分向南豫州
及京口道斷寇糧運待春水長上江周羅睺等
衆軍必沿流赴援此良計矣衆議不同因遂出
戰及敗忠馳入臺見後主言敗狀啓云陛下唯當

具舟檝就上流衆軍臣以死奉衛後主信之勑
忠出部分忠辭云臣處分訖即當奉迎後主令
宮人裝束以待忠久望不至隋將韓擒虎自新
林進軍忠乃率數騎往石子崗降之仍引擒虎
軍共入南掖門臺城陷其年入長安隋授開府
儀同三司卒時年七十七子幼武官至儀同三
司時有沈客卿者吴興武康人性便佞忍酷爲
中書舍人毋立異端唯以刻削百姓爲事由是
自進有施文慶者吴興烏程人起自微賤有吏

用後主拔爲主書遷中書舍人俄擢爲湘州刺史未及之官會隋軍來伐四方州鎮相繼以聞文慶客卿俱掌機密外有表啓皆由其呈奏文慶心悅湘州重鎮甚欲早行遂與客卿共爲表裏抑而不言後主弗之知也遂以無備至乎敗國寔二人之罪隋軍旣入並戮之於前闕

樊毅字智烈南陽湖陽人也祖方興梁散騎常侍仁威將軍司州刺史魚復縣侯父文熾梁散騎常侍信武將軍益州刺史新蔡縣侯毅累葉將

門少習武善射侯景之亂毅率部曲隨叔父文皎援臺文皎於青溪戰歿毅將宗族子弟赴江陵仍隷王僧辯討河東王蕭譽以功除假節威戎將軍右中郎將代兄俊爲梁興太守領三州遊軍隨宜豐侯蕭循討陸納於湘州軍次巴陵營頓未立納潛軍夜至薄營大譟營中將士皆驚擾毅獨與左右數十人當營門力戰斬十餘級擊鼓申命衆乃定焉以功授持節通直散騎常侍貞威將軍封夷道縣伯食邑三百戶尋除天

門太守進爵爲侯增邑并前一千戶及西魏圍江陵毅率兵赴援會江陵陷爲岳陽王所執久之遁歸高祖受禪毅與弟猛舉兵應王琳琳敗奔齊太尉侯瑱遣使招毅毅率子弟部曲還朝天嘉二年授通直散騎常侍仍隨侯瑱進討巴湘累遷武州刺史太建初轉豐州刺史封高昌縣侯邑一千戶入爲左衞將軍五年衆軍北伐毅率衆攻廣陵楚子城拔之擊走齊軍於潁口齊援滄陵又破之七年進克潼州下邳高柵等六

城及呂梁喪師詔以毅爲大都督進號平北將軍率衆渡淮對清口築城與周人相抗霖雨城壞毅全軍自拔尋遷中領軍十一年周將梁士彥將兵圍壽陽詔以毅爲都督北討前軍事率水軍入焦湖尋授鎮西將軍都督荊郢巴武四州水陸諸軍事十二年進督沔漢諸軍事以公事免十三年徵授中護軍尋遷護軍將軍荊州刺史後主即位進號征西將軍改封逍遙郡公邑三千戶餘並如故入爲侍中護軍將軍及隋

兵濟江毅謂僕射袁憲曰京口採石俱是要所各須鋭卒數千金翅二百都下江中上下防捍如其不然大事去矣諸將咸從其議會施文慶等寢隋兵消息毅計不行京城陷隨例入關頃之卒

猛字智武毅之弟也幼倜儻有幹略既壯便弓馬膽氣過人青溪之戰猛自旦訖暮與虜短兵接殺傷甚衆臺城陷隨兄毅西上京累戰功爲威戎將軍梁安南侯蕭方矩爲湘州刺史以猛

爲司馬會武陵王蕭紀舉兵自漢江東下方矩遣猛率湘郢之卒隨都督陸法和進軍以拒之時紀巳下樓船戰艦據巴江爭峽口相持久之不能決法和揣紀師老卒惰因令猛率驍勇三千輕舸百餘乘衝流直上出其不意鼓譟薄之紀衆倉卒驚駭不及整列皆弃艦登岸赴水死者以千數時紀心膂數百人猶在左右猛將部曲三十餘人蒙楯橫戈直登紀舟瞋目大呼紀侍衞皆披靡相枕藉不敢動猛手擒紀父子三

人斬於䑽中盡收其船艦器械以功授游騎將軍封安山縣伯邑一千戶仍進軍撫定梁益蜀境悉平軍還遷持節散騎常侍輕車將軍司州刺史進爵爲侯增邑并前二千戶永定元年周文育等敗於沌口爲王琳所獲琳乘勝將略南中諸郡遣猛與李孝欽等將兵攻豫章進逼周迪軍敗爲迪所執尋遁歸王琳王琳敗還朝天嘉二年授通直散騎常侍永陽太守遷安成王府司馬光大元年授壯武將軍廬陵內史太建初遷

武毅將軍始興平南府長史領長沙內史尋隷章昭達西討江陵潛軍入峽焚周軍船艦以功封富川縣侯邑五百戶歷散騎常侍遷使持節都督荆信二州諸軍事宣遠將軍荆州刺史入爲左衞將軍後主即位增邑并前一千戶餘竝如故至德四年授使持節都督南豫州諸軍事忠武將軍南豫州刺史隋將韓擒虎之濟江也猛在京師第六子巡攝行州事擒虎進軍攻陷之巡及家口竝見執時猛與左衞將軍蔣元遜

領青龍八十艘爲水軍於白下遊弈以禦隋六
合兵後主知猛妻子在隋軍懼其有異志欲使
任忠代之又重傷其意乃止禎明三年入于隋
魯廣達字遍覽吳州刺史悉達之弟也少慷慨
志立功名虛心愛士賓客或自遠而至時江表
將帥各領部曲動以千數而魯氏尤多釋褐梁
邵陵王國右常侍遷平南當陽公府中兵參軍
侯景之亂與兄悉達聚衆保新蔡梁元帝承制
授假節壯武將軍晉州刺史王僧辯之討侯景

也廣達出境候接資奉軍儲僧辯謂沈炯曰魯
晉州亦是王師東道主人仍率衆隨僧辯景平
加員外散騎常侍餘如故高祖受禪授征遠將
軍東海太守尋徙爲桂陽太守固辭不拜入爲
員外散騎常侍除假節信武將軍北新蔡太守
隨吳明徹討周迪於臨川每戰功居最仍代兄
悉達爲吳州刺史封中宿縣侯邑五百戶光禄
大夫元年授通直散騎常侍都督南豫州諸軍
事南豫州刺史華皎稱兵上流詔司空淳于量

率衆軍進討軍至夏口皎舟師彊盛莫敢進者
廣達首率驍勇直衝賊軍戰艦既交廣達憤怒
大呼登艦樓獎勵士卒風急艦轉樓搖動廣達
足跌墮水沈溺久之因救獲免皎平授持節智
武將軍都督巴州諸軍事巴州刺史太建初與
儀同章昭達入峽口拓定安蜀等諸州鎮時周
氏將圖江左大造舟艦於蜀幷運糧青泥廣達
與錢道戢等將兵掩襲縱火焚之以功增封幷
前二千戶仍還本鎮廣達爲政簡要推誠任下

吏民便之及秩滿皆詣闕表請於是詔留二年
五年衆軍北伐略淮南舊地廣達與齊軍會於
大峴大破之斬其敕城王張元範虜獲不可勝
數進克北徐州乃授都督北徐州諸軍事徐州
刺史尋加散騎常侍入爲右衛將軍八年出爲
北兗州刺史遷晉州刺史十年授使持節都督
合霍二州諸軍事進號仁威將軍合州刺史十
一年周將梁士彥將兵圍壽春詔遣中領軍樊
毅左衛將軍任忠等分部趣陽平秦郡廣達率

衆入淮爲犄角以擊之周軍攻陷豫霍二州南北兖晉等各拔諸將竝無功盡失淮南之地廣達因免官以侯還第十二年與豫州刺史樊毅率衆北討克郭默城尋授使持節平西將軍都督郢州以上十州諸軍事率舟師四萬治江夏周安州揔管元景將兵寇江外廣達命偏師擊走之後主即位入爲安左將軍尋授平南將軍南豫州刺史至德二年授安南將軍徵拜侍中又爲安左將軍改封綏越郡公封邑如前尋爲中

領軍及賀若弼進軍鍾山廣達率衆於白土崗南置陣與弼旗鼓相對廣達躬擐甲冑手執桴鼓率勵敢死冒刃而前隋軍退走廣達逐北至營殺傷甚衆如是者數四焉及弼攻敗諸將乘勝至宮城燒北掖門廣達猶督餘兵苦戰不息斬獲數十百人會日暮乃解甲面臺再拜慟哭謂衆曰我身不能救國負罪深矣士卒皆涕泣歔欷於是乃就執禎明三年依例入隋廣達愴本朝淪覆遘疾不治尋以憤慨卒時年五十九尚書令江揔撫柩慟哭乃命筆題其棺頭爲詩曰黃泉雖抱恨白日自流名悲君感義死不作負恩生揔又製廣達墓銘其略曰災流淮海險失金湯時屯運極代革天亡爪牙背義介冑無良獨摽忠勇率禦有方誠貫皎日氣勵嚴霜懷恩感報撫事何忘初隋將韓擒虎之濟江也廣達長子世眞在新蔡乃與其弟世雄及所部奔擒虎遣使致書以招廣達時屯兵京師乃自劾廷尉請罪後主謂之曰世眞雖異路中大夫公國之

重臣吾所恃賴豈得自同嫌疑之間乎加賜黃金即日還營廣達有隊主楊孝辯時從廣達在軍中力戰陷陣其子亦隨孝辯揮刃殺隋兵十餘人力窮父子俱死

史臣曰蕭摩訶氣冠三軍當時良將雖無智略亦一代匹夫之勇矣然口訥心勁恂恂李廣之徒歟任忠雖勇決彊斷而心懷反覆誣紿君上自蹈其惡鄙矣至於魯廣達全忠守道殉義忘身蓋亦陳代之良臣也

列傳第二十五　　陳書三十一

列傳第二十六　陳書三十二

散騎常侍姚　思廉　撰

孝行

殷不害 弟不佞

謝貞

司馬暠

張昭

孔子曰夫聖人之德何以加於孝乎孝者百行之本人倫之至極也凡在性靈孰不由此若乃奉生盡養送終盡哀或泣血三年絕漿七日思蓼莪之慕切追顧復之恩深或德感乾坤誠貫幽顯在於歷代蓋有人矣陳承梁室喪亂風漓化薄及迹隱閭閻無聞視聽今之採綴以備闕云

殷不害字長卿陳郡長平人也祖任齊豫章王行參軍父高明梁尚書中兵郎不害性至孝居父憂過禮由是少知名家世儉約居甚貧窶有弟五人皆幼弱不害事老母養小弟勤劇無所不至士大夫以篤行稱之年十七仕梁廷尉平不害長於政事兼飾以儒術名法有輕重不便者輒上書言之多見納用大同五年遷鎮西府記室參軍尋以本官兼東宮通事舍人是時朝廷政事多委東宮不害與舍人庾肩吾直日奏事梁武帝嘗謂肩吾曰卿是文學之士吏事非卿所長何不使殷不害來邪其見知如此簡文又以不害善事親賜其母蔡氏錦裙襦氈席被褥單複畢備七年除東宮步兵校尉太清初遷平北府諮議參軍舍人如故侯景之亂不害從簡文入臺及臺城陷簡文在中書省景帶甲將兵入朝陛見過謁簡文景兵士皆羌胡雜種衝突左右甚不遜侍衛者莫不驚恐辟易唯不害與中庶子徐摛侍側不動及簡文爲景所幽遣人請不害與居處景許之不害供侍益謹簡文夜夢吞一塊土意甚不悅以告不害不害曰昔晉文公出奔野人遺之塊卒反晉國陛下此夢事符是乎簡文曰若天有徵冀斯言不妄梁元帝

立以不害爲中書郎兼廷尉卿因將家屬西上江陵之陷也不害先於別所督戰失母所在于時甚寒冰雪交下老弱凍死者填滿溝壍不害行哭道路遠近尋求無所不至遇見死人溝水中即投身而下扶捧閱視舉體凍濕水漿不入口號泣不輟聲如是者七日始得母屍不害憑屍而哭每舉音輒氣絶行路無不爲之流涕即於江陵權殯與王裒庾信俱入長安自是蔬食布衣枯槁骨立見者莫不哀之太建七年自周

還朝其年詔除司農卿尋遷光祿大夫八年加明威將軍晉陵太守在郡感疾詔以光祿大夫徵還養疾後主即位加給事中初不害之還也周留其長子僧首因居關中禎明三年京城陷僧首來迎不害道病卒時年八十五

不佞字季卿不害弟也少立名節居父喪以至孝稱好讀書尤長吏術仕梁起家爲尚書中兵郎甚有能稱梁元帝承制授戎昭將軍武陵王諮議參軍承聖初遷武康令時兵荒飢饉百姓流移不佞巡撫招集繈負而至者以千數會江陵陷而母卒道路隔絶久不得奔赴四載之中晝夜號泣居處飲食常爲居喪之禮高祖受禪起爲戎昭將軍除婁令至是第四兄不齊始之江陵迎母喪柩歸葬不佞居處之節如始聞問若此者又三年身自負土手植松栢每歲時伏臘必三日不食世祖即位除尚書左民郎不就後爲始興王諮議參軍兼尚書右丞遷東宮通事舍人及世祖崩廢帝嗣立高宗爲太傅錄尚

書輔政甚爲朝望所歸不佞素以名節自立又受委東宮乃與僕射到仲舉中書舍人劉師知尚書右丞王暹等謀矯詔出高宗衆人猶豫未敢先發不佞乃馳詣相府面宣勑令相王還第及事發仲舉等皆伏誅高宗雅重不佞特赦之免其官而已高宗即位以爲軍師始興王諮議參軍加招遠將軍尋除大匠卿未拜加員外散騎常侍又兼尚書右丞俄遷通直散騎常侍右丞如故太建五年卒時年五十六詔贈祕書監

第三兄不疑次不占次不齊並早亡不佞最小
事第二寡嫂張氏甚謹所得祿俸不入私室長
子梵童官至尚書金部郎
謝貞字元正陳郡陽夏人晉太傅安九世孫也
祖綏梁著作佐郎太子舍人父藺正員外郎兼散
騎常侍貞幼聰敏有至性祖母阮氏先苦風眩
每發便一二日不能飲食貞時年七歲祖母不
食貞亦不食往往如是親族莫不奇之母王氏
授貞論語孝經讀訖便誦八歲嘗爲春日閑居

五言詩從舅尚書王筠奇其有佳致謂所親曰
此兒方可大成至如風定花猶落乃追步惠連
矣由是名輩知之年十三略通五經大旨尤善
左氏傳工草隸蟲篆十四丁父艱號頓於地絕
而復蘇者數矣初父藺居母阮氏憂不食泣血
而卒家人賓客懼貞復然從父洽族兄暠乃共
往華嚴寺請長爪禪師爲貞說法仍謂貞曰孝
子既無兄弟極須自愛若憂毀滅性誰養母邪
自後少進饘粥太清之亂親屬散亡貞於江陵

陷沒暠逃難番禺貞母出家於宣明寺及高祖
受禪暠還鄉里供養貞母將二十年太建五年
貞乃還朝除智武府外兵參軍事俄遷尚書駕
部郎中尋遷侍郎及始興王叔陵爲揚州刺史
引祠部侍郎阮卓爲記室辟貞爲主簿貞不得
已乃行尋遷府錄事參軍領丹陽丞貞度叔陵
將有異志因與卓自疏於王每有宴遊輒辭以
疾未嘗參預叔陵雅欽重之弗之罪也俄而高
宗崩叔陵肆逆府僚多相連逮唯貞與卓獨不

坐後主仍詔貞入掌中宮管記遷南平王友加
招遠將軍掌記室事府長史汝南周確新除都
官尚書請貞爲讓表後主覽而奇之嘗因宴席
問確曰卿表自製邪確對曰臣表謝貞所作後
主因勑舍人施文慶曰謝貞在王處未有祿秩
可賜米百石至德三年以母憂去職頃之勑起
還府仍加招遠將軍掌記室貞累啓固辭勑報
曰省啓具懷雖知哀煢在疚而官俟得才禮有
權奪可便力疾還府也貞哀毀羸瘠終不能之

官舍時尚書右丞徐祚尚書左丞沈客卿俱來
候貞見其形體骨立祚等愴然歎息徐喻之曰
弟年事已衰禮有恒制小宜引割自全貞因更
感慟氣絶良久二人涕泣不能自勝憫默而出
祚謂客卿曰信哉孝門有孝子客卿曰謝公家
傳至孝士大夫誰不仰止此恐不能起如何吏
部尚書吳興姚察與貞友善及貞病篤察往省
之問以後事貞曰孤子釁禍所集將隨灰壤族子
凱等粗自成立已有疏付之此固不足仰塵厚

德即日迷喘時不可移便為永訣弱兒年甫六
歲名靖字依仁情累所不能忘敢以為託耳是
夜卒敕賻米一百斛布三十匹後主問察曰謝
貞有何親屬察因啓曰貞有一子年六歲即有
敕長給衣糧初貞之病亟也遺疏告族子凱曰
吾少罹酷罰十四傾外蔭十六鍾太清之禍流
離絶國二十餘載號天蹐地遂同有感得還侍
奉守先人墳墓於吾之分足矣不悟朝廷採拾
空薄累致清階縱其殞絶無所酬報今在憂棘

晷漏將盡斂手而歸何所多念氣絶之後若直
弃之草野依僧家尸陁林法是吾所願正恐過
為獨異耳可用薄板周身載以靈車覆以葦席
坎山而埋之又吾終鮮兄弟無他子孫靖年幼
少未閑人事但可三月施小牀設香水盡卿兄
弟相厚之情即除之無益之事勿為也初貞在周
嘗侍趙王讀王即周武帝之愛弟也厚相禮遇
王嘗聞左右說貞每獨處必晝夜涕泣因私使
訪問知貞母年老遠在江南乃謂貞曰寡人若

出居藩當遣侍讀還家供養後數年王果出因
辭見面奏曰謝貞至孝而母老臣願放還帝奇
王仁愛而遣之因隨聘使杜子暉還國所有文
集值兵亂多不存

司馬暠字文昇河內溫人也高祖晉侍中光祿
勳柔之以南頓王孫紹齊文獻王攸之後父子
產梁尚書水部侍郎岳陽太守即梁武帝之外
兄也暠幼聰警有至性年十二丁內艱孺慕過
禮水漿不入口殆經一旬每至號慟必致悶絶

內外親戚皆懼其不勝喪父子產每曉諭之逼進饘粥然毀瘠骨立服闋以姻戚子弟預入問訊梁武帝見暠羸瘦歎息良久謂其父子產曰昨見羅兒面顏顦顇使人惻然便是不墜家風爲有子矣羅兒即暠小字也釋褐太學博士累遷正員郎丁父艱哀毀逾甚廬于墓側一日之內唯進薄麥粥一升墓在新林連接山阜舊多猛獸暠結廬數載豺狼絕跡常有兩鳩棲宿廬所馴狎異常新林至今猶傳之承聖中除太子庶子江陵陷隨例入關而梁室屠戮太子瘞殯失所暠以宮臣乃抗表周朝求還江陵改葬辭甚酸切周朝優詔答曰昔主父從戮孔車有長者之風彭越就誅欒布得陪臣之禮庶子鄉國已改猶懷送往之情始驗忠貞方知臣道即勑荆州以禮安厝太建八年自周還朝高宗特降殊禮賞錫有加除宜都王諮議參軍事徙安德宮長秋卿通直散騎常侍太中大夫司州大中正卒于官有集十卷子延義字希忠少沈敏好

學江陵之陷隨父入關丁母憂喪過于禮及暠還都延義乃躬負靈櫬晝伏宵行冒履冰霜手足皆皸瘃及至都以中風冷遂致攣癈數年方愈稍遷鄱陽王録事參軍沅陵王友司徒從事中郎

張昭字德明吳郡吳人也幼有孝性色養甚謹禮無違者父熯常患消渴嗜鮮魚昭乃身自結網捕魚以供朝夕弟乾字玄明聰敏博學亦有至性及父卒兄弟並不衣綿帛不食鹽醋日唯食一升麥屑粥而已每一感慟必致嘔血鄰里聞其哭聲皆爲之涕泣父服未終母陸氏又亡兄弟遂六年哀毀形容骨立親友見者莫識焉家貧未得大葬遂布衣蔬食十有餘年杜門不出屛絕人事時衡陽王伯信臨郡舉乾孝廉固辭不就兄弟並因毀成疾昭失一眼乾亦中冷苦癖年並未五十終于家子胤俱絕

高宗世有太原王知玄者僑居于會稽剡縣居家以孝聞及丁父憂哀毀而卒高宗嘉之詔改

其所居清苦里爲孝家里云
史臣曰人倫之德莫大於孝是以報本反始盡
性窮神孝乎惟孝不可不勗矣故記云塞乎天
地盛哉

列傳第二十六　　陳書三十二

列傳第二十七　陳書三十三

散騎常侍姚思廉　撰

儒林

沈文阿
沈洙
戚袞
鄭灼　張崖　陸詡　沈德威
賀德基
全緩
張譏

顧越
沈不害
王元規

蓋今儒者本因古之六學斯則王教之典籍先聖所以明天道正人倫致治之成法也秦始皇焚書坑儒六學自此缺矣漢武帝立五經博士開弟子員設科射策勸以官祿其傳業者甚眾焉自兩漢登賢咸資經術魏晉浮蕩儒教淪歇公卿士庶罕通經業矣宋齊之間國學時復開置梁武帝開五館建國學總以五經教授唯國學乃經經各置助教云武帝或紆鑾駕臨幸庠序釋奠先師躬親試胄申之讌語勞之束帛濟濟焉斯蓋一代之盛矣高祖創業開基承前代離亂衣冠殄盡寇賊未寧既日不暇給弗遑勸課世祖以降稍置學官雖博延生徒成業蓋寡今之採綴蓋亦梁之遺儒云

沈文阿字國衞吳興武康人也父峻以儒學聞於梁世授桂州刺史不行文阿性剛彊有膂力

少習父業研精章句祖舅太史叔明舅王慧興並通經術而文阿頗傳之又博採先儒異同自爲義疏治三禮三傳察孝廉爲梁臨川王國侍郎累遷兼國子助教五經博士梁簡文在東宮引爲學士深相禮遇及撰長春義記多使文阿撮異聞以廣之及侯景寇逆簡文別遣文阿招募士卒入援京師城陷與張嵊共保吳興嵊敗文阿竄于山野景素聞其名求之甚急文阿窮

迫不知所出登樹自縊遇有所親救之便自投而下折其左臂及景平高祖以文阿州里表爲原鄉令監江陰郡紹泰元年入爲國子博士尋領步兵校尉兼掌儀禮自泰清之亂臺閣故事無有存者文阿父峻梁武世嘗掌朝儀頗有遺藁於是斟酌裁撰禮度皆自之出及高祖受禪文阿輒弃官還武康高祖大怒發使往誅之時文阿宗人沈恪爲郡請使者寬其死即面縛鎖頸致於高祖高祖視而笑曰腐儒復何爲者遂

赦之高祖崩文阿與尚書左丞徐陵中書舍人劉師知等議大行皇帝靈座俠御衣服之制語在師知傳及世祖即皇帝位剋日謁廟尚書右丞庾持奉詔遣博士議其禮文阿議曰民物推移質文殊軌聖賢因機而立教王公隨時以適宜夫千人無君不散則亂萬乘無主不危則亡當隆周之日公旦叔父呂召爪牙成王在喪禍幾覆國是以既葬便有公冠之儀始殯受麻冕之策斯蓋示天下以有主慮社稷之艱難逮乎

末葉縱橫漢承其弊雖文景刑厝而七國連兵或踰月即尊或崩日稱詔此皆有爲而爲之非無心於禮制也今國諱之日雖抑哀於璽紱之重猶未序於君臣之儀古禮朝廟退坐正寢聽羣臣之政今皇帝拜廟還宜御太極殿以正南面之尊此即周康在朝一二臣衛者也其壤奠之節周禮以玉作贄公侯以珪子男執璧此瑞玉也奠贄既竟又復致享天子以璧王后用琮秦燒經典威儀散滅叔孫通定禮尤失前憲奠贄不珪致享無帛公王同

璧鴻臚奏賀若此數事未聞於古後相沿襲至梁行之夫稱觴奉壽家國大慶四廂雅樂歌奏懽欣今君臣吞哀万民抑割豈同於惟新之禮乎且周康賓稱奉珪無萬壽之獻此則前準明矣三宿三咤上宗曰饗斯蓋祭儐受福寧謂賀酒邪愚以今坐正殿止行薦璧之儀無賀酒之禮謹撰謁廟還升正寢羣臣陪薦儀注如別詔可施行尋遷通直散騎常侍兼國子博士領羽林監仍令於東宮講孝經論語天嘉四年卒時年六十一詔贈廷尉

卿文阿所撰儀禮八十餘卷經典大義十八卷
並行於世諸儒多傳其學
沈洙字弘道吳興武康人也祖休稚梁餘杭令
父山卿梁國子博士中散大夫洙少方雅好學
不妄交遊治三禮春秋左氏傳精識彊記五經
章句諸子史書問無不答解巾梁湘東王國左
常侍轉中軍宣城王限內參軍板仁威臨賀王
記室參軍遷尚書祠部郎中時年蓋二十餘大
同中學者多涉獵文史不爲章句而洙獨積思

經術吳郡朱异會稽賀琛甚嘉之及异琛於士
林館講制旨義常使洙爲都講侯景之亂洙竄
於臨安時世祖在焉親就習業及高祖入輔除
國子博士與沈文阿同掌儀禮高祖受禪加員
外散騎常侍歷揚州別駕從事史大匠卿有司
奏前寧遠將軍建康令沈孝軌門生陳三兒牒
稱主人翁靈柩在周主人奉使關內因欲迎喪
久而未返此月晦即是再周主人弟息見在此
者爲至月末除靈內外即吉爲待主人還情禮

申音以事諮左丞江德藻德藻議王衛軍云久
喪不葬唯主人不變其餘親各終月數而除此
蓋引禮文論在家內有事故未得葬者耳孝軌
既在異域雖已迎喪還期無指諸弟若遂不除
永絕婚嫁此於人情或爲未允中原淪陷已後
理有事例宜諮沈常侍詳議洙議曰禮有變正
又有從宜禮小記云久而不葬者唯主祭者不
除其餘以麻終月數者除喪則已注云其餘謂
傍親如鄭所解衆子皆應不除王衛軍所引此

蓋禮之主也但魏氏東關之役既失亡屍柩葬
禮無期議以爲禮無終身之喪故制使除服晉
氏喪亂或死於虜庭無由迎殯江左故復申明
其制李胤之祖王華之父並存亡不測其子制服
依時釋縗此並變禮之宜也孝軌雖因奉使便
欲迎喪而戎狄難親還期未剋愚謂宜依東關
故事在此國內者並應釋除縗麻毀靈附祭若
喪柩得還別行改葬之禮自天下寇亂西朝傾
覆流播絕域情禮莫申若此之徒諒非一二寧

可喪期無數而弗除表服朝庭自應爲之限制以義斷恩通訪博識折之禮衷德藻依洙議奏可世祖即位遷通直散騎常侍侍東宮讀尋兼尚書左丞領揚州大中正遷光祿卿侍讀如故廢帝嗣位重爲通直散騎常侍兼尚書左丞遷戎昭將軍輕車衡陽王長史行府國事帶琅邪彭城二郡丞梁代舊律測囚之法日一上起自晡鼓盡于二更及比部郎范泉刪定律令以舊法測立時久非人所堪分其刻數日再上廷尉以爲新制過

輕請集八座丞郎并祭酒孔奐行事沈洙五舍人會尚書省詳議時高宗録尚書集衆議之都官尚書周弘正曰未知獄所測人有幾人款幾人不款須前責取人名及數并其罪目然後更集得廷尉監沈仲由列稱別制已後有壽羽兒一人坐殺壽慧劉磊渴等八人坐偷馬仗家口渡北依法測之限訖不款劉道朔坐犯七改偷依法測立首尾二日而款陳法滿坐被使封藏阿法受錢未及上而款弘正議曰凡小大之獄

必應以情正言依準五聽驗其虛實豈可全恣考掠以判刑罪且測人時節本非古制近代已來方有此法起自晡鼓迄于二更豈是常人所能堪忍所以重械之下危墮之上無人不服誣枉者多朝晚二時同等刻數進退而求於事爲衷若謂小促前期致實罪不伏如復時節延長則無愆妄款且人之所堪既有彊弱人之立意固亦多途至如貫高榜笞刺爇身無完者戴就熏針並極困篤不移豈關時刻長短掠測優劣

夫與殺不辜寧失不經罪疑惟輕功疑惟重斯則古之聖王垂此明法愚謂依范泉著制於事爲允舍人盛權議曰比部范泉新制尚書周弘正明議咸允虞書惟輕之旨殷頌敷正之言竊尋廷尉監沈仲由等列新制以後凡有獄十一人其所測者十人款者唯一愚謂染罪之囚獄官宜明加辯析窮考事理若罪有可疑自宜啓審分判幸無濫測若罪有實驗乃可啓審測立此則枉直有分刑宥斯理范泉今牒述漢律云

死罪及除名罪證明白考掠已至而抵隱不服
者處當列上杜預注云處當證驗明白之狀列
其抵隱之意竊尋舊制深峻百中不款者一新
制寬優十中不款者九參會兩文寬猛寔異處
當列上未見釐革愚謂宜付典法更詳處當列
上之文洙議曰夜中測立緩急易欺兼用晝漏
於事爲允但漏刻賒促今古不同漢書律曆何
承天祖沖之暅之父子漏經並自關鼓至下鼓
自晡鼓至關鼓皆十三刻冬夏四時不異若其

日有長短分在中時前後今用梁末改漏下鼓
之後分其短長夏至之日各十七刻冬至之日
各十二刻伏承命旨刻同勒令檢一日之刻乃
同而四時之用不等廷尉今牒以時刻短促到
罪人不款愚意願去夜測之昧從晝漏之明斟酌
今古之間參會二漏之義捨秋冬之少刻從夏日
之長晷不問寒暑並依今之夏至朝夕上測各
十七刻比之古漏則上多昔四刻即用今漏則冬
至多五刻雖冬至之時數刻侵夜正是少日於

事非疑庶罪人不以漏短而爲捍獄囚無以在夜
之致誣求之鄙意竊謂允合衆議以爲宜依范
泉前制高宗曰沈長史議得中宜更博議左丞
宗元饒議曰竊尋沈議非頓異范正是欲使四
時均其刻數兼斟酌其佳以會優劇即同牒請
寫還删定曹詳改前制高宗依事施行洙以太
建元年卒時年五十二

戚袞字公文吳郡鹽官人也祖顯齊給事中父
霸梁臨賀王府中兵參軍袞少聰慧遊學京都

受三禮於國子助教劉文紹一二年中大義略
備年十九梁武帝勑策孔子正言并周禮禮記義
袞對高第仍除揚州祭酒從事史就國子博士
宋懷方質儀禮義懷方北人自魏攜儀禮禮記
疏祕惜不傳及將亡謂家人曰吾死後戚生若
赴便以儀禮禮記義本付之若其不來即宜隨
屍而殯其爲儒者推許如此尋兼太學博士梁
簡文在東宮召袞講論又嘗置宴集玄儒之士
先命道學互相質難次令中庶子徐摛馳騁大

義聞以劇談摘辭辯縱橫難以答抗諸人懾氣
皆失次序袞時騁義摘與往復袞精采自若對
答如流簡文深加歎賞尋除員外散騎侍郎又
遷員外散騎常侍敬帝承制出爲江州長史仍
隨沈泰鎮南豫州泰之奔齊也逼袞俱行後自
鄴下遁還又隨程文季北伐呂梁軍敗袞沒于
周久之得歸仍兼國子助教除中衛始興王府
録事參軍太建十三年卒時年六十三袞於梁
代撰三禮義記值亂亡失禮記義四十卷行

於世

鄭灼字茂昭東陽信安人也祖惠梁衡陽太守
父季徽通直散騎侍郎建安令灼幼而聰敏勵
志儒學少受業于皇侃梁中大通五年釋褐奉
朝請累遷員外散騎侍郎給事中安東臨川王
府記室參軍轉平西邵陵王府記室簡文在東
宮雅愛經術引灼爲西省義學士承聖中除通
直散騎侍郎兼國子博士尋爲威戎將軍兼中
書通事舍人高祖世祖之世歷安東臨川鎮北

鄱陽二王府諮議參軍累遷中散大夫以本職
兼國子博士未拜太建十三年卒時年六十八
灼性精勤尤明三禮少時嘗夢與皇侃遇於途
侃謂灼曰鄭郎開口侃因唾灼口中自後義理
逾進灼家貧抄義疏以日繼夜筆豪盡每削用
之灼常蔬食講授多苦心熱若瓜時輒偃卧以
瓜鎮心起便誦讀其篤志如此時有晉陵張崖
吳郡陸詡吳興沈德威會稽賀德基俱以禮學
自命張崖傳三禮於同郡劉文紹仕梁歷王府

中記室天嘉元年爲尚書儀曹郎廣沈文阿儀
注撰五禮出爲丹陽令王府諮議參軍御史中
丞宗元饒表薦爲國子博士陸詡少習崔靈恩
三禮義宗梁世百濟國表求講禮博士詔令詡
行還除給事中定陽令天嘉初侍始興王伯茂
讀遷尚書祠部郎中沈德威字懷遠少有操
行梁太清末遁於天目山築室以居雖處亂離
而篤學無倦遂治經業天嘉元年徵出都侍
太子講禮傳尋授太學博士轉國子助教每

自學還私室以講授道俗受業者數千百人
率常如此遷太常丞兼五禮學士尋以為尚書
儀曹郎後為祠部郎俄丁母憂去職禎明三年
入隋官至秦王府主簿年五十五卒
賀德基字承業世傳禮學祖文發父淹仕梁俱
為祠部郎並有名當世德基少遊學于京邑積
年不歸衣資罄之又恥服故弊盛冬止衣裌襦
袴嘗於白馬寺前逢一婦人容服甚盛呼德基
入寺門脫白綸巾以贈之仍謂德基曰君方為

重器不久貧寒故以此相遺耳德基問嫗姓名
不答而去德基於禮記稱為精明居以傳授累
遷尚書祠部郎德基雖不至大官而三世儒學
俱為祠部時論美其不墜焉
全緩字弘立吳郡錢塘人也幼受易于博士
褚仲都篤志研翫得其精微梁太清初歷王
國侍郎奉朝請俄轉國子助教兼司義郎專
講詩易紹泰元年除尚書水部郎太建中累遷
南始興王府諮議參軍隨府詣湘州以疾卒時

年七十四緩治周易老莊時人言玄者咸推之
張譏字直言清河武城人也祖僧寶梁散騎侍
郎太子洗馬父仲悅梁廬陵王府錄事參軍尚
書祠部郎中譏幼聰俊有思理年十四通孝經
論語篤好玄言受學于汝南周弘正每有新意
為先輩推伏梁大同中召補國子正言生梁武
帝嘗於文德殿釋乾坤文言譏與陳郡袁憲等
預焉勑令論議諸儒莫敢先出譏乃整容而進
諮審循環辭令溫雅梁武帝甚異之賜裙襦絹

等仍云表卿稽古之力譏幼喪母有錯綵經帕
即母之遺製及有所識家人具以告之每歲時
輒對帕哽噎不能自勝及丁父憂居喪過禮服
闋召補湘東王國左常侍轉田曹參軍遷士林
館學士簡文在東宮出士林館發孝經題譏論
議往復甚見嗟賞自是每有講集必遣使召譏
及侯景寇逆於圍城之中猶侍哀太子於武德
後殿講老莊梁臺陷譏崎嶇避難卒不事景景
平歷臨安令高祖受禪除太常丞轉始興王府

刑獄參軍天嘉中遷國子助教是時周弘正在國學發周易題弘正第四弟弘直亦在講席譏與弘正論議弘正乃屈弘直危坐厲聲助其申理譏乃正色謂弘直曰今日義集辯正名理雖知兄弟急難四公不得有助弘直曰僕助君師何爲不可舉座以爲笑樂弘正嘗謂人曰吾每登座見張譏在席使人懍然高宗世歷建安王府記室參軍兼東宮學士轉武陵王限內記室學士如故後主在東宮集官僚置宴時造玉柄麈尾

新成後主親執之曰當今雖復多士如林至於堪捉此者獨張譏耳即手授譏仍令於温文殿講莊老高宗幸宮臨聽賜御所服衣一襲後主嗣位領南平王府諮議參軍東宮學士尋遷國子博士學士如故後主嘗幸鍾山開善寺召從臣坐於寺西南松林下勑召譏豎義時索麈尾未至後主勑取松枝手以屬譏曰可代麈尾顧謂羣臣曰此即是張譏後事禎明三年入隋終於長安時年七十六譏性恬靜不求榮利常慕閑逸所居宅營山池植花果講周易老莊而教授焉吴郡陸元朗朱孟博一乘寺沙門法才法雲寺沙門慧休至眞觀道士姚綏皆傳其業譏所撰周易義三十卷尚書義十五卷毛詩義二十卷孝經義八卷論語義二十卷老子義十一卷莊子內篇義十二卷外篇義二十卷雜篇義十卷玄部通義十二卷又撰遊玄桂林二十四卷後主嘗勑人就其家寫入祕閣子孝則官至始安王記室參軍

顧越字思南吴郡鹽官人也所居新坡黄岡世有鄉校由是顧氏多儒學焉越少孤以勤苦自立聰慧有口辯說毛氏詩傍通異義梁太子詹事周捨甚賞之解褐揚州議曹史兼太子左率丞越於義理精明尤善持論與會稽賀文發俱爲梁南平王偉所重引爲賓客尋補五經博士紹泰元年遷國子博士世祖即位除始興王諮議參軍侍東宮讀世祖以越篤老厚遇之除給事黄門侍郎又領國子博士侍讀如故廢帝嗣

立除通直散騎常侍中書舍人華皎之構逆也
越在東陽或譖之於高宗言其有異志詔下獄
因坐免太建元年卒於家時年七十八時有東
陽龔孟舒者亦治毛氏詩善談名理梁武世仕
至尋陽郡丞元帝在江州遇之甚重躬師事焉
承聖中兼中書舍人天嘉初除員外散騎常侍
兼國子助教太中大夫太建中卒

沈不害字孝和吳興武康人也祖總齊尚書祠
部郎父懿梁邵陵王參軍不害幼孤而脩立好

學十四召補國子生舉明經累遷梁太學博士
轉廬陵王府刑獄參軍長沙王府諮議帶汝南
令天嘉初除衡陽王府中記室參軍兼嘉德殿
學士自梁季喪亂至是國學未立不害上書曰
臣聞立人建國莫尚於尊儒成俗化民必崇於
教學故東膠西序事隆乎三代環林璧水業盛
於兩京自淳源既遠澆波已扇物之感人無窮
人之逐欲無節是以設訓垂範啓導心靈譬彼
染藍類諸琢玉然後人倫以睦卑高有序忠孝

之理既明君臣之道攸固執禮自基魯公所以
難侮歌樂已細鄭伯於是前亡干戚舞而有苗
至泮宮成而淮夷服長想洙泗之風載懷淹稷
之盛有國有家莫不尚已梁太清季年數鍾否
剝戎狄外侵姦回內奰朝聞鼓鼙夕炤烽火洪
儒碩學解散甚於坑夷五典九丘湮滅逾乎帷
蓋成均自斯墜業瞽宗於是不脩裒成之祠弗
陳裸享釋菜之禮無稱俎豆頌聲寂寞遂踰一
紀後生敦悅不見函杖之儀晚學鑽仰徒深倚

席之歎陛下繼曆升統握鏡臨寓道洽寰中威
加無外濁流已清重氛載廓含生熙阜品庶咸
亨宜其弘振禮樂建立庠序式稽古典紆迹儒
宮選公卿門子皆入于學助教博士朝夕講肄
使擔簦負笈鏘鏘接衽方領矩步濟濟成林如
切如磋聞詩聞禮一年可以功倍三冬於是足
用故能擢秀雄州揚庭觀國入仕登朝資優學
以自輔莅官從政有經業以治身轓駕列庭青
紫拾地古者王世子之貴猶與國子齒降及漢

儲茲禮不墜旣曁乎兩晉斯事彌隆所以見師嚴
而道尊者也皇太子天縱生知無待審諭猶宜
晦迹俯同專經請業冀爵前師肅若舊典昔闕
里之堂草萊自闢舊宅之內絲竹流音前聖遺烈
深以烱戒況復江表無虞海外有截豈得不開
闡大猷恢弘至道寧可使玄教儒風弗興聖世
盛德大業遂蘊堯年臣末學小生詞無足筭輕
獻瞽言伏增悚惕詔答曰省表聞之自舊章弛
廢微言將絕朕嗣膺寶業念在緝熙而兵革未

息軍國草創常恐前王令典一朝泯滅卿才思
優洽文理可求弘惜大體殷勤名教付外詳議
依事施行又表改定樂章詔使製三朝樂歌八
首合二十八曲行之樂府五年除瀧令入爲尚
書儀曹郎遷國子博士領羽林監勑治五禮掌
策文謚議太建中除仁武南康嗣王府長史行
丹陽郡事轉員外散騎常侍光祿卿尋爲戎昭
將軍明威武陵王長史行吳興郡事俄入爲通
直散騎常侍兼尚書左丞十二年卒時年六十

三不害治經術善屬文雖博綜墳典而家無卷
軸每製文操筆立成曾無尋檢僕射汝南周弘
正常稱之曰沈生可謂意聖人乎著治五禮儀
一百卷文集十四卷子志道字崇基少知名解
褐揚州主簿尋兼文林著士歷安東新蔡王記
室參軍禎明三年入隋

王元規字正範太原晉陽人也祖道寶齊員外
散騎常侍晉安郡守父瑋梁武陵王府中記室
參軍元規八歲而孤兄弟三人隨母依舅氏往

臨海郡時年十二郡土豪劉瑱者資財巨萬以
女妻之元規母以其兄弟幼弱欲結彊援元規
泣請曰姻不失親古人所重豈得苟安異壤輒
婚非類母感其言而止元規性孝事母甚謹晨
昏未嘗離左右梁時山陰縣有暴水流漂居宅
元規唯有一小船倉卒引其母妹并孤姪入船
元規自執楫棹而去留其男女三人閣於樹杪
及水退獲全時人皆稱其至行元規少好學從
吳興沈文阿受業十八通春秋左氏孝經論語

喪服梁中大通元年詔策春秋舉高第時名儒咸稱賞之起家湘東王國左常侍轉員外散騎侍郎簡文之在東宮引爲賓客每令講論甚見優禮除中軍宣城王府記室參軍及侯景寇亂攜家屬還會稽天嘉中除始興王府功曹參軍領國子助教轉鎮東鄱陽王府記室參軍領助教如故後主在東宮引爲學士親受禮記左傳喪服等義賞賜優厚遷國子祭酒新安王伯固嘗因入宮適會元規將講乃啓請執經時論以爲

榮俄除尚書祠部郎自梁代諸儒相傳爲左氏學者皆以賈逵服虔之義難駮杜預凡一百八十條元規引證通析無復疑滯每國家議吉凶大禮常參預焉丁母憂去職服闋除鄱陽王府中錄事參軍俄轉散騎侍郎遷南平王府限內參軍王爲江州元規隨府之鎮四方學徒不遠千里來請道者常數十百人禎明三年入隋爲秦王府東閣祭酒年七十四卒於廣陵元規著春秋發題辭及義記十一卷續經典大義十四卷孝經義記兩卷左傳音三卷禮記音兩卷子大業聰敏知名時有吳郡陸慶少好學遍知五經尤明春秋左氏傳節操甚高釋褐梁武陵王國右常侍歷征西府墨曹行參軍除婁令值梁季喪亂乃覃心釋典經論靡不該究天嘉初徵爲通直散騎侍郎不就永陽王爲吳郡太守聞其名欲與相見慶固辭以疾時宗人陸榮爲郡五官掾慶嘗詣焉王乃微服往榮第穿壁以觀之王謂榮曰觀陸慶風神凝峻殆不可測嚴君

平鄭子眞何以尚茲鄱陽晉安王俱以記室徵竝不就乃築室屏居以禪誦爲事由是傳經受業者蓋鮮焉

史臣曰夫砥身勵行必先經術樹國崇家率由茲道故王政因之而至治人倫得之而攸序若沈文阿之徒各專經授業亦一代之鴻儒焉文阿加復草創禮儀蓋叔孫通之流亞矣

列傳第二十七　陳書三十三

列傳第二十八　陳書三十四

散騎常侍姚思廉撰

文學

杜之偉

顏晃

江德藻

庾持

許亨

褚玠

岑之敬

陸琰 弟瑜

何之元

徐伯陽

張正見

蔡凝

阮卓

易曰觀乎人文以化成天下孔子曰煥乎其有文章也自楚漢以降辭人世出洛汭江左其流彌暢莫不思侔造化明並日月大則憲章典誥裨贊王道小則文理清正申紓性靈至於經禮樂綜人倫通古今述美惡莫尚乎此後主嗣業雅尚文詞傍求學藝煥乎俱集每臣下表疏及獻上賦頌者躬自省覽其有辭工則神筆賞激加其爵位是以搢紳之徒咸知自勵矣若名位文學晃等者別以功迹論今綴杜之偉等學既兼文備于此篇云爾

杜之偉字子大吳郡錢塘人也家世儒學以三禮專門父規梁奉朝請與光祿大夫濟陽江革都官尚書會稽孔休源友善之偉幼精敏有逸才七歲受尚書稍習詩禮略通其學十五遍觀文史及儀禮故事時輩稱其早成僕射徐勉嘗見其文重其有筆力中大同元年梁武帝幸同泰寺捨身勑勉撰定儀註勉以臺閣先無此禮召之偉草具其儀乃啓補東宮學士與學士劉陟等鈔撰羣書各為題目所撰富教政道二篇皆之偉為序及湘陰侯蕭昂為江州刺史以之

掌記室昂卒廬陵王續代之又手教招引之偉固辭不應命乃迭昂喪柩還京仍侍臨成公讀尋除揚州議曹從事南康嗣王墨曹參軍兼太學限內博士七年梁皇太子釋奠於國學時樂府無孔子顏子登哥詞尚書參議令之偉製其文伶人傳習以為故事轉補安前邵陵王田曹參軍又轉刑獄參軍之偉年位甚卑特以强識俊才頗有名當世吏部尚書張纘深知之以為廊廟器也侯景反之偉逃竄山澤及高祖為丞相素聞其名召補記室參軍遷中書侍郎領大著作高祖受禪除鴻臚卿餘並如故之偉啟求解著作曰臣以紹泰元年忝中書侍郎掌國史于今四載臣本庸賤謬蒙盼識思報恩獎不敢廢官皇曆惟新驅馭軒昊記言記事未易其人著作之材更宜選衆御史中丞沈炯尚書左丞徐陵梁前兼大著作虞荔梁前黃門侍郎孔奐或清文贍筆或强識稽古遷董之任允屬羣才臣無容遽變市朝再妨賢路堯朝皆讓誠不可

追陳力就列庶幾知免優勅不許尋轉大匠卿遷太中大夫仍勅撰梁史永定三年卒時年五十二高祖甚悼惜之詔贈通直散騎常侍賻錢五萬布五十匹棺一具克日舉哀之偉為文不尚浮華而温雅博贍所製多遺失存者十七卷

顏晃字元明琅邪臨沂人也少孤貧好學有辭采解褐梁邵陵王兼記室參軍時東宮學士庾信嘗使于府中王使晃接對信輕其尚少曰此府兼記室幾人晃答曰猶當少於宮中學士當時以為善對侯景之亂西奔荊州承聖初除中書侍郎時杜龕為吳興太守專好勇力其所部多輕險少年元帝患之乃使晃管其書翰仍勅龕曰卿年時尚少習讀未晚顏晃文學之士使相毗佐造次之間必宜諮禀及龕誅晃歸世祖世祖委以書記親遇甚篤除宣毅府中錄事兼記室參軍永定二年高祖幸大莊嚴寺其夜甘露降晃獻甘露頌詞義該典高祖甚奇之天嘉初遷員外散騎常侍兼中書舍人掌詔誥三年

卒時年五十三詔贈司農卿謚曰貞子并賜墓地晃家世單門傍無戚援而介然脩立爲當世所知其表奏詔誥下筆立成便得事理而雅有氣質有集二十卷

江德操字德藻濟陽考城人也祖柔之齊尚書倉部郎中父革梁度支尚書光祿大夫德藻好學善屬文美風儀身長七尺四寸性至孝事親盡禮與異產昆弟居恩惠甚篤起家梁南中郎武陵王行參軍大司馬南平王蕭偉聞其才召

爲東閤祭酒遷安西湘東王府外兵參軍尋除尚書比部郎以父憂去職服闋之後容貌毀瘠如居喪時除安西武陵王記室不就久之授廬陵王記室參軍除廷尉正尋出爲南兗州治中及高祖爲司空征北將軍引德藻爲府諮議轉中書侍郎遷雲麾臨海王長史陳臺建拜尚書吏部侍郎高祖受禪授祕書監兼尚書左丞尋以本官兼中書舍人天嘉四年兼散騎常侍與中書郎劉師知使齊著北征道理記三卷還拜太子中庶子領步兵校尉頃之遷御史中丞坐公事免尋拜振遠將軍通直散騎常侍自求宰縣出補新喻令政尚恩惠頗有異績六年卒於官時年五十七世祖甚悼惜之詔贈散騎常侍所著文筆十五卷子椿亦善屬文歷太子庶子尚書左丞

庾持字允德潁川鄢陵人也祖佩玉宋長沙內史父彌梁長城令持少孤性至孝居父憂過禮篤志好學尤善書記以才藝聞解褐梁南平王

國左常侍輕車河東王府行參軍兼尚書郎尋而爲眞出爲安吉令遷鎮東邵陵王府限外記室兼建康令天監初世祖與持有舊及世祖爲吳興太守以持爲郡丞兼掌書翰自是常依文帝文帝剋張彪鎮會稽又令持監臨海郡以貪縱失民和爲山盜所劫幽執十旬世祖遣劉澄討平之持乃獲免高祖受禪授安東臨川王府諮議參軍天嘉初遷尚書左丞以預長城之功封崇德縣子邑三百戶拜封之日請令史爲客

受其餉遺世祖怒之因坐免尋爲宣惠始興王
府諮議參軍除臨安令坐杖殺縣民免封還爲
給事黃門侍郎除稜威將軍鹽官令光大元年
遷祕書監知國史事又爲少府卿領羽林監遷
太中大夫領步兵校尉太建元年卒時年六十
二詔贈光祿大夫持善字書毎屬辭好爲奇字
文士亦以此譏之有集十卷
許亨字亨道高陽新城人晉徵士詢之六世孫
也曾祖珪歷給事中委桂陽太守高尚其志居

永興之究山即詢之所隱也祖勇慧齊太子家
令冗從僕射父懋梁始平天門二郡守太子中
庶子散騎常侍以學藝聞撰毛詩風雅比興義
類十五卷述行記四卷亨少傳家業孤介有節
行博通羣書多識前代舊事名輩皆推許之甚爲
南陽劉之遴所重毎相稱述解褐梁安東王行
參軍兼太學博士尋除平西府記室參軍太清
初爲征西中記室兼太常丞侯景之亂避地郢
州會梁邵陵王自東道至引爲諮議參軍王僧

辯之襲郢州也素聞其名召爲儀同從事中郎
遷太尉從事中郎與吳興沈炯對掌書記府朝
政務一以委焉晉安王承制授給事黃門侍郎
亨奉牋辭府僧辯答曰省告承有朝授良爲德
舉卿操尚惇深文藝該洽學優而官自致青紫
況久覊駿足將成頓轡匡輔虛闇期寄實深旣
欣遊處用忘勞屈而枳棘栖鵷常以增歎夕郎
之選雖爲清顯位以才升差自無愧且卿始云
知命方騁康衢未有執戟之疲便深夜行之慨

循復來翰殊用憮然古人相思千里命駕素心
不昧寧限城闉存顧之深荒慙無已高祖受禪
授中散大夫領羽林監遷太中大夫領大著作
知梁史事初僧辯之誅也所司收僧辯及其子頠
於方山同坎埋瘞至是無敢言者亨以故吏抗
表請葬之乃與故義徐陵張種孔奐等相率以
家財營葬具凡七柩皆改窆焉光大初高宗入
輔以亨貞正有古人之風甚相欽重常以師禮
事之及到仲舉之謀出高宗也毛喜知其詐高

宗問亨亨勸勿奉詔高宗即位拜衛尉卿太建二年卒時年五十四初撰齊書并志五十卷遇亂失亡後撰梁史成者五十八卷梁太清之後所製文筆六卷子善心早知名官至尚書度支侍郎

褚玠字溫理河南陽翟人也曾祖炫宋昇明初與謝朏江斅劉俁入侍殿中謂之四友官至侍中吏部尚書諡貞子祖澐梁御史中丞父蒙太子舍人玠九歲而孤為叔父驃騎從事中郎隨所

養早有令譽先達多以才器許之及長美風儀善占對博學能屬文詞義典實不好豔靡起家王府法曹歷轉外兵記室天嘉中兼通直散騎常侍聘齊還為桂陽王友遷太子庶子中書侍郎太建中山陰縣多豪猾前後令皆以贓汙免高宗患之謂中書舍人蔡景歷曰稽陰大邑久無良宰卿文士之內試思其人景歷進曰褚玠廉儉有幹用未審堪其選不高宗曰甚善卿言與朕意同乃除戎昭將軍山陰令縣民張次

的王休達等與諸猾吏賄賂通姦全丁大戶類多隱沒玠乃鎖次的等具狀啓臺高宗手勑慰勞并遣使助玠搜括所出軍民八百餘戶時舍人曹義達為高宗所寵縣民陳信家富於財諂事義達信父顯文恃勢橫暴玠乃遣使執顯文鞭之一百於是吏民股慄莫敢犯者信後因義達譖玠竟坐免官玠在任歲餘守祿俸而已去官之日不堪自致因留縣境種蔬菜以自給或嗤玠以非百里之才玠答曰吾委輸課最不後

列城除殘去暴姦吏局蹐若謂其不能自潤脂膏則如來命以為不達從政吾未服也時人以為信然皇太子知玠無還裝手書賜粟米二百斛於是還都太子愛玠文辭令入直殿省十年除電威將軍仁威淮南王長史頃之以本官掌東宮管記十二年遷御史中丞卒于官時年五十二玠剛毅有膽決兼善騎射嘗從司空侯安都於徐州出獵遇有猛獸玠引弓射之再發皆中口入腹俄而斃及為御史中丞甚有直繩

之稱自梁末喪亂朝章廢弛司憲因循守而勿
革玠方欲改張大為條例綱維略舉而編次未
訖故不列于後焉及卒太子親製誌銘以表惟
舊至德二年追贈祕書監所製章奏雜文二百
餘篇皆切事理由是見重於時子亮有才學官
至尚書殿中侍郎
岑之敬字思禮南陽棘陽人也父善紆梁世以
經學聞官至吳寧令司義郎之敬年五歲讀孝
經每燒香正坐親戚咸加歎異年十六策春秋

左氏制旨孝經義擢為高第御史奏曰皇朝多
士例止明經若顏閔之流乃應高第梁武帝省
其策曰何妨我復有顏閔邪因召入面試令之
敬昇講座敕中書舍人朱异執孝經唱士章武
帝親自論難之敬剖釋縱橫應對如響左右莫
不嗟服乃除童子奉車郎賞賜優厚十八預重
雲殿法會時武帝親行香熟視之敬曰未幾見
兮突而弁兮即日除太學限內博士尋為壽光
學士司義郎又除武陵王安西府刑獄參軍事

太清元年表請試吏除南沙令侯景之亂之敬
率領所部赴援京師至郡境聞臺城陷乃與眾
辭訣歸鄉里承聖二年除晉安王宣惠府中記
室參軍是時蕭勃據嶺表敕之敬宣旨慰喻會
江陵陷仍留廣州太建初還朝授東宮義省學
士太子素聞其名尤降賞接累遷鄱陽王中衛
府記室鎮北府中錄事參軍南臺治書侍御史
征南府諮議參軍之敬始以經業進而博涉文
史雅有詞筆不為醇儒性謙謹未嘗以才學矜

物接引後進恂恂如也每忌日營齋必躬自洒
掃涕泣終日士君子以篤行稱之十一年卒時
年六十一太子嗟惜賻贈甚厚有集十卷行於
世子德潤有父風官至中軍吳興王記室
陸琰字温玉吏部尚書瓊之從父弟也父令公
梁中軍宣城王記室參軍琰幼孤好學有志操
州舉秀才解褐宣惠始興王行參軍累遷法曹
外兵參軍直嘉德殿學士世祖聽覽餘暇頗留
心史籍以琰博學善占誦引置左右嘗使製刀

銘琰援筆即成無所點竄世祖嗟賞久之賜衣一襲俄兼通直散騎常侍副琅邪王厚聘齊及至鄴下而厚病卒琰自爲使主時年二十餘風神韶亮占對閑敏齊士大夫甚傾心焉還爲雲麾新安王主簿遷安成王長史寧遠府記室參軍太建初爲武陵王明威府功曹史兼東宮管記丁母憂去官五年卒時年三十四太子甚傷悼之手令舉哀加其賻贈又自製誌銘至德二年追贈司農卿琰寡嗜慾鮮矜競遊心經籍晏

如也其所製文筆多不存本後主求其遺文撰成二卷有弟瑜

瑜字幹玉少篤學美詞藻州舉秀才解褐驃騎安成王行參軍轉軍師晉安王外兵參軍東宮學士兄琰時爲管記並以才學娛侍左右時人比之二應太建二年太子釋奠于太學宮臣並賦詩命瑜爲序文甚贍麗遷尚書祠部郎中丁母憂去職服闋爲桂陽王明威將軍功曹史兼東宮管記累遷永陽王文學太子洗馬中舍人

瑜幼長讀書晝夜不廢聰敏彊記一覽無復遺失嘗受莊老於汝南周弘正學成實論於僧滔法師並通大旨時皇太子好學欲博覽羣書以子集繁多命瑜鈔撰未就而卒時年四十四太子爲之流涕手令舉哀官給喪事并親製祭文遣使者弔祭仍與詹事江總書曰管記陸瑜奄然殂化悲傷悼惜此情何已吾生平愛好卿等所悉自以學涉儒雅不逮古人欽賢慕士是情尤篤梁室亂離天下靡沸書史殘缺禮樂崩

淪晚生後學匪無牆面卓爾出羣斯人而已吾識覽雖局未曾以言議假人至於片善小才特用嗟賞況復洪識奇士此故忘言之地論其博綜子史諳究儒墨經耳無遺觸目成誦一褒一貶一激一揚語玄析理披文摘句未嘗不聞者心伏聽者解頤會意相得自以爲布衣之賞吾監撫之暇事隙之辰頗用譚笑娛情琴樽間作雅篇豔什迭互鋒起每清風朗月美景良辰對羣山之參差望巨波之滉瀁或翫新花時觀落

葉既聽春鳥又聆秋鴈未嘗不促膝舉觴連情
發藻且代琢磨間以嘲謔俱怡耳目竝留情致
自謂百年爲速朝露可傷豈謂玉折蘭摧遽從
短運爲悲爲恨當復何言遺迹餘文觸目增泣
絕絃投筆恒有酸恨以卿同志聊復敍懷涕之
無從言不寫意其見重如此至德二年追贈光
祿卿有集十卷瑜有從父兄玠從父弟琛玠字
潤玉梁大匠卿晏之子弘雅有識度好學能屬
文舉秀才對策高第吏部尚書袁樞薦之於世

祖超授衡陽王文學直天保殿學士太建初遷
長沙王友領記室後主在東宮聞其名徵爲管
記仍除中舍人管記如故甚見親待尋以疾失
明將還鄉里太子解衣贈玠爲之流涕八年卒
時年三十七有令舉哀并加賵賻至德二年追
贈少府卿有集十卷琛字潔玉宣毅臨川王長
史丘公之子少警後事後母以孝聞世祖爲會
稽太守琛年十八上善政頌甚有詞采由此知
名舉秀才起家爲衡陽王主簿兼東宮管記歷

豫章王文學領記室司徒主簿直宣明殿學士
尋遷尚書三公侍郎兼通直散騎常侍聘齊還爲司
徒左西掾又掌東宮管記太子愛琛才辯深禮
遇之後主嗣位遷給事黃門侍郎中書舍人參
掌機密琛性頗疎坐漏洩禁中語詔賜死時年
四十二

何之元廬江灊人也祖僧達齊南臺治書侍御
史父法勝以行業聞之元幼好學有才思居喪
過禮爲梁司空袁昂所重天監末昂表薦之因

得召見解褐梁太尉臨川王揚州議曹從事史
尋轉主簿及昂爲丹陽尹辟爲丹陽五官掾揔
戶曹事尋除信義令之元宗人敬容者勢位隆
重頻相顧訪之元終不造焉或問其故之元曰
昔楚人得寵於觀起有馬者皆亡夫德薄任隆
必近覆敗吾恐不獲其利而招其禍識者以是
稱之會安西武陵王爲益州刺史以之元爲安
西刑獄參軍侯景之亂武陵王以太尉承制授
南梁州長史北巴西太守武陵王自成都舉兵

東下之元興蜀中民庶抗表請無行王以爲沮衆四之元于艦中及武陵兵敗之元從邵陵太守劉恭之郡俄而江陵陷劉恭卒王琳召爲記室參軍梁敬帝冊琳爲司空之元除司空府諮議參軍領記室王琳之立蕭莊也署爲中書侍郎會齊文宣帝薨令之元赴弔還至壽春而王琳敗齊主以爲揚州別駕所治即壽春也及衆軍北伐得淮南地湘州刺史始興王叔陵遣功曹史柳咸賫書召之元始與朝庭有隙及

書至大惶恐讀書至孔璋無罪左車見用之元仰而歎曰辭旨若此豈欺我哉遂隨咸至湘州太建八年除中衛府功曹參軍事尋遷諮議參軍及叔陵誅之元乃屏絕人事銳精著述以爲梁氏肇自武皇終于敬帝其興亡之運盛衰之跡足以垂鑒戒定褒貶究其始終起齊永元元年迄于王琳遇獲七十五年行事草創爲三十卷號曰梁典其序曰記事之史其流不一繼年之作無若春秋則魯史之書非帝皇之籍也案

三皇之簡爲三墳五帝之策爲五典此典義所由生也至乃尚書述唐帝爲堯典虞帝爲舜典斯又經文明據是以典之爲義久矣哉若夫馬史班漢述帝稱紀自茲厥後因相祖習及陳壽所撰名之曰志總其三國分路揚鑣唯何法盛晉書變帝紀爲帝典既云師古在理爲優故今之所作稱爲梁典梁有天下自中大同以前區寓寧晏太清以後寇盜交侵首尾而言未爲盡美故開此一書分爲六意以高祖創基因乎齊

末尋宗討本起自永元今以前如干卷爲追述高祖生自布衣長於弊俗知風教之臧否識民黎之情僞爰逮君臨弘斯政術四紀之內寔云殷阜今以如干卷爲太平世不常夷時無恒治非自我後仍屬橫流今以如干卷爲敘亂洎高祖晏駕之年太宗幽辱之歲謳歌獄訟向西陝不向東都不庭之民流逸之士征伐禮樂歸世祖不歸太宗撥亂反正厥庸斯在治定功成其勳有屬今以如干卷爲世祖至於四海困窮五

德升替則敬皇紹立仍以禪陳令以如千卷爲敬帝驃騎王琳崇立後嗣雖不達天命然是其忠節今以如千卷爲後嗣主至在太宗雖加美謚而大寶之號世所不遵蓋以拘於賊景故也承聖紀歷自接太清神筆詔書非宜輒改詳之後論蓋有理焉夫事有始終人有業行本末之間頗宜詮敘案臧榮緒稱史無裁斷猶起居注耳由此而言實資詳悉又編年而舉其歲次者蓋取分明而易尋也若夫獫狁孔熾鯁我中原

始自一君終爲二主事有相涉言成混漫今以未分之前爲北魏既分之後高氏所輔爲東魏宇文所挾爲西魏所以相分別也重以蓋彰殊體繁省異文其間損益頗有凡例禎明三年京城陷乃移居常州之晉陵縣隋開皇十三年卒于家

徐伯陽字隱忍東海人也祖度之齊南徐州議曹從事史父僧權梁東宮通事舍人領祕書以善書知名伯陽敏而好學善色養進止有節年十五以文筆稱學春秋左氏家有史書所讀者近三千餘卷試策高第尚書板補梁河東王國右常侍東宮學士臨川嗣王府墨曹參軍大同中出爲侯官令甚得民和侯景之亂伯陽浮海南至廣州依於蕭勃勃平還朝仍將家屬之吳郡天嘉二年詔侍晉安王讀尋除司空侯安都府記室參軍事安都素聞其名見之降席爲禮甘露降樂遊苑詔賜安都令伯陽爲謝表世祖覽而奇之太建初中記室李爽記室張正見左民郎賀徹學士阮卓

黃門郎蕭詮三公郎王由禮處士馬樞記室祖孫登比部賀循長史劉刪等爲文會之友後有蔡凝劉助陳暄孔範亦預焉皆一時之士也遊宴賦詩勒成卷軸伯陽爲其集序盛傳於世及新安王爲南徐州刺史除鎮北新安王府中記室參軍兼南徐州別駕帶東海郡丞鄱陽王爲江州刺史伯陽嘗奉使造焉王率府僚與伯陽登匡嶺置宴酒酣命筆賦劇韻二十伯陽與祖孫登前成王賜以奴婢雜物及新安王還京除

臨海嗣王府限外諮議參軍十一年春皇太子
幸太學詔新安王於辟雍發論語題仍命伯陽
為辟雍頌甚見佳賞除鎮右新安王府諮議參
軍事十三年聞姊喪發疾而卒時年六十六

張正見字見賾清河東武城人也祖蓋之魏散
騎常侍勃海長樂二郡太守父脩禮魏散騎侍
郎歸梁仍拜本職遷懷方太守正見幼好學有
清才梁簡文在東宮正見年十三獻頌簡文深
贊賞之簡文雅尚學業每自昇座說經正見嘗

預講筵請決疑義吐納和順進退詳雅四座咸
屬目焉太清初射策高第除邵陵王國左常侍
梁元帝立拜通直散騎侍郎遷彭澤令屬梁季
喪亂避地於匡俗山時僧度擁衆自保遣使
請交正見懼之遜辭延納然以禮法自持僧度
亦雅相欽憚高祖受禪詔正見還都除鎮東鄱
陽王府墨曹行參軍兼衡陽王府長史歷宜都
王限外記室撰史著士帶尋陽郡丞累遷尚書
度支郎通直散騎侍郎著士如故太建中卒時

年四十九有集十四卷其五言詩尤善大行
於世

蔡凝字子居濟陽考城人也祖撙梁吏部尚書
金紫光祿大夫父彥高梁給事黃門侍郎凝幼
聰晤美容止既長博涉經傳有文辭尤工草隸
天嘉四年釋褐受秘書郎轉廬陵王文學光大
元年除太子洗馬司徒主簿太建元年遷太子
中舍人以名公子選尚信義公主拜駙馬都尉
中書侍郎遷晉陵太守及將之郡更令左右緝

治中書廨宇謂賓友曰庶來者無勞不亦可乎
尋授寧遠將軍尚書吏部侍郎凝年位未高而
才地為時所重常端坐西齋自非素貴名流罕
所交接趣時者多譏焉高宗常謂凝曰我欲用
義興主壻錢肅為黃門郎卿意何如凝正色對
曰帝鄉舊戚恩由聖旨則無所復問若格以僉
議黃散之職故須人門兼美惟陛下裁之高宗
默然而止肅聞而有憾令義興主日譖之於高
宗尋免官遷交阯頃之追還後主嗣位授晉安

王諮議參軍轉給事黃門侍郎後主嘗置酒會羣臣歡甚將移醼於弘範宮衆人咸從唯凝與袁憲不行後主曰卿何爲者凝對曰長樂尊嚴非酒後所過臣不敢奉詔衆人失色後主曰卿醉矣即令引出他日後主謂吏部尚書蔡徵曰蔡凝負地矜才無所用也尋遷信威晉熙王府長史鬱鬱不得志乃喟然歎曰天道有廢興夫子云樂天知命斯理庶幾可達因製小室賦以見志甚有辭理陳亡入隋道病卒時年四十七

子君知頗知名

阮卓陳留尉氏人祖詮梁散騎侍郎父問道梁寧遠岳陽王府記室參軍卓幼而聰敏篤志經籍善談論尤工五言詩性至孝其父隨岳陽王出鎮江州遇疾而卒卓時年十五自都奔赴水漿不入口者累日屬侯景之亂道路阻絕卓冒履險艱載喪柩還都在路遇賊卓形容毀瘁號哭自陳賊哀而不殺之仍護送出境及渡彭蠡湖中流忽遇疾風船幾没者數四卓仰天悲號俄而風息人皆以爲孝感之至焉世祖即位除輕車鄱陽王府外兵參軍天康元年轉雲麾新安王府記室參軍仍隨府轉翊右記室帶撰史著士遷鄱陽王中衛府録事轉晉安王府記室著士如故及平歐陽紇交阯夷獠往往相聚爲寇抄卓奉使招慰交阯通日南象郡多金翠珠貝珍怪之産前後使者皆致之唯卓挺身而還衣裝無他時論咸伏其廉遷衡陽王府中録事參軍入爲尚書祠部郎遷始興王中衛府記室參軍叔陵之誅也後主謂朝

臣曰阮卓素不同逆宜加旌異至德元年入爲德教殿學士尋兼通直散騎常侍副王話聘隋隋主夙聞卓名乃遣河東薛道衡琅邪顏之推等與卓談醼賦詩賜遺加禮還除招遠將軍南海王府諮議參軍以目疾不之官退居里舍改構亭宇脩山池卉木招致賓友以文酒自娛禎明三年入于隋行至江州追感其父所終因遘疾而卒時年五十九時有武威陰鏗字子堅梁左衛將軍子春之子幼聰慧五歲能誦詩賦日千言及長博涉史傳

尤善五言詩爲當時所重釋褐梁湘東王法曹參軍天寒鏗嘗與賓友宴飲見行觴者因回酒炙以授之衆坐皆笑鏗曰吾儕終日酣飲而執爵者不知其味非人情也及侯景之亂鏗嘗爲賊所擒或救之獲免鏗問其故乃前所行觴者天嘉中爲始興王府中録事參軍世祖嘗讌羣臣賦詩徐陵言之於世祖即日召鏗預讌使賦新成安樂宮鏗援筆便就世祖甚歎賞之累遷招遠將軍晉陵太守員外散騎常侍頃之卒有集三卷行於世

史臣曰夫文學者蓋人倫之所基歟是以君子異乎衆庶昔仲尼之論四科始乎德行終於文學斯則聖人亦所貴也至如杜之偉之徒值於休運各展才用之偉尤著美焉

列傳第二十八　　陳書三十四

江德操字德藻或本江德藻字德藻疑

列傳第二十九　陳書三十五

散騎常侍姚　思廉　撰

熊曇朗

周迪

留異

陳寶應

熊曇朗豫章南昌人也世為郡著姓曇朗跅弛不羈有膂力容貌甚偉侯景之亂稍聚少年據豐城縣為柵桀黠劫盜多附之梁元帝以為巴山太守荆州陷曇朗兵力稍彊劫掠鄰縣縛賣居民山谷之中最為巨患及侯瑱鎮豫章曇朗外示服從陰欲圖瑱侯方兒之反瑱也曇朗為之謀主瑱敗曇朗獲瑱馬仗子女甚多及蕭勃踰嶺歐陽頠為前軍曇朗紿頠共往巴山襲黃法𣰰又報法𣰰期共破頠約曰事捷與我馬仗及出軍與頠掎角而進又紿頠曰余孝頃欲相掩襲須分留奇兵甲仗既少恐不能濟頠乃送甲三百領助之及至城下將戰曇朗偽北法𣰰

乘之頠失援狼狽退衄曇朗取其馬仗而歸時巴山陳定亦擁兵立寨曇朗偽以女妻定子又謂定曰周迪余孝頃並不願此婚必須以彊兵來迎定乃遣精甲三百并土豪二十人往迎既至曇朗執之收其馬仗並論價責贖紹泰二年曇朗以南川豪帥隨例除游騎將軍尋為持節飆猛將軍桂州刺史資領豐城令歷宜新豫章二郡太守王琳遣李孝欽等隨余孝頃於臨川攻周迪曇朗率所領赴援其年以功除持節通直散騎常侍寧遠將軍封永化縣侯邑一千戶給鼓吹一部又以抗禦王琳之功授平西將軍開府儀同三司餘並如故及周文育攻余孝勱於豫章曇朗出軍會之文育失利曇朗乃害文育以應王琳事見文育傳於是盡執文育所部諸將據新淦縣帶江為城王琳東下世祖徵南川兵江州刺史周迪高州刺史黃法𣰰欲泝流應赴曇朗乃據城列艦斷遏迪等與法𣰰因帥南中兵築城圍之絕其與琳信

使及王琳敗走曇朗黨援離心迪攻陷其城虜其男女萬餘口曇朗走入村中村民斬之傳首京師懸于朱雀觀於是盡收其宗族無少長皆弃市

周迪臨川南城人也少居山谷有膂力能挽彊弩以弋獵爲事矦景之亂迪宗人周續起兵於臨川梁始興王蕭毅以郡讓續迪召募鄉人從之每戰必勇冠衆軍續所部渠帥皆郡中豪族稍驕橫續頗禁之渠帥等並怨望乃相率殺續推迪爲主迪乃據有臨川之地築城于工塘梁元帝授迪持節通直散騎常侍壯武將軍高州刺史封臨汝縣侯邑五百戶紹泰二年除臨川内史尋授使持節散騎常侍信威將軍衡州刺史領臨川内史周文育之討蕭勃也迪按甲保境以觀成敗文育使長史陸山才說迪迪乃大出糧餉以資文育勃平以功加振遠將軍遷江州刺史高祖受禪王琳東下迪欲自據南川乃摠召所部八郡守宰結盟聲言入赴朝廷恐其

爲變因厚慰撫之琳至湓城新吳洞主余孝頃舉兵應琳琳以爲南川諸郡可傳檄而定乃遣其將李孝欽樊猛等南徵糧餉猛等與余孝頃相合衆且二萬來趨工塘連八城以逼迪迪使周敷率衆頓臨川故郡截斷江口因出與戰大敗之屠其八城生擒李孝欽樊猛余孝頃送于京師收其軍實器械山積并虜其人馬迪並自納之永定二年以功加平南將軍開府儀同三司增邑一千五百戶給鼓吹一部世祖嗣位進號安南將軍熊曇朗之反也迪與周敷黃法𣰰等率兵共圍曇朗屠之盡有其衆王琳敗後世祖徵迪出鎮湓城又徵其子入朝迪趑趄顧望並不至豫章太守周敷本屬於迪至是與黃法𣰰率其所部詣闕世祖録其破熊曇朗之功並加官賞迪聞之甚不平乃陰與留異相結及王師討異迪疑懼不自安乃使其弟方興率兵襲周敷敷與戰破之又別使兵襲華皎於湓城事覺盡爲皎所擒三年春世祖乃下詔赦南川士民爲迪所詿誤者使江州刺史

吳明徹都督衆軍與高州刺史黃法𣰰豫章太守周敷討迪於是尚書下符曰告臨川郡士庶昔西京爲盛信越背誕東都中興萌寵違戾是以鷹鸇競逐菹醢極誅自古有之其來尚矣逆賊周迪本出輿臺有梁喪亂暴掠山谷我高祖躬率百越師次九川濯其泥沙假以毛羽裁解豚佩仍剖獸符卯翼之恩方斯莫喻皇運肇基頒布誠款國步艱阻竟微効力龍節繡衣藉王爵而御下熊旗組甲因地險而陵上日者王琳

始貳蕭勃未夷西結三湘南通五嶺衡廣𢦤定既安反側江郢紛梗復生攜背擁據一郡苟且百心志貌常違言迹不副特以新吳未靜地遠兵彊互相兼并成其形勢收獲器械俘虜士民並曰私財曾無獻捷時遣一介終持兩端朝廷光大含弘引納崇遇遂乃位等三槐任均四嶽富貴隆赫超絕功臣加以出師逾嶺遠相響援按甲斷江翻然猜拒故司空愍公敦以宗盟情同骨肉城池連接勢猶脣齒彭亡之禍坐觀難作

喈此豐故結其黨與于時北寇侵軼西賊憑陵𨺗屨糇糧悉以資寇爵號軍容一遵僞黨及王師凱振大定區中天網恢弘弃之度外璽書綸誥撫慰綢繆冠蓋縉紳敦授重疊至於熊曇朗勦滅豐城克定蓋由儀同法𣰰之元功安西周敷之効力司勳有典懋賞斯舊惡直醜正自爲仇讎悖禮莠謀因此滋甚徵出溢城歷年不就求遣侍子累載未朝外誘逋亡招集不逞中調京輦規冀非常擅斂征賦罕歸九府擁遏二貢

害及四民潛結賊異共爲表裏同惡相求密加應援謂我六軍薄伐三越未寧屠破述城虜縛妻息分襲溢鎮稱兵蠡邦拘逼酋豪攻圍城邑幸國有備應時殲殄假節通直散騎常侍仁武將軍壽陽太守懷仁縣伯華皎明威將軍廬陵太守益陽縣子陸子隆並破賊徒剋全郡境持節散騎常侍安西將軍定州刺史領豫章太守西豐縣侯周敷躬扞溝壘身當矢石率茲義勇以寡摧衆斬馘萬計俘虜千羣迪方收餘燼還

固墉堞使持節安南將軍開府儀同三司高州
刺史新建縣侯法氍雄績早宣忠誠夙著未奉
王命前率義旅既援敦等又全子隆裹糧擐甲
仍躡飛走批羆之旅驅馳越電振武之衆叱咤
移山以此追奔理無遺類雖復朽株將拔非待
尋斧落葉就殞無勞烈風但去草絕根在於未
蔓撲火止燎貴乎速滅分命將帥宣資英果今
遣鏁南儀同司馬湘東公相劉廣德兼平西司
馬孫曉北新蔡太守魯廣達持節安南將軍吳

州刺史彭澤縣侯魯悉達甲士萬人步出興口
又遣前吳興太守胡鑠樹功將軍前宣城太守
錢法成天門義陽二郡太守樊毅雲麾將軍合
州刺史南固縣侯焦僧度嚴武將軍建州刺史
辰縣子張智達持節都督江吳二州諸軍事安
南將軍江州刺史安吳縣侯吳明徹樓艦馬步
直指臨川前安成内史劉士京巴山太守蔡僧
貴南康内史劉峯廬陵太守陸子隆安成内史
闕慎並受儀同法氍節度同會故郡又命尋陽

太守華晈光烈將軍巴州刺史潘純陁平西將
軍郢州刺史欣樂縣侯章昭達並率貔豹逕造
賊城使持節散騎常侍鎮南將軍開府儀同三
司湘州刺史湘東郡公度分遣偏裨相繼上道
戈船蔽水彀騎彌山又詔鎮南將軍開府儀同
三司歐陽頠率其子弟交州刺史盛新除太子
右率遼衡州刺史侯曉等以勁越之兵踰嶺北
邁千里同期百道俱集如脫稽誅更淹旬晦司
空大都督安都已平賊異凱歸非久飮至禮畢

乘勝長驅勦撲凶醜如燎毛髮已有明詔罪唯
迪身黎民何辜一皆原宥其有因機立功賞如別
格執迷不改刑茲罔赦吳明徹至臨川令衆軍
作連城攻迪相拒不能剋世祖乃遣高宗摠督
討之迪衆潰妻子悉擒乃脫身踰嶺之晉安依
于陳寶應寶應以兵資迪留異又遣第二子忠
臣隨之明年秋復越東興嶺東興南城永成縣
民皆迪故人復共應之世祖遣都督章昭達征
迪迪又散于山谷初侯景之亂也百姓皆棄本

業羣聚爲盜唯迪所部獨不侵擾竝分給田疇督其耕作民下肆業各有贏儲政教嚴明徵斂必至餘郡乏絕者皆仰以取給迪性質朴不事威儀冬則短身布袍夏則紫紗袜腹居常徒跣雖外列兵衞內有女伎挼繩破篾傍若無人然輕財好施凡所周贍毫釐必鈞訥於言語而襟懷信實臨川人皆德之至是竝共藏匿雖加誅戮無肯言者昭達仍度嶺頓于建安與陳寶應相抗迪復收合出東興時宣城太守錢肅鎮東興以

城降迪吳州刺史陳詳率師攻迪詳兵大敗虔化侯陳訬陳留太守張遂竝戰死於是迪衆復振世祖遣都督程靈洗擊破之迪又與十餘人竄于山穴中日月轉久相隨者亦稍苦之後遣人潛出臨川郡市魚鮭足痛舍於邑子邑子告臨川太守駱牙牙執之令取迪自効因使腹心勇士隨入山中誘迪出獵伏兵於道傍斬之傳首京都梟于朱雀觀三日

留異東陽長山人也世爲郡著姓異善自居處言語醞藉爲鄉里雄豪多聚惡少陵侮貧賤守宰皆患之梁代爲蟹浦戍主歷晉安安固二縣令侯景之亂還鄉里召募士卒東陽郡丞與異有隙引兵誅之及其妻子太守沈巡援臺讓郡於異異使兄子超監知郡事率兵隨巡出都及京城陷異隨臨城公蕭大連大連板爲司馬委以軍事異性殘暴無遠略督責大連軍主及以左右私樹威福衆竝患之會景將軍宋子仙濟浙江異奔還鄉里尋以其衆降于子仙是時大連亦趣東陽之信安

嶺欲之鄱陽異乃爲子仙鄉導令執大連侯景署異爲東陽太守收其妻子爲質景行臺劉神茂建義拒景異外同神茂而密契於景及神茂敗績爲景所誅異獨獲免侯景平後王僧辯使異慰勞東陽仍糾合鄉閭保據巖阻其徒甚盛州郡憚焉元帝以爲信安令荆州陷王僧辯以異爲東陽太守世祖平定會稽異雖轉輸糧饋而擁擅一郡威福在己紹泰二年以應接之功除持節通直散騎常侍信武將軍縉州刺史領

東陽太守封永興縣侯邑五百戶其年遷散騎常侍信威將軍增邑三百戶餘並如故又以世祖長女豐安公主配異第三子貞臣永定二年徵異爲使持節散騎常侍都督南徐州諸軍事平北將軍南徐州刺史異遷延不就世祖即位改授都督縉州諸軍事安南將軍縉州刺史領東陽太守異頻遣其長史王澌爲使入朝澌每言朝廷虛弱異信之雖外示臣節恒懷兩端與王琳自鄱陽信安嶺潛通信使王琳又遣使往

東陽署守宰及琳敗世祖遣左衛將軍沈恪代異爲郡實以兵襲之異出下淮抗禦恪與戰敗績退還錢塘異乃表啓遜謝是時衆軍方事湘郢乃降詔書慰喻且羈縻之異亦知朝廷終討於己乃使兵戍下淮及建德以備江路湘州平世祖乃下詔曰昔四罪難弘大嬀之所無赦九黎亂德少昊之所必誅自古皇王不貪征伐苟爲時蠹事非獲已逆賊留異數應亡滅繕甲完聚由來積年進謝羣龍自躍於千里退懷首鼠恒持於百心中歲密契番禺既弘天網賜以名爵敦以國姻儻望懷音猶能革面王琳竊據中流翻相應接别引南川之嶺路專爲東道之主人結附凶渠唯欣禍亂既袄氛盪定氣沮心孤類傷鳥之驚弦等窮獸之謀觸雖復遣家入質子陽之態轉遒侍子還朝隗囂之心方熾朕志相成養不計疵慝披襟解帶敦喻殷勤蜂目彌彰梟聲無改遂置軍江口嚴戍下淮顯然反叛非可容匿且縉邦膏腴稽南殷曠永割王賦長壅國

民竹箭良材絕望京輦萑蒲小盜共肆貪殘念彼餘甿兼其慨息西戎屈厀自款重關秦國依風並輸侵地三邊已乂四表咸寧唯此微妖所宜清殄可遣使持節都督南徐州諸軍事征北將軍司空南徐州刺史桂陽郡開國公安都指往擒戮罪止異身餘無所問異本謂官軍自錢塘江而上安都乃由會稽諸暨步道襲之異聞兵至大恐弃郡奔于桃支嶺於嶺口立柵自固明年春安都大破其柵異與第二子忠臣奔于陳寶應於是虜其餘黨

男女數千人天嘉五年陳寶應平并擒異送都
斬于建康市子姪及同黨無少長皆伏誅唯第
三子貞臣以尚主獲免

陳寶應晉安候官人也世爲閩中四姓父羽有
材幹爲郡雄豪寶應性反覆多變詐梁代晉安
數反累殺郡將羽初並扇惑合成其事後復爲
官軍鄉導破之由是一郡兵權皆自己出侯景
之亂晉安太守賓化侯蕭雲以郡讓羽羽年老
但治郡事令寶應典兵是時東境饑饉會稽尤

甚死者十七八平民男女並皆自賣而晉安獨
豐沃寶應自海道寇臨安永嘉及會稽餘姚諸
曁又載米粟與之貿易多致玉帛子女其有能
致舟乘者亦並奔歸之由是大致貲產士衆彊
盛侯景平元帝因以羽爲晉安太守高祖輔政
羽請歸老求傳郡于寶應高祖許之紹泰元年
授壯武將軍晉安太守尋加員外散騎常侍二
年封候官縣侯邑五百戶時東西嶺路寇賊擁
隔寶應自海道趨于會稽貢獻高祖受禪授持

節散騎常侍信武將軍閩州刺史領會稽太守
世祖嗣位進號宣毅將軍又加其父光祿大夫
仍命宗正錄其本系編爲宗室并遣使條其子
女無大小並加封爵寶應娶留異女爲妻侯安
都之討異也寶應遣兵助之又資周迪兵糧出
寇臨川及都督章昭達於東興南城破迪世祖
因命昭達都督衆軍由建安南道渡嶺又命益
州刺史領信義太守余孝頃都督會稽東陽臨
海永嘉諸軍自東道會之以討寶應并詔宗正

絕其屬籍於是尚書下符曰告晉安士庶昔隴
西旅拒漢不稽誅遼東叛換魏申宏略若夫無
諸漢之策勳有扈夏之同姓至於納吳濞之子
致橫海之師違姒啓之命有甘誓之討況迺族
不繫於宗盟名無紀於庸器而顯成三叛疊深
四罪者乎案閩寇陳寶應父子卉服支孽本迷
愛敬梁季喪亂閩隅阻絕父既豪俠扇動蠻陬
椎髻箕坐自爲渠帥無聞訓義所資姦詐爰肆
蜂豺俄而解印炎行方謝綱漏吞舟日月居諸

弃之度外自東南王氣寔表聖基斗牛聚星允
符王迹梯山航海雖若款誠擅割瓌珍音微職
貢朝廷遵養含弘寵靈隆赫起家臨郡兼畫繡之
榮裂地置州假藩麾之盛即封戶牖仍邑櫟陽
乘華轂者十人保襲廬而萬石又以盛漢君臨
推恩婁敬隆周朝會廼長滕侯由是紫泥青紙
遠賁恩澤鄉亭龜組頒及嬰孩負谷遷喬執復
爲擬而苞藏鴆毒敢行狼戾連結留異表裏周
迪盟歃婚姻自爲脣齒屈彊山谷推移歲時及

我轂騎防山定秦望之西部戈船下瀨克匯澤
之南川遂敢舉斧竝助凶孽莫不應弦摧衂盡
殪醜徒每以罪在酋渠憫茲驅逼所收俘馘竝
勒矜放仍遣中使爰降詔書天網恢弘猶許攺
思異既走險迪又逃刑誑侮王人爲之川藪遂
使袁熙請席遠歎頭行馬援觀蛙猶安井底至
如過絕九賦剽掠四民閩境資財盡室封奪凡
厥倉頭皆略黔首蚤賊相扇叶契連蹤乃復踰
超瀛溟寇擾浹口侵軼嶺嶠掩襲述城縛掠吏

民焚燒官寺此而可縱孰不可容今遣沙州刺
史俞文冏明威將軍程文季假節宣猛將軍成
州刺史甘他假節雲旗將軍譚瑱假節宣猛將
軍前監臨海郡陳思慶前軍將軍徐智遠明毅
將軍宜黃縣開國侯慧紀開遠將軍新除晉安
太守趙彖持節通直散騎常侍壯武將軍定州
刺史康樂縣開國侯林馮假節信威將軍都督
東討諸軍事益州刺史余孝頃率羽林二萬蒙
衝蓋海乘踦滄波掃蕩巢窟皆明恥教戰濡

須鞠旅累從楊僕亟走孫恩斬蛟中流命馮夷
而鳴鼓黿鼉爲駕轥方壺而建旗義安太守張
紹賓忠誠款到累使求軍南康內史裴忌新除
輕車將軍劉峯東衡州刺史錢道戢竝即遣人
仗與紹賓同行故司空歐陽公昔有表奏請宣薄
伐遙途意合若伏波之論兵長逝遺誠同子顏
之勿赦征南薨謝上策無忘周南餘恨嗣子弗
忝廣州刺史歐陽紇克符家聲聿遵廣略舟師步
卒二萬分趨水扼長鯨陸制掣封狶董率衡廣之

師會我六軍潼州刺史李賭明州刺史戴晃新
州刺史區白獸壯武將軍脩行師陳留太守張
遂前安成内史闕愼前廬陵太守陸子隆前豫
寧太守任蠻奴巴山太守黄法慈戎昭將軍湘
東公世子徐敬成吴州刺史魯廣達前吴州刺
史遂興縣開國侯詳使持節都督征討諸軍事
散騎常侍護軍將軍昭達率緹騎五千組甲二
萬直渡邵武仍頓晉安梭巒揚旌夷山堙谷指
期犄角以制飛走前宣威太守錢肅臨川太守

駱牙太子左衛率孫詡尋陽太守莫景隆豫章
太守劉廣德竝隨機鎮遏絡驛在路使持節散
騎常侍鎮南將軍開府儀同三司江州刺史新
建縣開國侯法𣰰戒嚴中流以為後殿斧鉞所
臨罪唯元惡及留異父子其黨主帥雖有請泥
函谷相背淮陰若能翻然改圖因機立効非止
肆眚乃加賞擢其建晉士民久被驅迫者大軍
明加撫慰各安樂業流寓失鄉即還本土其餘
立功立事已具賞格若執迷不改同惡趑趄斧
鉞一臨罔知所赦昭達既剋周迪踰東興嶺頓
于建安余孝頃又自臨海道襲于晉安寶應據
建安之湖際逆拒王師水陸為柵昭達深溝高
壘不與戰但命軍士伐木為簰俄而水盛乘流
放之突其水柵仍水步薄之寶應衆潰身奔山
草閒窘而就執幷其子弟二十人送都斬于建
康市

史臣曰梁末之災沴羣凶競起郡邑巖穴之長
村屯鄔壁之豪資剽掠以致彊恣陵侮而為大

高祖應期撥亂戡定安輯熊曇朗周迪留異陳
寶應雖身逢興運猶志在亂常曇朗姦慝翻覆
夷滅斯為幸矣寶應及異世祖或敦以婚姻或
處其類族豈有不能威制蓋以德懷也遂乃背
恩負義各立異圖地匪淮南有為帝之志勢非
庸蜀啓自王之心嗚呼既其迷暗所致五宗屠
勦宜哉

列傳第二十九　　陳書三十五

陳寶應傳此皆明恥教戰濡須鞠旅恐有誤

潼州刺史李賭或本作季腊或本作李賭疑

列傳第三十　陳書三十六

散騎常侍姚　思廉　撰

始興王叔陵

新安王伯固

始興王叔陵字子嵩高宗之第二子也梁承聖中高宗在江陵爲直閤將軍而叔陵生焉江陵陷高宗遷關右叔陵留于穰城高宗之還也以後主及叔陵爲質天嘉三年隨後主還朝封康樂侯邑五百戶叔陵少機辯徇聲名彊梁無所推屈光大元年除中書侍郎二年出爲持節都督江州諸軍事南中郎將江州刺史太建元年封始興郡王奉昭烈王祀進授使持節都督江郢晉三州諸軍事軍師將軍刺史如故叔陵時年十六政自己出僚佐莫預焉性嚴刻部下慴憚諸公子姪及罷縣令長皆逼令事己豫章內史錢法成誥府進謁即配其子季卿將領馬仗季卿慙恥不時至叔陵大怒侵辱法成法成憤怨自縊而死州縣非其部內亦徵攝案治之朝

祖

貴及下吏有乖忤者輒誣奏其罪陷以重辟尋進號雲麾將軍加散騎常侍三年加侍中四年遷都督湘衡桂武四州諸軍事平南將軍湘州刺史侍中使持節如故諸州鎮聞其至皆震恐股慄叔陵日益暴橫征伐夷獠所得皆入己絲毫不以賞賜徵求役使無有紀極夜常不臥燒燭達曉呼召賓客說民間細事戲謔無所不爲性不飲酒唯多置餚胾晝夜食噉而已自旦至中方始寢寐其曹局文案非呼不得輒自呈答罪者皆繫獄動數年不省視瀟湘以南皆逼爲左右墟里殆無遺者其中脫有逃竄輒殺其妻子州縣無敢上言高宗弗之知也尋進號鎮南將軍給鼓吹一部還中衛將軍九年除使持節都督揚徐東揚南豫四州諸軍事揚州刺史侍中將軍鼓吹如故十年至都加扶給油幢車叔陵治在東府事務多關涉省閣執事之司承意順旨即諷上進用之微致違忤必抵以大罪重者至殊死道路籍籍皆言其有非常志叔陵脩飾

虚名每入朝常於車中馬上執卷讀書高聲長誦陽陽自若歸坐齋中或自執斧斤爲沐猴百戲又好遊冢墓閒遇有塋表主名可知者輒令左右發掘取其石誌古器并骸骨肘脛持爲翫弄藏之庫中府内民閒少妻處女微有色貌者並即逼納十一年丁所生母彭氏憂去職頃之起爲中衛將軍使持節都督刺史如故晉世王公貴人多葬梅嶺及彭卒叔陵啓求於梅嶺葬之乃發故太傅謝安舊墓弃去安柩以葬其母

初喪之日僞爲哀毀自稱刺血寫涅槃經未及十日乃令庖廚擊鮮日進甘膳又私召左右妻女與之姦合所作尤不軌侵淫上聞高宗譴責御史中丞王政以不舉奏免政官又黜其典籤親事仍加鞭捶高宗素愛叔陵不繩之以法但責讓而已服闋又爲侍中中軍大將軍及高宗不豫太子諸王並入侍疾高宗崩于宣福殿翌日旦後主哀頓俯伏叔陵以剉藥刀斫後主中項太后馳來救焉叔陵又斫太后數下後主乳

媼吴氏時在太后側自後掣其肘後主因得起叔陵仍持後主衣後主自奮得免長沙王叔堅手搤叔陵奪去其刀仍牽就柱以其褶袖縛之時吴媼已扶後主避賊叔堅求後主所在將受命焉叔陵因奮袖得脫突走出雲龍門馳車還東府呼其甲士散金銀以賞賜外召諸王將帥莫有應者唯新安王伯固聞而赴之叔陵聚兵僅千人初欲據城保守俄而右衛將軍蕭摩訶將兵至府西門叔陵事急惶恐乃遣記室韋諒

送其鼓吹與摩訶仍謂之曰如其事捷必以公爲台鼎摩訶紿報之曰須王心膂節將自來方敢從命叔陵即遣戴溫譚騏驎二人詣摩訶所摩訶執以送臺斬於閣道下叔陵自知不濟遂入内沈其妃張氏及寵妾七人于井中叔陵有部下兵先在新林於是率人馬數百自小航渡欲趣新林以舟艦入北行至白楊路爲臺軍所邀伯固見兵至旋避入巷叔陵馳騎拔刀追之伯固復還叔陵部下多弃甲潰散摩訶馬客陳智

深迎刺叔陵僵斃于地閹豎王飛禽抽刀斫之十數下馬容陳仲華就斬其首送于臺自寅至巳乃定尚書八座奏曰逆賊故侍中中軍大將軍始興王叔陵幼而很戾長肆貪虐出撫湘南及鎮九水兩藩甿庶掃地無遺蜂目豺聲狎近輕薄不孝不仁阻兵安忍無禮無義唯戮是聞及居偏憂嫚樂自恣產子就館日月相接晝伏夜遊恒習姦詭抄掠居民歷發丘墓謝太傅晉朝佐命草創江左斲棺露骸事驚聽視自大行

皇帝寢疾翌日未瘳叔陵以貴介之地參侍醫藥外無戚容內懷逆弒大漸之後聖躬號擗遂因匍匐手犯乘輿皇太后奉臨又加鋒刃窮凶極逆曠古未儔賴長沙王叔堅誠孝懇至英果奮發手加挫拉身蔽聖躬叔陵仍奔東城招集兇黨餘毒方熾自害妻孥雖應時梟懸猶未攄憤怨臣等參議請依宋代故事流尸中江汙瀦其室并毀其所生彭氏墳廟還謝氏之塋制曰凶逆梟鏡反噬宮闈賴宗廟之靈時從殄滅撫

情語事酸憤兼懷朝議有章宜從所奏也叔陵諸子即日並賜死前衡陽內史彭暠諮議參軍兼記室鄭信中錄事參軍兼記室韋諒典籤俞公喜並伏誅暠叔陵舅也初隨高宗在關中頗有勤効因藉叔陵將領歷陽衡陽二郡信以便書記有寵謀謨皆預焉諒京兆人梁侍中護軍將軍粲之子也以學業為叔陵所引陳智深以誅叔陵之功為巴陵內史封游安縣子陳仲華為下嶲太守封新夷縣子王飛禽除伏波將

軍賜金各有差

新安王伯固字牢之世祖之第五子也生而龜胷目通精揚白形狀眇小而俊辯善言論天嘉六年立為新安郡王邑二千戶廢帝嗣立為使持節都督南琅邪彭城東海三郡諸軍事雲麾將軍彭城琅邪二郡太守尋入為丹陽尹將軍如故太建元年進號智武將軍尹如故秩滿進號翊右將軍尋授使持節都督吳興諸軍事平東將軍吳興太守四年入為侍中翊前將軍遷

安前將軍中領軍七年出爲使持節散騎常侍都督南徐南豫南北兗四州諸軍事鎮北將軍南徐州刺史伯固性嗜酒而不好積聚所得祿俸用度無節酣醉以後多所乞丐於諸王之中最爲貧窶高宗每矜之特加賞賜伯固雅性輕率好行鞭捶在州不知政事日出田獵或乘眠轝至於草間輒呼民下從遊動至旬日所捕麞鹿多使生致高宗頗知之遣使責讓者數矣十年入朝又爲侍中鎮右將軍尋除護軍將軍其

年爲國子祭酒領左驍騎將軍侍中鎮右並如故伯固頗知玄理而墮業無所通至於摘句問難往往有奇意爲政嚴苛國學有墮遊不脩習者重加檟楚生徒懼焉由是學業頗進十二年領宗正卿十三年爲使持節都督揚南徐東揚南豫四州諸軍事揚州刺史侍中將軍如故後主初在東宮與伯固甚相親狎伯固又善嘲謔高宗每宴集多引之叔陵在江州心害其寵陰求疵瑕將中之以法及叔陵入朝伯固懼罪諂求其意乃共訕毀朝賢歷詆文武雖耆年高位皆面折之無所畏忌伯固性好射雉叔陵又好開發冢墓出遊野外必與偕行於是情好大叶遂謀不軌伯固侍禁中每有密語必報叔陵及叔陵出奔東府遣使告之伯固單馬馳赴助叔陵指揮知事不捷便欲遁走會四門已閉不得出因同趣白楊道臺馬客至爲亂兵所殺尸於東昌館門時年二十八詔曰伯固同茲悖逆殞身途路今依外議意猶弗忍可特許以庶人禮葬又詔曰伯固隨同巨逆自絕于天俾無遺育抑有恒典但童孺靡

識兼預葭莩寘之旬人良以惻憫及伯固所生王氏可並特宥爲庶人國除

史臣曰孔子稱富與貴是人之所欲非其道得之不處也上自帝王至于黎獻莫不嫡庶有差長幼攸序叔陵險躁奔競遂行悖逆轘磔形骸未臻其罪汙瀦居處不足彰過悲哉

列傳第三十　陳書三十六

始興王傳王飛禽除伏波將軍或本作伏後將軍疑

跋

右陳書爲宋眉山刊本七史之一舊藏北平圖書館存者僅二十一卷嗣中華學藝社由日本東京靜嘉堂文庫影得同式印本因乞補配於是全書無一明修版靜嘉藏本吳興陸氏皕宋樓舊物也武英殿本孫人龍跋古本既不可見國子監所存舊板舛訛殊甚鞏等篇末所疏疑義亦無一存云云按汲古閣初印本列傳第二十八第三十尙存二條陸氏跋謂汲古剞其校語恐所見者爲後印之本又云卷一卷三卷九卷十六卷二十八後皆有校語此卷數陸氏皆指大題卷二十八當爲列傳第二十二然宋刻是卷實無校語疑陸氏誤認小題爲大題實卽

列傳第二十八也是本於毛陸二氏所見六條外又增列傳第二十九一條洵爲無上秘笈矣陸氏指汲古本訛字三則又卷二十二錢道戢傳脫二十五字所藏宋本足證其誤是本均同余請更舉數事以爲之佐是本本紀第四光大二年章昭達進號征南大將軍下不脫中撫大將軍新除征南大將軍十二字列傳第二十四顧野王傳野王又好丹青下不脫善圖寫三字第二十八陸瑜傳丁母憂下不脫去職二字又本紀第五太建五年五月己巳瓦粱城降瓦粱不誤石梁又十一年十二月己巳詔所稱大子秘戲大子不誤太子列傳第十五史臣論蔬菲禪悅禪悅不誤蟬蛻以上所舉均非尋常訛奪不獨汲古卽北監殿本無不如是彼此互證宋本之勝實非諸本所能望其項背惜陸氏全書流出海外國內僅一殘帙然則余之獲印是本既窺全豹且駕陸本而上之非猶不幸之幸歟

海鹽張元濟

百衲本二十四史

陳書

撰　者◆姚思廉
發行人◆王春申
編輯指導◆林明昌
營業部兼任編輯部經理◆高珊
編印者◆本館古籍重印小組
承製者◆辰皓國際出版製作有限公司

出版發行：臺灣商務印書館股份有限公司
23150 新北市新店區復興路 43 號 8 樓
電話：(02)8667-3712　傳真：(02)8667-3709
讀者服務專線：0800056196
郵撥：0000165-1
E-mail：ecptw@cptw.com.tw
網路書店網址：www.cptw.com.tw
網路書店臉書：facebook.com.tw/ecptwdoing
臉書：facebook.com.tw/ecptw
部落格：blog.yam.com/ecptw

局版北市業字第 993 號
初版一刷：1937 年 1 月
臺一版一刷：1981 年 1 月
臺二版一刷：2010 年 5 月
臺二版二刷：2016 年 5 月
定價：新台幣 1100 元

ISBN 978-957-05-2486-4

陳書 ／ 姚思廉撰. --臺二版. -- 臺北市 ： 臺
灣商務, 2010. 05
冊 ； 公分. --（百衲本二十四史）

ISBN 978-957-05-2486-4（精裝）

1. 南朝史

623. 5401 99006676